『十三五』上海市教育科学研究项目课题

快乐『五会』快乐成长

主　编◎毕宏玲　夏蔚
副主编◎陈玉洁

基于学生核心素养发展“快乐五会”校本课程体系构建与实施的实践研究

上海社会科学院出版社
SHANGHAI ACADEMY OF SOCIAL SCIENCES PRESS

课题组成员

课题组长： 毕宏玲

副 组 长： 夏　蔚　陈玉洁

主研人员： 陈　梅　孟忠勤　石　蓉　刁志刚　唐文洁

胡嘉琳　邵　晏　胡文婕　戴赪炜　顾琛洁

前言

本书系上海市静安区西康路第三小学主持的“十三五”上海市教育科学研究一般项目课题“基于学生核心素养发展‘快乐五会’校本课程体系构建与实施的实践研究”的研究成果。

此项课题研究的建立跟随时代发展的脉搏，顺应了区域课程改革的潮流，适应了学校发展的需求。随着上海市静安区“十三五”重大教育科研项目“深化教育个性化：发达城区提升学生核心素养的实践性循证研究”立项为全国教育科学“十三五”规划 2017 年度教育部重点课题，静安教育改革发展迈出新的步伐。个性化学校建设研究，应基于学生不同的个性倾向，培养他们的人文情怀，提供多元课程以供选择，落实思维品格，创设多样活动体验，以提升他们的探究精神。从“提供多元课程”“培养核心素养”的视角，西康路第三小学（简称“西三”）建立了子课题研究项目——“基于学生核心素养发展‘快乐五会’校本课程体系构建与实施的实践研究”，并于 2018 年 1 月申报了上海市教育科学研究一般项目。

历经“快乐五会”校本课程体系建构与实施、校本课程的开发与完善，学校一线教师形成了宝贵的经验，这是教师个体探索与实践的成果。课题组提炼并分析这些内容，去其“个性化”特征，形成可推广、可传播的经验，以服务于学校乃至区域课程改革的需要。

本书内容分三个章节。第一章“课题研究过程与成果”，梳理“快乐五会”之“学会诚信”“学会阅读”“学会提问”“学会锻炼”“学会环保”校本课程体系建构与发展的脉络，提炼课程、教学、评价、研究等方面的经验，体现课程理念的变革、典型教学方法与策略的形成。第二章“缤纷的课程”，呈现特色校本课程研究背景、目标内容、课程理念、实施途径、教学思想方法等课程演进与发展的理路。第三章“实践感悟篇”，遴选具有代表性的实践经验，形成文字，聚焦校本课程实践中的典型经验和案例，揭示这些优秀案例的发生背景、形成原因、主要特点、内在机理、功能作用等。

全书从基于学生核心素养发展这一新的视角，探索学校课程开发及校本课程体系建构的有理性、有利性、实效性、科学性，并提供当今教育改革背景下课程开发权的逐步下放、学校特色建设、教师专业发展、个性化人才培养的真实案例，也为大静安的区域总课题的实践性循证研究提供样本数据。

基于学生核心素养发展的“快乐五会”校本课程体系建构与实施，凝聚了课题组成员的心血，离不开基层教师数年如一日持之以恒的实践探索。这本书是课程改革与发展的缩影，经历者能从书中读到自己，后来者能从书中汲取智慧，获得启迪。

愿广大教师和教育工作者与时俱进，与新课程共同成长；愿新课程的实施，进一步促进教师专业化水平的提高和教育事业的发展。

本书编写组

2020年10月

目 / 录

contents

第一章

课题研究过程与成果*

“基于学生核心素养发展‘快乐五会’校本课程体系构建与实施的实践研究”是上海市教育科学研究一般项目课题，项目编号为C18148。经过三年的实践研究，取得了显著的效果。

第一节　我们探索与思考的缘起

一、*时代背景*

当前，“核心素养”成为中国各级决策层和学术界共同关注的改革突破口和研究热点。以核心素养联结学校育人目标与课程体系，并根据核心素养目标，开发校本特色课程，构建适应学生发展和满足学生个性需求的课程体系，推进育人模式的转变，无疑是中国基础教育研究的一个新的课题。

1. 学生核心素养是世界教育改革发展共同的主题

在基于核心素养进行课程建设的研究方面，国际组织、部分发达国家已经进行了诸多探索。提高核心素养在德国、挪威、瑞典、芬兰、丹麦、波兰、美国、新加坡等国家已经被当成重要的教育目标，并规划出重要学习领域的课程方案架构，以推动课程改革。

---

* 本章执笔：毕宏玲、夏蔚、陈玉洁等。

21世纪以来，国际组织及各个国家对核心素养框架的讨论和制定，是关于核心素养学术研究的热点话题，也是中国学者这一阶段主要关注的问题。

2. 学生核心素养是中国基础教育课程改革的基因

深化教育改革是教育发展的强大动力。2014年中国教育部发布《关于全面深化课程改革　落实立德树人根本任务的意见》，提出"核心素养体系"这一概念，并将其置于"深化课程改革，落实立德树人"目标的基础地位。2016年9月13日上午，北京师范大学举行中国学生发展核心素养研究成果发布会。由此"核心素养"成为基础教育领域的热门话题。

3. 提升学生核心素养是静安发达城区教改的战略

2017年10月，静安区重大教育科研项目"深化教育个性化：发达城区提升学生核心素养的实践性循证研究"立项为全国教育科学"十三五"规划教育部重点课题，静安教改迈出新的步伐。区域总课题指出，注重学生文化基础素养提升的个性化学校建设研究，应基于孩子不同的个性倾向，培养他们的人文情怀，提供多元课程以供选择、落实思维品格，创设多样活动体验，以提升他们的探究精神。

综上所述，核心素养成为中国未来基础教育的灵魂，成为课程改革、教学改革的重要方向。如何彰显学校办学特色，构建校本课程体系，优化学校课程结构，发展学生核心素养，成为我校"十三五"期间新的研究视角。基于这样的时代背景，我校于2018年12月立项申报市级课题，建立了"基于学生核心素养发展'快乐五会'校本课程体系构建与实施的实践研究"项目。

二、研究意义

1. 构建多元化校本课程体系是推动课程改革深入发展的强力引擎

"十年树木，百年树人。"中国是发展中国家，也是人口大国，要增强综合国力关键在于国民整体素质的提高。中小学是核心素养形成和发展的最为关键时期。核心素养与课程改革的深化有着直接的、深度的关联。国家课程承担着培养学生核心素养的主要作用，但是不可能面面俱到。要想充分考虑地域间、学校间、学生间的差异和需求，就需要我们通过校本课程的研发、校本课程体系的建构加以补充，让两者相互促进，优化发展，共同构成多元立体的人才培养课程体系。

2. 构建多元化校本课程体系是以人为本培养核心素养的重要策略

随着新课程改革如火如荼的开展，教育界越来越关注学生个性化的发展和优势智能的发挥，倡导提供多元课程以供选择，落实思维品格，创设多样活动体验提升探究精神。近几年，我校陆续开发了“走遍中国”“生态校园”“快乐吾会”等课程。各年级兴趣拓展课相继推出。但是部分课程内容分布呈散点状，校本课程研发缺乏系统性，学校本土优质教育资源未得到充分、有效挖掘。如何在实施国家课程和地方课程的同时，结合学校“五个学会”(学会诚信、学会阅读、学会提问、学会锻炼、学会环保)的育人目标，进一步挖掘人的创造潜能，以培养“全面发展的人”为核心，构建校本课程体系，深化教育个性化，落实学生核心素养培养，是我们在新时期所面临的新问题。

3. 构建多元化校本课程体系是适应区域发展建设特色学校的需求

基层学校作为静安教改的参与者、探索者和实践者，理应紧跟静安“十三五”总课题研究步伐，共同推进区域教育纵深发展。我校基于学生核心素养发展这一视角研究“快乐五会”校本课程体系的建构与实施，将为区域总课题实践性循证研究提供样本数据。同时，也给学校工作融入新的、有较强生命力的内容，增强学校教育的时代性、服务性、实效性、针对性，以使学校发展更具潜力和特色。学生作为校本课程开发的受益者，个性将得到更好的张扬；教师作为校本课程体系建构的研究者，专业水平将得到显著提升。

三、理论支撑

1. 人本主义理论

人本主义课程观主张，课程的主要目的在于培养自我实现的个人。马斯洛认为，人天生具有一种蕴藏着无限潜能的内在自然，内在自然充分展露就达到了自我实现。他说，教育的功能、教育的目的是人的目的。与人有关的目的在根本上就是人的"自我实现"，是丰满人性，是个性能够达到的最高度的发展。人本主义教育家呼吁人的知、情、意的全面发展，它不仅指在身体、精神、理智、情感、情绪和感觉诸方面的有机整体性，而且指在有机协调的内部世界与外部世界的联系方面也达到了和谐一致，即整体的人格包括人内部的整合和人的内部与外部世界的整合两个方面。①

2. 建构主义理论

该理论主张，知识的建构并不是随心所欲的，要受到他人和社会文化因素的影响。个体认识的发展、精神世界的建构是在社会参与和社会互动中实现和完成的。建构主义课程观强调课程内容的意义建构性。这种课程观强调教学的"非终极性"目标，因而在课程内容的设计上也非常灵活。内容的构建与学习者的个人需要紧密结合在一起。学习者将通过自己的价值判断，更多地将精力放在自己感兴趣的内容上，从而大大提高学习效率。②

3. 多元智能理论

该理论认为，每个人的智能是多元的，并有自己独特的智能组合。所以，对每个学生都采取同样的教材和教法是不合理的。多元智能理论为教师提供了一个积极乐观的学生观，即每个学生都有闪光点和可取之处，教师应从多方面去了解学生的特长，并相应地采取适合其特点的有效方法，使其特长得到充分的发挥。多元化的校本课程建设能在一定程度上满足学生需求，促进学生个性

① 杜时忠.人文教育的理论[J].教育理论与实践，1999(9)：3-8.

② 杨小秋.建构主义理论的视域：高师公共教育学新思维[J].当代教育论坛，2006(23).

而全面地发展。①

4. 后现代课程观

多尔后现代课程观重视多元文化课程，认为课程应该是开放的、动态循环的。多尔反对课程的预设性，也反对由课程专家来决定课程，他认为课程应根据学校本身的文化与学生所具有的文化进行相互融合后，通过校长、教师、学生、家长、专家、社区人员等多方主体在重多元差异性的基础上，通过相互的沟通、辩论来建构生成。这些都为校本课程的开发及资源的利用提供了有力的理论依据。②

5.《基础教育课程改革纲要》说

教育部《基础教育课程改革纲要》(教基〔2001〕17 号)明确提出："改革课程管理过于集中的状况，实行国家、地方、学校三级管理，增强课程对地方、学校以及学生的适应性。""设置综合课程，以适应不同地区和学生发展的需求，体现课程的均衡性、综合性和选择性。"③这就为我们构建基于学生核心素养发展的具有学校特色的校本课程体系指明了方向。

四、研究现状

1. 国外核心素养课程研究领域现状

(1) 世界各国聚焦核心素养研究

20 世纪末 21 世纪初是国际教育改革的交汇期。国际组织、世界各国家和地区对教育改革取向虽然理解不同，但却不约而同地聚焦于核心素养研究。代表性的有：联合国教科文组织主导的以终身学习为目标的核心素养研究、经济合作与发展组织(简称"经合组织")以个体的成功生活与社会和谐发展为目标的核心素养研究、欧盟组织的核心素养研究和美日为代表的以能力为目标

---

① 袁清华. 让阳光普照学生的心灵——谈教育管理中的因材施教[J]. 教育观察，2016(5)：10.

② 朱红、张浔. 创新形式、活化实施——"海派文化"系列校本课程建构与实施项目[J]. 现代教学，2018(5)：10.

③ 教育部. 基础教育课程改革纲要(试行). 教基〔2001〕17 号.(2001-06-08).

的核心素养研究。1972 年联合国教科文组织发布“学会生存”报告，认为人的发展是“人的完整实现”，是人之个性丰富内涵的“全面实现”。1996 年联合国教科文组织出版《学习财富蕴藏其中》一书，指出 21 世纪公民必备的四大核心素养：学会求知、学会做事、学会共处、学会生存。2003 年联合国教科文组织又提出了“学会改变”的教育主张，并将其作为终身学习和培训改革的参照体系。

(2) 国外核心素养课程体系研究

国外核心素养教育目标的实现凭借课程。参照“经合组织”核心素养的界定与遴选，形成了理论和概念基础项目、联合国教科文组织或者欧盟核心素养内容框架研究成果等世界上多个国家适应本国国情的核心素养内容与结构框架，并构建了相应的课程体系。

依照核心素养与课程体系相对独立的程度，世界各国和地区的核心素养体系，在教育教学实践领域的应用模式大致分为三类：第一类，分项研究，逐渐融合模式。核心素养研究独立于课程体系之外，由专门机构研制开发，然后逐渐实现核心素养与课程和教学相融合，最终达到核心素养教育目标的课程体系化，主要代表有美国、澳大利亚和中国台湾地区。第二类，以核心素养框架统辖课程体系建构，根据国际核心素养内容结构框架指标，拟定本国课程体系中蕴含的核心能力和素养内容指标，以此指导课程内容选择组织与实施，形成课程体系，主要代表是芬兰。第三类，间接体现核心素养模式。学生的核心能力和素养没有单独的体系规定，但是国家课程体系的建构无意识地部分体现了培养核心能力和素养的宗旨，主要代表是日本和韩国。

核心素养研究始于 20 世纪 90 年代，至今已经形成系统比较完善的内容结构、课程体系、质量保障体系，并已成为推动发达国家课程教学改革的支柱性理念。

2. 国内核心素养课程研究领域现状

(1) 核心素养成为国内研究热点

中国对国外教育变革信息的反应相对迟缓，从对国外文献资料的研究看，译介到国内的资料比较陈旧。国内早期研究中，“核心素养”在一些高职高专人才培养、大学本科人才培养中被提及。也有学者建议以“核心课程”为基础，采取“混合式”教学模式，打造养成学生核心素养的教师团队。这一阶段，对于核心素养的认识主要是基于学科要素的分析。①随着国际教育改革交流不断增加，众多国际组织关于“核心素养”的界定和框架设定引起了中国学者的关注。

2014 年教育部颁布文件指出，“研究制定学生发展核心素养体系和学业质量标准”，“修订课程方案和课程标准。依据学生发展核心素养体系，进一步明确各学段、各学科具体的育人目标和任务，完善高校和中小学课程教学有关标准”。②2016 年 9 月，由北京师范大学林崇德教授牵头的中国学生发展核心素养体系和高中各门课程的学科核心素养框架初步形成。“核心素养”逐渐成为基础教育领域的热门话题。教育理论工作者、教研员、教师纷纷对此发表个人看法，参与社会性讨论。

(2) 核心素养课程研究方兴未艾

学生核心素养正成为中国课程改革、教学改革的重要方向。国内学者提出，学校要围绕核心素养开发架构多元、多层、严密、立体的学校课程体系，研制开发基于核心素养的课程，关注课程建设综合化、主体化发展趋势，加强系统研究、顶层设计和综合改革，做好小初高学段的学科素养衔接与贯通。③也有学者提出，基于具体课程建设的核心素养体系建设，建立彰显学生个性化发展的特色课程群：“学能—提升”课程群、“体验—表达”课程群、“探究—设计”课程群。还有学者提出了创客课程，以探究、实践为主要学习

---

① 刘义民.国外核心素养研究及启示[J].天津师范大学学报(基础教育版)，2016(17)：2.

② 教育部.关于全面深化课程改革，落实立德树人根本任务的意见.教基二〔2014〕4 号.(2014-03-30).

③ 张芳林.核心素养背景下的小学高年级班主任管理策略研究[J].科学咨询(教育科研)，2020(10)：10.

方式,以科技孵化器为机制,以"融技术与艺术,在想象中创造"为目标,让学生体验造物的快乐,激发想象力,提升创造力,使通用技术、信息技术、艺术、物理等学科知识在身体力行中成为"带得走的能力"。①众多学者的研究指向同一观点,即通过优化学校课程结构以提升学生综合素养。但是,我们进行了相关情报资料的搜索后也发现,基于学生核心素养发展的校本课程研发及校本课程体系建构的论述寥寥无几,国内鲜有人提及。

核心素养已成为中国基础教育改革的基因。围绕这一主题,基础教育关于课程教学领域系统的理论研究和实践探索正在启动,有关校本课程研发的文献大多见于教育期刊。

国内外的研究成果为我校基于学生核心素养发展和办学特色进行校本课程体系构建与实施提供了坚实的基础。

第二节 我们确定的主攻方向

一、*核心概念*

1. "五会"

"五会"是"五个学会"的简称,指向上海静安区西康路第三小学(简称"西三")育人目标、办学特色。具体包括:学会诚信,让我们的习惯好起来,做一个言行一致的人;学会阅读,让我们的心灵亮起来,做一个知书达理的人;学会提问,让我们的思维活起来,做一个聪明睿智的人;学会锻炼,让我们的身体棒起来,做一个身心健康的人;学会环保,让我们的家园绿起来,做一个热爱生活的人。

2. "快乐五会"校本课程体系构建

它是指西三基于"健康快乐每一天,每天进步多一点"的办学

---

① 胡晓军.创客课程让学生形成"带得走的能力"[J].人民教育,2017(Z1):80-81.

思想，依据“五会”育人目标，以学校为基础，以国家和地方制定的课程纲要的基本精神为指导，学校成员、学生、家长、课程专家及社会人士多方参与，自主研发多元、和谐、共生的课程，合理有效配置学校教育资源，聚焦核心素养，发展学生终身学习能力。

二、研究目标

一是领会“中国学生发展核心素养”精神实质，研发、改进、完善西三校本课程，探索两者更好融合的方式与途径，形成有利于学生核心素养培养的“快乐五会”校本课程体系，提炼、强化、升华学校特色，为学生个性化成长提供坚实平台，促进学生素质全面发展。

二是基于学生核心素养的发展，探索“快乐五会”校本课程体系构建与实施过程中师资队伍的建设，转变教师课程观念，激发教师创造热情，增强教师课程研究意识和实践意识，提高教师观察、分析、引导和评估课程的能力，提升教师专业素养。

第三节　我们走过的探索之路

一、研究步骤

本课题研究的对象为小学一到五年级全体学生。研究大致经历了四个阶段。

第一阶段：问卷调查，诊断分析

2019 年 2 月—4 月，课题组通过问卷星，调查教师、学生、家长的想法，获取校本课程的实施效果、校本课程的开发意愿、支持开发的课程资源。

第二阶段：顶层设计，架构体系

2019 年 5 月—8 月，由课题组和学校决策层两次发动讨论。“五个学会”校本课程框架搭建的研讨自上而下、由下而上。讨论结果汇总至科研部门。课题组根据课题的总目标以及学校的具体实情，科学架构“基于学生发展核心素养‘快乐五会’校本课程体系”。

第三阶段：试点实践，完善调整

2019 年 9 月—2020 年 2 月，本课题的研究与区域“教育反思专项行动”相结合，组建了“‘快乐五会’校本课程”五个研究团队，编制校本化课程体系建构与实施的具体方案，立足校本课程开展实践探索，逐步推出“纸艺校本课程”等具有学校特色的实践案例，带动全校全面实践。

第四阶段：固化经验，宣传展示

2020 年 2 月—6 月，借助家校开放日及跨区跨省对口援教活动的设计，展示学校校本课程体系建构的研究成果。2020 年 2 月，我们开始对校本课程建构与实施的方案进行总结，撰写个案研究报告；2020 年 3 月撰写研究主报告；统筹研究课题实践相关论文出版等事项。

二、研究方法

1. 文献研究法

课题组搜集、学习校本课程研发相关的教育理论书籍、期刊、网络文献资料，及时掌握最新研究成果，借鉴先进经验。

2. 案例研究法

课题组选取典型的案例进行研究，及时反馈校本课程开展中教师遇到的问题和想法，就这些问题开展讨论和分析。

3. 行动研究法

在校本课程开发和实施的过程中，综合运用多种研究方法，以解决校本课程实施过程中的实际问题。

4. 经验总结法

依照校本课程教学实际，研究教育现象和经验，并将从中得到的认识、体会上升为教育理论和理性的教育观念。

三、过程管理

1. 建立严密的课题管理网络

本课题是学校的龙头课题，因此，学校高度重视，建立了严密的课题人员研究网络和管理网络。课题组的组长由校长亲自担任，校科研室的成员和各学科的业务骨干全部参与。学校行政人员、教研组长、备课组长直接参与课题研发，提高了课题活动的质量，既保证了课题研究时间，又充实了教研组活动内容。

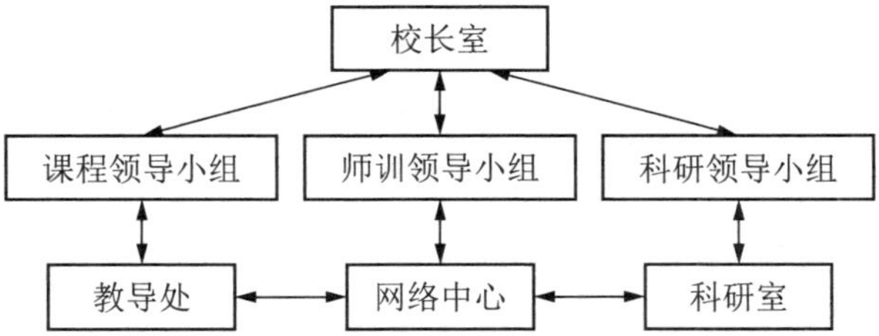

图 1-1　课题管理网络图

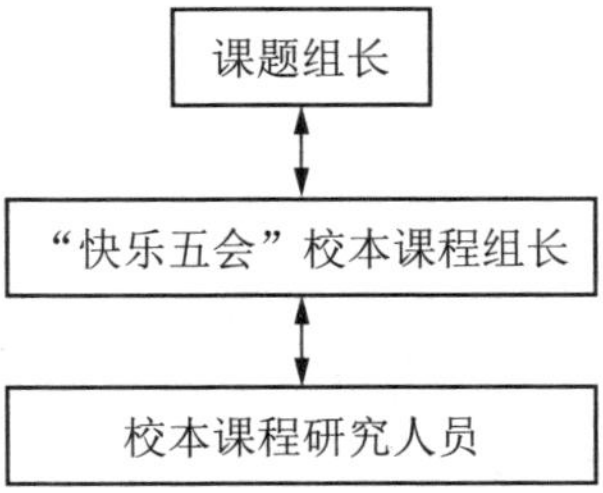

图 1-2　市级课题研究人员网络图

2. 建立校本课程研修制度，促进课题研究

学校建立了校本课程研修制度，提高教师参与课题研究的积极性，针对教师在日常教育教学工作中和课题研究过程中存在的问题进行专题辅导，做到课题培训到位。学校把课题培训辅导和师资培训内容紧密结合，积极构建符合教师需求的研修模式。

学校聘请市、区科研室专家，区语数外学科教研员为全体教师进行培训指导。例如：浦东教育发展研究院专家吴为民老师的报告“基于学生核心素养培养的校本课程建设”，清楚地为教师介绍校本课程设计的基本元素，具体的撰写案例的方法。一个个生动鲜活的例子，帮助老师加深对问题的认识，使老师们能高质量地运用案例分析的方法记录自己在校本课程教学和课题研究过程中的点点滴滴。区教研员“解读新课程”的报告，又让全体教师深刻领会新课程理念，学习到先进的教学方法和手段。

第四节　我们收获的研究成果

一、“快乐五会”校本课程实施促进了学生核心素养的发展

1.“快乐五会”课程建设发展使学校教育改革得以深化

每个学校都有其独特的历史背景与特色文化。“十五”时期，西三提出“健康快乐每一天，每天进步多一点”的办学思想。“十一五”期间，西三从实际出发，围绕办学思想进一步提出“五个学会”育人目标，探索以学生需要为核心的多元课程。随着“五个学会”实施于基础型课程取得研究成果，西三逐渐将研究视角触及“快乐五会”校本课程建设，初步开发了拓展型、探究型课程。“快乐五会”校本课程建设的意义在于，让课程点燃孩子未来梦想，让学生在享受学习的过程中产生愉悦，创造自己、发现自己、欣赏自己，个性得到张扬，潜能得到激发。

2.“快乐五会”课程体系构建有利于学生核心素养发展

基于对《中国学生发展核心素养》的学习和理解，西三对官方核心素养进行了校本化的理解和解读。

“学会诚信”目标对应于“社会责任、责任担当”。课程序列化实施将有利于引导学生以诚为本，对自己负责，对他人负责，对集体负责，对国家和社会负责。

“学会阅读”目标对应于“人文底蕴、科学精神”。课程序列化

推进将助推学生夯实文化基础，培养人文情怀，涵养内在精神，追求真善美的统一。

“学会提问”目标对应于“科学精神、学会学习”。课程序列化探索将有利于促进学生理性思维、敢于质疑、勤于反思，使其形成终身学习的意识和能力。

“学会锻炼”目标对应于“健康生活、健全人格”。课程序列化落实将有利于学生理解生命意义、人生价值，养成健康文明的行为习惯和生活方式。

“学会环保”目标对应于“社会责任、实践创新”。课程序列化完善将有利于学生树立生态文明观念，养成正确的环境价值观，肩负起环保责任。

二、*点线面体多维度辐射，立体构建出基于学生核心素养发展的校本课程体系*

1. 立足学校办学特色，整体架构课程体系

课程是学校的产品，是教育思想、目标、内容和评价的主要载

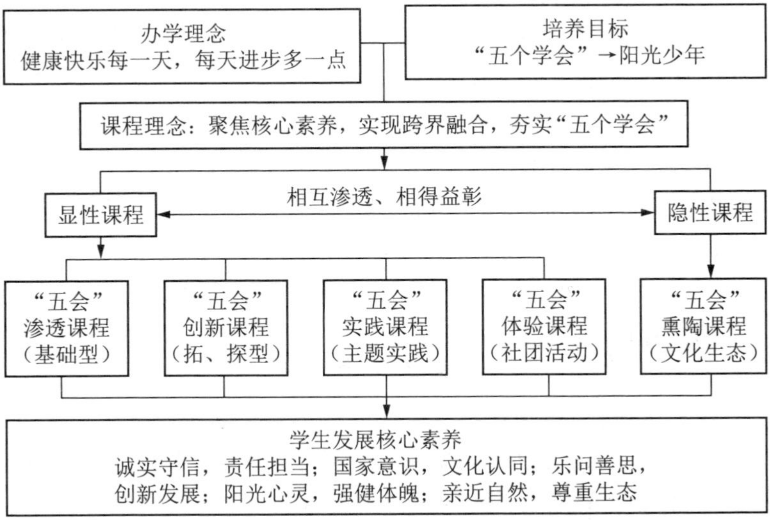

图 1-3　基于学生核心素养“快乐五会”校本课程体系结构图

体，直接影响着人才培养的方向和质量，也是我校深入推进特色学校建设内涵发展的重中之重。丰富、完整的课程结构框架需要处理好各类课程之间的关系，使不同课程在功能定位上彼此协调。

校本课程体系建构是一项庞大的工程，需投入大量的人力和物力。两年多的时间，我们的研究不可能面面俱到，全面开花。我们把研究的重点落实在"快乐五会"校本实践课程群的架构上，以此为主线带动学校拓展型、探究型课程以及学生社团校本课程的创新研发、改进和完善。同时，我们树立大课程观，初步尝试探索国家课程校本化，尝试挖掘校园文化中的隐性课程，为实施课题研究目标助力。

（1）基础型课程重"渗透"

在基础型课程中，我们尝试在国家课程的框架内，进一步充实、内化、优化课程结构，强化学科教学渗透"五个学会"培养目标，强调促进学生基本素质的形成和发展。教师通过探索教材二次开发，发掘身边丰富的课程资源；依托学科的优势，积极拓展学生学习的外延空间，实现从课内到课外的有效迁移，让每一位学生在自主学习中获得和谐的发展。

（2）拓探型课程重"创新"

拓展型、探究型课程赋予教师参与学校课程开发的权利，调动了教师对教学内容进行创新的积极性、主动性，促进学校办学特色的形成。我们以学生发展为本，围绕学校"五个学会"的培养目标，提供多种学习机会，激发学生学习兴趣，开发学生探索潜能，培养学生创新意识，完善学生认知结构。

（3）主题活动课程重"实践"

我们重点建设"快乐五会"校本课程群。依托"快乐五会"争章、学校主题实践、区域N项活动等实践课程，创设更为开放的学习途径，让学生认识并发展自我，参与并融入社群，亲近并探索自然；使学生从中获得真切的情感体验，生成丰富的实践经验，初步形成对自然、社会和自我的整体认识，具备责任意识，获得文化认同，能够解决问题、珍爱生命、保护环境等。

(4) 社团活动课程重“体验”

我们根据学校实际情况成立学生社团，按照“课程”来设计学生社团活动，让每一位学生有目的、有组织、有计划、有内容、有评价地根据自己的兴趣爱好组织社团或选择参加社团活动，给学生充分的自主学习空间，尊重学生的差异，满足学生的兴趣，张扬学生的个性，使学生在社团活动课程中体验成长、发展素养。

(5) 校园生态课程重“熏陶”

我们树立大的课程观，打造校园文化生态，挖掘隐性教育课程。让校园景观“说话”，传递学校教育价值观和教育理想。把校训、校歌、校史等纳入课程建设中，建设优良的校风、教风和学风。以丰富多彩、健康向上的校园文化活动为载体，推动形成厚重的校园文化积淀和清新的校园文明风尚，营造良好的校园文化生态。

2. 聚焦核心素养发展，实践课程凸显特色

立足于“五个学会”育人目标，西三聚焦学生核心素养发展，探索校本课程内容系列化、核心素养培养目标系列化、课程活动开展方式系列化，架构“快乐五会”校本课程群。

(1) “学会诚信”校本课程

学校确立“快乐五会”之“学会诚信”校本课程的项目，注重诚信的显性和隐性教育相结合，将诚信教育融入日常的教学和素质教育活动中，融入家庭教育、社区实践中，初步形成了学校、家庭、社区立体的诚信教育体系。全校教师共同参与，出谋划策，集全校教师之智慧。由此，教师专业素养也不断提升，不断推动本课程建设纵深发展。“学会诚信”校本课程内容得到不断更新、提升。

[校本课程建设案例 1]

“快乐五会”之“学会诚信”校本课程开发与实施的研究

执笔:邵 晏

一、研究背景

国无信不立,家无信不立,人无信不立。诚实、守信是我们做人最起码的准则,对每位学生的成长和成功都有着极其重要的意义。

小学阶段是孩子生理、心理生长发育的重要阶段,更是道德品质形成的关键期。要想让孩子从小懂得做一个讲诚信、讲道德的人,能与社会、与他人和谐友好相处并得到充分发展,卓有成效的诚信教育必不可少。“学会诚信”校本课程的开发引导我校学生从小事做起,从现在做起,讲信用,答应别人的事要尽力去做。每位教师都要精心呵护学生纯洁的心灵,增强学生以德立身、诚实守信的意识,提高学生的道德修养和法制观念,让我校学生都能学会诚信,做一个言行一致的人,寻找自己的诚信,拥有诚信所带来的幸福!

我校于“十五”期间,开展了“五个学会”育人的整体实验,让学生“学会诚信、学会阅读、学会提问、学会锻炼、学会环保”成为学校育人目标。

“十三五”时期,学校建立了市级课题,随着“学会诚信”校本课程的开发与实施,从原先的班主任团队研究开发到如今的全校教师共同参与,课程逐步得到补充、完善。

二、课程目标

1. 总体目标

加强思想品德教育和行为规范养成训练,提高学生对诚信等品行的认知,培养学生诚实待人,言行一致;关心他人,乐于助人,逐步养成守时、守信、知错就改的好习惯，培养学生成为讲品行、讲礼仪、讲安全、讲规范的好少年。

2. 低年段目标

(1) 对学生进行学校一日常规教育；

(2) 培养学生诚实待人，以真诚的言行对待他人；

(3) 教育学生拾物交公，拾金不昧；

(4) 学会关心他人，对他人富有同情心，乐于助人。

3. 中年段目标

(1) 从小树立"讲文明、懂礼仪、守规则"的意识；

(2) 培养学生守时、守信、有责任心，承诺的事情一定要做到，言必信、行必果；

(3) 作业和考试要求不抄袭、不作弊；

(4) 严格要求自己，言行一致，不对别人说谎话；

(5) 教育学生在对不起别人时主动道歉，别人有错误缺点时不偏袒，表里如一，不弄虚作假，知错就主动承担。

4. 高年段目标

(1) 加强遵守法律法规和社会公德的教育，培养学生的法律意识和规则意识，具备良好的道德品质；

(2) 培养学生以勤奋学习为己任，认真做事负责任；

(3) 教育学生实事求是，不懂不装懂，不投机取巧，在自觉控制自己的基础上，对别人的虚假行为提出善意批评和劝告，树立公平竞争观念；

(4) 不随便承诺，在情况有变时要及时说明，以求得谅解。在坏人面前能随机应变，勇敢应付。

三、课程内容

根据学校实际情况，调动一切资源，对已有的"学会诚信"校本课程加以管理、细化、补充和完善，融合基础课程，拓展探究课程、主题实践课程、隐性课程，制定了低年级、中年级、高年级诚信分年级目标及一至五年级每位西三学子必须达成的具体目标，促进学生诚信素养全面提高。

1. 学会诚信分年级具体要求

培养学生诚信品质是一项长期而艰巨的任务。我们的“学会诚信”校本课程遵循学校教学规律和儿童身心发展的特点，因势利导、循序渐进，提出分年级学生诚信的具体要求。

表 1-1 “学会诚信”课程学生分年级具体要求

培养目标	年级		分年级要求	评价标志
学会诚信，让我们的习惯好起来，做一个言行一致的人	一年级	第一学期 第二学期	(1) 对学生进行学校一日常规教育； (2) 培养学生诚实待人，以真诚的言行对待他人。 具体内容： ① 每天按时到校； ② 按时完成作业； ③ 爱家人； ④ 关心他人； ⑤ 拾金不昧	走进诚信 做人之本 (绿色花)
	二年级	第一学期 第二学期	(1) 学会关心他人，对他人富有同情心，乐于助人； (2) 教育学生拾物交公，拾金不昧。 具体内容： ① 关心他人，乐于助人； ② 拾物交公，拾金不昧； ③ 言行一致，说到做到； ④ 实事求是，知错能改； ⑤ 认真作业，及时纠错	开启诚信 友谊之门 (蓝色花)
	三年级	第一学期 第二学期	(1) 从小树立“讲文明、懂礼仪、守规则”的意识； (2) 培养学生守时、守信、有责任心，承诺的事情一定要做到，言必信、行必果； (3) 作业和考试要求不抄袭、不作弊。 具体内容： ① 遵守规则，一个样； ② 完成作业，不抄袭； ③ 服务岗位，坚持做； ④ 朋友之间，善理解； ⑤ 言行一致，不说谎	踏上诚信 幸运之道 (黄色花)

续表

培养目标	年级		分年级要求	评价标志
学会诚信，让我们的习惯好起来，做一个言行一致的人	四年级	第一学期 第二学期	(1) 严格要求自己，言行一致，不对别人说谎话； (2) 教育学生在对不起别人时主动道歉，别人有错误缺点时不偏袒，表里如一，不弄虚作假，知错就主动承担。 具体内容： ① 犯了错误，勇承担； ② 许下承诺，定做到； ③ 作业考试，求真实； ④ 接近君子，远小人； ⑤ 辨别是非，申正义	掌握诚信魅力之法（紫色花）
	五年级	第一学期 第二学期	(1) 加强遵守法律法规和社会公德的教育，培养学生的法律意识和规则意识，具备良好的道德品质； (2) 培养学生以勤奋学习为己任，认真做事负责任； (3) 教育学生实事求是，不懂不装懂，不投机取巧，在自觉控制自己的基础上，对别人的虚假行为提出善意批评和劝告，树立公平竞争观念； (4) 不随便承诺，在情况有变时要及时说明，以求得谅解。在坏人面前能随机应变，勇敢应付。 具体内容： ① 勤奋学习为己任； ② 为人诚实不欺人； ③ 诚信交往和谐人； ④ 遵守法规社会人； ⑤ 全家齐做高尚人	共享诚信品质生活（红色花）

2. 学会诚信课程分类

“学会诚信”课程构建学校、家庭、社会三位一体的教育体系，把小学生的诚信教育贯穿于系列化、专题化的德育活动中，形成了课程的系列与类别。

表 1-2 “学会诚信”课程分类

总体分类 / 具体分类	学校		家庭	社会
课程类	专门课程	道德与法治课		
	德育课程	走遍中国		
	学科课程	各科教学		
实践类	自主管理	学生自我管理	小鬼当家	春秋游、假日小队
组织类	少先队、学生社团			区域示范性群体
环境类	人际环境	师生、生生、师与家长	父母亲、邻居关系	各种人际交往
	文化环境	校园文化氛围	家庭文化	
辅导类	心理辅导室			
	心理辅导活动课			
管理类	学校管理	各种规章制度、传统文化	家规	社区家长学校

3. 主题实践活动具体内容(“五个一”):

“学会诚信”课程每学期围绕“五个一”开展主题实践活动,引领各年级学生摘取五色“诚信花”。

一年级:看一个诚信故事;读一句诚信格言;懂一个诚信诺言;做一件诚信的事;树一个诚信榜样。

二年级:读一个诚信故事;抄一句诚信格言;定一个诚信小目标;做一件诚信的事(懂礼貌,讲礼仪,尊老爱幼);树一个诚信榜样(画一画“我的诚信榜样”——父母)。

三年级:讲一个诚信故事;制作一张诚信格言书签;许一个诚信诺言;做一件诚信的事(春游、N 项活动……);树一个诚信榜样

（画一画“我的诚信榜样”——老师）。

四年级：夸夸身边的诚信人；绘一张诚信书签；定一个诚信诺言；做一件诚信的事（认真参加社区活动、网上祭奠英雄等活动）；树一个诚信榜样（画一画“我的诚信榜样”——雷锋等英雄人物）。

五年级：说说自己的诚信故事；绘一张个性诚信格言书签；圆一个诚信诺言（改正自己身上的一个缺点）；做一件诚信的事（勇于承担，知错就改）；树一个诚信榜样（画一画“我的诚信榜样”——古今中外诚信的人物）。

四、实施原则

1. 面向全体原则

全体学生参与学会诚信之争章活动，争章内容融合学科活动、主题活动、实践活动、隐性课程等方方面面。

2. 理论联系实际原则

基础型、拓展探究课等学科与诚信相关的教学内容，老师向学生传授诚信的知识和行为表现，提高学生的道德认识和分辨是非的能力，让学生懂理并真正做到在生活中诚实守信。

3. 启发性原则

教师、家长等言传身教，以自身的行为感染、启发、教育学生，使学生懂得诚信是做人的基本准则，帮助每位学生树立榜样意识，自觉地把诚信认识转化为诚信情感，逐步变为诚信行为。

4. 循序渐进原则

按照小学生认知发展规律，制定低年级、中年级、高年级诚信分年级目标及一至五年级每位西三学子必须达成的具体目标，促进学生诚信素养全面提高。

五、实践过程

1. 搭建了“学会诚信”校本课程体系框架结构

“学会诚信”校本课程体系的构建，通过跨学科整合，整体架构，丰富课程内容，多渠道、多形式开展诚信教育活动。

表 1-3 “学会诚信”校本课程体系框架

培养目标	年级		分年级要求	课程实施途径				评价标志
				基础型课程	拓展探究课程	主题实践活动	隐形课程	
学会诚信，让我们的习惯好起来，做一个言行一致的人	一年级	第一学期	（1）对学生进行学校一日常规教育； （2）培养学生诚实待人，以真诚的言行对待他人。 具体内容： ① 每天按时到校； ② 按时完成作业； ③ 答应他人的事要做到	语文： “升国旗” 语文口语交际： “我们做朋友”	语文综合学习： “送还苹果”	诚信主题班会： 推普周 师德节 N 项活动 秋游活动 社区活动 “五个一”： 读一句诚信格言 懂一个诚信诺言 看一个诚信故事 树一个诚信榜样 做一件诚信的事	（1）升旗仪式 （2）快乐吾会 （3）争章活动 （4）家长会	绿色花
		第二学期		道德与法治： “我的好习惯” 语文： “一分钟” 数学： “时间的初步认识(一)” 自然常识： “健康的生活”	语文综合学习： “公鸡的脸红了” 英语： “Story Time：A Boy and Wolf”		（1）升旗仪式 （2）快乐吾会 （3）争章活动 （4）家长微课	

续表

培养目标	年级		分年级要求	课程实施途径				评价标志
				基础型课程	拓展探究课程	主题实践活动	隐形课程	
学会诚信，让我们的习惯好起来，做一个言行一致的人	二年级	第一学期	（1）学会关心他人，对他人富有同情心，乐于助人； （2）教育学生拾物交公，拾金不昧。 具体内容： ① 答应别人的事情要做到； ② 不随便拿不属于自己的东西； ③ 按时完成作业，有错及时订正	道德与法治： “我们不乱扔” 语文： “一封信”		诚信主题班会 推普周 师德节 N 项活动 秋游活动 社区活动 “五个一”： 抄一句诚信格言 定一个诚信小目标 读一个诚信故事 树一个诚信榜样 做一件诚信的事	（1）升旗仪式 （2）快乐吾会	蓝色花
		第二学期		道德与法治： “做个‘开心果’” 语文： “亡羊补牢” “揠苗助长” “画杨桃” 数学： “时、分、秒” 英语： “Rules” 自然常识： “成年人” 美术： “故事画里趣味多”	语文口语交际： “图书馆借阅公约” 语文综合学习： “小牧童”		（1）升旗仪式 （2）快乐吾会	

续表

培养目标	年级		分年级要求	课程实施途径				评价标志
				基础型课程	拓展探究课程	主题实践活动	隐形课程	
学会诚信，让我们的习惯好起来，做一个言行一致的人	三年级	第一学期	（1）从小树立“讲文明、懂礼仪、守规则”的意识； （2）培养学生守时、守信、有责任心，承诺的事情一定要做到，言必信、行必果； （3）作业和考试要求不抄袭、不作弊。 具体内容： ① 许诺言（不随便拿别人的东西）； ② 树榜样（老师在和老师不在一个样）； ③ 做实事（独立完成作业；小岗位，坚持做）	语文： “公仪休拒收礼物” “熟记名言” 道德与法治： “学会购物——做一个文明的消费者” 数学： “比比谁快谁慢” 英语： “My Friends”		诚信主题班会 推普周 师德节 N 项活动 秋游活动 社区活动 “五个一”： 制作一张诚信格言书签 许一个诚信诺言 讲一个诚信故事 树一个诚信榜样 做一件诚信的事		黄色花
		第二学期		语文： “在金色的沙滩上” “让我永远忏悔的狗” 品德与社会： “为了大家的健康——吃得更放心；营造健康生活环境” 英语： “Toys” “Animals” “三只小猪”			（1）春游活动 （2）争章活动	

续表

<table>
<tr><th rowspan="2">培养目标</th><th rowspan="2" colspan="2">年级</th><th rowspan="2">分年级要求</th><th colspan="4">课程实施途径</th><th rowspan="2">评价标志</th></tr>
<tr><th>基础型课程</th><th>拓展探究课程</th><th>主题实践活动</th><th>隐形课程</th></tr>
<tr><td rowspan="2">学会诚信，让我们的习惯好起来，做一个言行一致的人</td><td rowspan="2">四年级</td><td>第一学期</td><td rowspan="2">（1）严格要求自己，言行一致，不对别人说谎话；
（2）教育学生在对不起别人时主动道歉，别人有错误缺点时不偏袒，表里如一，不弄虚作假，知错就主动承担。
具体内容：
① 犯了错误，主动承担；
② 不轻易许诺，答应别人的事要做到；
③ 勤动脑，独立完成作业</td><td>语文：
“守信”
英语：
“A Visit to a Farm”
（遵守农场规则）
“In the Shop”
（购物讲诚信）</td><td>语文综合学习：
“失去的一天”</td><td rowspan="2">诚信主题班会
推普周
师德节
N 项活动
秋游活动
社区活动
“五个一”
绘一张诚信书签
定一个诚信诺言
夸一夸身边的诚信人
树一个诚信榜样
做一件诚信的事</td><td>（1）争章活动；
（2）秋游活动</td><td rowspan="2">紫色花</td></tr>
<tr><td>第二学期</td><td>语文：
“十年后的礼物”
英语：
“The Piper of Hamelin”
（人要讲诚信，不能出尔反尔）</td><td></td><td>春游活动；
……</td></tr>
</table>

续表

培养目标	年级		分年级要求	课程实施途径				评价标志
				基础型课程	拓展探究课程	主题实践活动	隐形课程	
学会诚信，让我们的习惯好起来，做一个言行一致的人	五年级	第一学期	（1）加强遵守法律法规和社会公德的教育，培养学生的法律意识和规则意识，具备良好的道德品质； （2）培养学生勤奋学习为己任，认真做事负责任； （3）教育学生实事求是，不懂不装懂，不投机取巧，在自觉控制自己的基础上，对别人的虚假行为提出善意批评和劝告，树立正确的公平竞争观念； （4）不随便承诺，在情况有变时要及时说明，以求得谅解。在坏人面前能随机应变，勇敢应付。 具体内容： ① 懂得勤奋学习为己任； ② 做个讲诚信的人，不自欺欺人； ③ 同学交往讲诚信，构建和谐人际关系； ④ 遵守法律法规和社会公德； ⑤ 生活中和父母家人一起做个讲诚信的人	语文： “瑞恩的井” “跨越海峡的生命桥” 品德与社会： “传统美德塑精神”（中华民族传统美德—诚信故事会） 英语： “The Emperor's New Clothes” “Little Red Riding Hood” 数学： “小数应用——水电、天然气的费用” 美术： “感受漫画造型” “入场券设计” 劳技： “碟片架”	语文综合学习： “陶罐和铁罐” 快乐吾会： “廉洁自律——‘信守诺言’”	诚信主题班会 推普周 师德节 N项活动 秋游活动 社区活动 “五个一” 绘一张个性诚信格言书签 圆一个诚信诺言 说说自己的诚信故事 树一个诚信榜样 做一件诚信的事	升旗仪式 宣传版面 争章活动 日常生活	红色花
		第二学期		语文： “人生的开关” “信任” 美术： “美丽的水乡” “毕业友谊卡” 劳技： “套银蛇游戏” “红绿灯模型”	语文综合学习： “九十九枚镍币” “白雨衣” “国画大师齐白石” “寻找” 快乐吾会： “廉洁自律——‘诚实做人’” “综合——‘诚信’”		升旗仪式 宣传版面 争章活动 日常生活	

2. 探索了"学会诚信"校本课程体系实施的多向途径

途径一：资源整合

"快乐五会"之"学会诚信"校本课程与基础型学科的整合，利用校本教育资源，补充和完善基础学科的诚信内容，加深诚信教育和学科视野。

途径二：学科整合

跨学科融合教育，培养学生全面素养。

途径三：活动体验

结合学校诚信主题班会、推普周、师德节、N项活动、秋游活动、社区活动，以活动为契机，使学生把诚信真正落实到行为中。

(1) 各年级诚信主题班会安排。

每学期，各年级以诚信为主题开展一次中队主题会活动，引导学生与诚信同行、体验诚信、感悟诚信，培养诚信的品德，弘扬中华民族的忠诚守信文化。

表1-4　2019学年第一学期各年级诚信主题班会安排

年　级	班　　会
一年级	诚信·争做诚信小使者
二年级	诚信·诚信永驻我心
三年级	诚信·学会诚信，让我们的习惯好起来
四年级	诚信·诚信在我心中
五年级	诚信·诚信为人快乐成长

(2) 师生同活动，共育德。

把传统的爱生月、师德节与"社会主义核心价值观校园行"结合起来，开展"学雷锋"、"我为祖国点赞"等系列的活动。以主题活动形式，让学生体悟文明、友善、诚信。

以校园主题活动(师德节、阅读节等)与任课老师相对接的模式，让教师走近学生，与学生同活动，共育德。

途径四：文化熏陶

着眼于校园环境建设，将校园文化熏陶、升旗仪式、宣传版面、争章活动、日常生活等作为隐性校本课程，将诚信教育融入日常的学校、家庭生活中。

途径五：年级特色

"传统美德塑精神"，各年级组从本年级学生认知水平出发，结合学校主题活动，倡导学生在"学会诚信"的育人目标下，开展年级组课程教学、课余活动和家校互动，形成年级特色。

3. 开展了"学会诚信"校本课程现状的调查与分析

西三对学生学业、规章、同伴、外出、家庭社会等多方面展开了诚信度现状的调查：

学业诚信：大部分学生考试诚信的状况较好。但当涉及切身利益时其遵守考试诚信规则的水平会下降。在完成作业时如缺乏外在监督与约束机制，其诚信状况相对不理想。调查显示，在认知上，大部分小学生认为作业没完成，应对老师说实话；而在行为上，部分学生会跟老师说"忘记带"。

学校规章遵守：对自己与对他人遵守诚信规则的要求不一致，存在对他人的要求高于对自身的现象。

同学交往：与同学交往诚信状况不理想。学生在日常交往中，彼此缺乏真实深厚的感情，缺少信任度。

外出活动：在参加N项活动体验、主题参观、社区活动、社会考察等活动中诚信度最低。

社会公德：小学生的人生观、价值观还未形成，具有较强的好

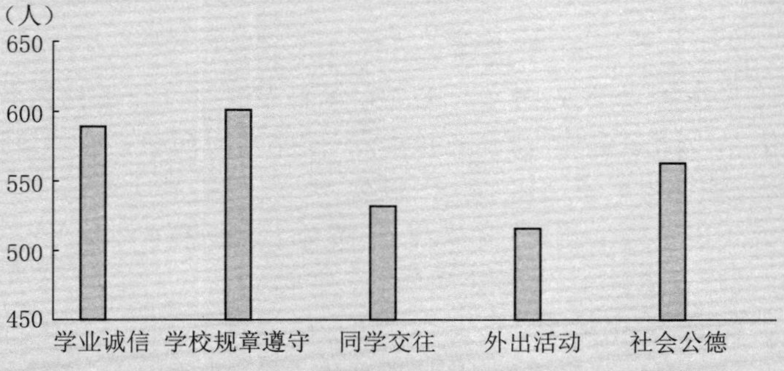

图1-4　2019年3月静安区西康路第三小学诚信度小调查

奇心，容易接受外界不健康的思想，有些社会上不正当的行为、父母的不当行为，会直接影响到学生的学习和生活，使他们走进诚信的误区。因此，在家庭中、社会中，孩子可能也会缺失诚信。

六、评价标准

1. 过程性评价

“快乐五会”之“学会诚信”校本课程尝试在课程实施途中探索过程性评价，鼓励教师灵活运用多种评价方式评价学生，积极发挥评价的激励功能。

例如，有机使用课堂活动中即时性观察评价、实践活动中表现性任务评价、主题活动中阶段学习成果评价等方式，激发学生内在学习动机，帮助学生建立自信，养成实事求是、言行一致、知错主动承担等诚信美德。

2. 阶段性评价

一年级：走进诚信做人之本（标志为绿色花）

二年级：开启诚信友谊之门（标志为蓝色花）

三年级：踏上诚信幸运之道（标志为黄色花）

四年级：掌握诚信魅力之法（标志为紫色花）

五年级：共享诚信品质生活（标志为红色花）

3. 整体性评价：五色诚信花

学生经过一至五年级的不懈努力，逐步养成了诚实待人、言行一致、关心他人、乐于助人、守时、守信、知错就改等诚信好习惯，这些学生获得西三最高荣誉——“西三五色诚信花”。

附：一年级诚信通行证

第一学期：走进诚信做人之本（绿色花）

一、爱家人：美德故事我知道。

《黄香温席》的故事；《卧冰求鲤》的故事；《王泰推枣》的故事；《子路借米》的故事。

二、按时到校：行为规范我遵守。

这学期我一共得到了________颗“好习惯星”。

三、拾金不昧:传统美德我做到。

□ 借用学习用品,及时归还。

□ 拾到物品,主动交给师长。

□ 未经允许,不拿他人物品。

第二学期:走进诚信做人之本(绿色花)

一、关心他人:名言警句我牢记(连线)。

赠人玫瑰	何足挂齿
举手之劳	先人后己
三人同心	手有余香
每有患急	黄土变金

二、按时完成作业:诚实守信我能行。

A. 测验时,有个字不会写。____ 翻书看看☹ 认真思考☺

B. 作业没有按时完成。____ 说忘带了☹ 承认错误,补做☺

C. 有题目不会做。____ 借同学本子抄一下☹ 主动问老师☺

三、我是说到做到小苗苗,我能做到。

□ 不说谎话,有错能主动承认。

□ 关心、爱护身边人。

□ 自己的事情自己做。

□ 积极参加班队活动。

□ 尊重国旗,认真参加升旗仪式。

四、我来学一学。

我身边的诚信好榜样是__________________。

七、研究效果

"快乐五会之学会诚信"校本课程在面向学生、走进学生的基础上,进一步根据我们学校办学理念及师生的发展需求进行了完善。它经过了一个自下而上,自上而下的过程;经过了一个从实践中来,通过研究再回到实践中去的过程。课程始终以学校教育为中心,同时辐射家庭教育和社会教育,在学校、家庭、社会的和谐互动中提高师生、家长以德立身、诚实守信的意识,提高学生的道德修养和法制观念,深化每位学生的诚信认识,逐步将诚信情感落实到行为中。

我校虽然经过几年“学会诚信”校本课程的开发与实施，目前已逐步形成了西三小学“学会诚信”校本课程及诚信文明特色，但是，大家都知道，小学生的人生观、价值观还未形成，具有较强的好奇心，容易接受外界不健康的思想。所以，光靠学校教育是远远不够的，诚信的系统化教育十分必要，诚信教育的范畴还必须得到拓展，让学生在学校、家庭、社会中直面真实的道德冲突，认真选择，坚定诚信意志。

(2)“学会阅读”校本课程

学校确立“快乐五会”之“学会阅读”校本课程的项目，教师关注学生阅读习惯的养成，注重在基础型课程、拓展探究课程、主题实践活动中内容与形式、评价等有机整合的基础上，注重激励再激励，帮助学生获得阅读的喜悦。学生对阅读兴趣逐渐广泛。教师得到发展，学生得到收益，师生共同享受“学会阅读”给我们带来的进步和快乐。一起学会阅读，一起悦读追梦。

[校本课程建设案例 2]

“快乐五会”之“学会阅读”校本课程开发与实施的研究

执笔：胡文婕

一、研究背景

为贯彻落实中共十九大精神，我校坚持把孩子们的“健康快乐每一天，每天进步多一点”作为工作目标，在稳步推进小学生核心素养发展方面进行了大胆尝试。“五个学会”是学校近年来校本课程开发与实施的新探索，是助力“减负增效”，集现有各类优质教育资源和社会资源，发挥德育、学科教育作用的有效途径。经过多年实践，“学会阅读”校本课程已形成了自身独特的品牌，帮助学生积累了语文知识，培养了学生的核心素养，帮助学生形成了正确的人生观、价值观。

我们的“学会阅读”课程，是以培养“全面发展的人”为核心，以课程为载体，重在培养学生的人文底蕴和科学精神；培养学生学会学习和健康生活；培养学生有责任担当和实践创新能力。“学会阅读”的目标也是基于“健康快乐每一天，每天进一步多一点”的办学思想并根据语文学科以及学生阅读习惯素养发展的要求提出的；根据学生学习的实际情况将原先“形散”的诸多阅读教育内容，从目标、要求、内容、操作和评价等方面统整为“神不散”的学会阅读的校本课程体系；通过德育课程的开发、学科教学的渗透、主题活动的实践、教师队伍的培训等方面具体实施，充分尊重学生的主体地位，尊重学生的个性差异，因此，“学会阅读”课程对培养学生核心素养起到重要作用。

二、课程框架

“学会阅读”校本课程基于核心素养、学校办学理念，积极建设以学生需求为导向的多元课程，追求的是培养学生阅读兴趣与个性发展；通过对“学会阅读”校本课程各年级课程目标、结构、实施及评价等实践，进一步优化学校“学会阅读”课程结构；培养学生的阅读意识和阅读习惯，促进教师的教育反思，培养教师课程开发实施能力；“以研促教”不断推进“课堂增值”，努力打造生态课堂，真正推动学生主体发展。

1. 课程总目标

（1）学会运用多种阅读方法，养成良好的阅读习惯，形成良好的语感，培养独立阅读能力。

（2）能用普通话正确、流利、有感情地朗读课文或喜爱的阅读文本，提高口头表达能力。

（3）能阅读名著，走进经典，感受名著、经典之美，获得良好的阅读体验。

(4) 能运用多种方式做好阅读摘记，养成边读边思的习惯，具有一定的想象、创作能力。提升表达能力，丰富精神世界。

(5) 能积极参加各类阅读活动，博览群书，达到一定的阅读总量，提升文化品位，丰实人文积淀。

(6) 能用阅读引领学生成长，具有人文情怀和审美情趣。

一年级：

能知晓掌握借助拼音、插图和工具书进行阅读的方法；

能用普通话正确、流利、有感情地朗读课文语段或喜爱的阅读片段；

能阅读儿歌、童谣、寓言、故事，用自己喜爱的方式记录感兴趣的内容；

能积极参加阅读分享活动，与好书为友，感受阅读的乐趣。

二年级：

能理解如何运用工具书、借助插图进行阅读，形成乐学善学的好习惯；

能用普通话声情并茂地朗读课文或喜爱的阅读文本；

能进一步认识书，关注书的作者，前言(序)、后记，走进名家名篇；

能以文字形式做一些简单的阅读记录，养成边读边思的好习惯；

能积极参加阅读分享活动，与名家对话，分享阅读收获。

三年级：

能掌握运用工具书、借助插图的方法独立阅读；

能有良好的阅读语感和思维表达的意识，具有一定的阅读视野；

能阅读名著，让名著阅读与语文学习同行，增长见识，启迪智慧；

能以成段的文字记录阅读名著后的所思所想，提高阅读后的写话能力；

能积极参加阅读分享活动，与名著为伴，感受文化精品。

四年级：

能熟练运用工具书、借助插图的方法独立阅读；

能通过经典阅读，定时定量地积累丰富的语言，提高审美情趣；

能阅读经典，在阅读中独立思考，感受经典著作之美，获得良好的阅读体验；

能以图片与文字结合的方式记录阅读经典后的感受，提高写作能力；

能积极参加阅读分享活动，与经典同行，延伸阅读的广度深度。

五年级：

能自主阅读不同类型的书籍，提高阅读水平；

能理解不同文学作品的感情色彩，在阅读中体会其表达效果；

能走近名著，走近经典，有感情地描述课内外喜爱的名家名篇；

能运用多种方式做好阅读摘记，形成边读边思的习惯，具有一定的创作能力；

能积极参加各项阅读活动，博览群书，具有人文情怀和国际视野；

能用阅读引领学生成长，具有人文情怀和审美情趣。

2. 课程结构

“学会阅读”校本课程体系的构建，由低年级诵读儿歌、童谣、古诗等，向中年级朗读名著片段，高年级诵读经典诗词美文过渡，引领阅读航向，指导阅读方法。课程的实施让学生提高了阅读品味，培养了阅读能力，陶冶了思想情操，传承了经典文化。

表 1-5　“学会阅读”校本课程体系框架

<table>
<tr><th colspan="2" rowspan="2">年级</th><th rowspan="2">主题</th><th rowspan="2">内　容</th><th colspan="4">实施途径及分课时安排</th></tr>
<tr><th>基础型课程</th><th>拓展、探究课程</th><th>综合实践活动课程/专题教育活动/社团活动</th><th>隐形课程</th></tr>
<tr><td rowspan="2">一年级</td><td>第一学期</td><td rowspan="2">与好书为友，提升阅读兴趣</td><td>课前诵读儿歌、童谣、《三字经》，懂得做人的道理，积累词语；
以课本教材书目为内容，每天早晨朗读一个通俗易懂的童话或简短的故事；
每月和父母共同制作一张阅读卡片，在“快乐吾会”阅读课或班队会课上开展分享交流；
开设小小书屋，建立好书交换站，与同学分享喜爱的书籍</td><td>全覆盖</td><td>全覆盖</td><td>“快乐吾会”阅读课、阅读节、闯关活动、亲子阅读、争章活动</td><td>阅读角　黑板报　宣传栏</td></tr>
<tr><td>第二学期</td><td>课前诵读儿歌、童谣、《弟子规》，明白应当恪守的规则，积累词语；
以课本或者班级共读书目为内容，每天早晨朗读一个通俗易懂的童话或简短的故事；
每月和父母共同制作一张手抄报，在“快乐吾会”阅读课或班队会课上开展分享交流；
开设小小书屋，建立好书交换站，与同学分享喜爱的书籍</td><td>全覆盖</td><td>全覆盖</td><td>“快乐吾会”阅读课、阅读节、闯关活动、亲子阅读、争章活动</td><td>阅读角　黑板报　宣传栏</td></tr>
<tr><td>二年级</td><td>第一学期</td><td>与名家对话，养成良好习惯</td><td>课前诵读古诗词，学习了解中国传统习俗，传承中国传统文化；
以课本教材和班级共读书目为内容，每天朗读一段或一篇名家名著；
利用课余时间积极阅读名家名篇，与大师对话，向名人学习；
和父母共读名家名篇，以阅读摘要的形式记录好词，形成积累；
每周三“快乐阅读”时，交流分享喜爱的名家名篇</td><td>全覆盖</td><td>全覆盖</td><td>“快乐吾会”阅览课、阅读节、闯关活动、亲子阅读、争章活动</td><td>阅读角　黑板报　宣传栏</td></tr>
</table>

续表

年级		主题	内容	实施途径及分课时安排			
				基础型课程	拓展、探究课程	综合实践活动课程/专题教育活动/社团活动	隐形课程
二年级	第二学期	与名家对话，养成良好习惯	课前诵读古诗词，走近诗词名家，感受传统文学的魅力； 以课本教材和班级共读书目为内容，每天朗读一段或一篇名家名著； 利用课余时间积极阅读名家名篇，与大师对话，向名人学习； 和父母共读名家名篇，以阅读摘要的形式记录好句，形成积累； 每周三“快乐阅读”时，以小报形式在“学习园地”或读书角展示、交流名家名篇	全覆盖	全覆盖	“快乐吾会”阅读课、阅读节、闯关活动、亲子阅读、争章活动	阅读角 黑板报 宣传栏
三年级	第一学期	与名著为伴，开拓广阔视野	课前朗读名著片段，感受中国历史，逐渐积淀人文底蕴； 以教师推荐和读书角选读书目为内容，同伴互荐，选读书中语段，徜徉名著的海洋； 由课文或成语引入名著，将名著阅读作为语文教学的一部分；午间休息时间，学生自由阅读； 亲子共读名著，摘抄好词好句； 定期开展读书交流分享会，推荐名著，根据学生的阅读量、阅读能力，评选“阅读之星”； 积极参加“阅读之窗”争章活动	全覆盖	全覆盖	“快乐吾会”阅读课、阅读节、闯关活动、亲子阅读、亲子长廊、争章活动	阅读角 黑板报 宣传栏
	第二学期		课前朗读名著片段，感受中国历史，逐渐积淀人文底蕴； 以教师推荐和读书角选读书目为内容，同伴互荐，选读书中语段，徜徉名著的海洋； 由课文或成语引入名著，开启“1＋1”模式的语文拓展学习； 亲子共读名著，写写读后感，记录所思所想与心得体会； 定期开展读书交流分享会，根据学生的阅读量、阅读能力，评选“阅读之星”； 积极参加“阅读之窗”争章活动	全覆盖	全覆盖	“快乐吾会”阅读课、阅读节、闯关活动、亲子阅读、亲子长廊、争章活动	阅读角 黑板报 宣传栏

续表

<table>
<tr><th rowspan="2" colspan="2">年级</th><th rowspan="2">主题</th><th rowspan="2">内　　容</th><th colspan="4">实施途径及分课时安排</th></tr>
<tr><th>基础型课程</th><th>拓展、探究课程</th><th>综合实践活动课程/专题教育活动/社团活动</th><th>隐形课程</th></tr>
<tr><td rowspan="2">四年级</td><td>第一学期</td><td rowspan="2">与经典同行，塑造美好心灵</td><td>课前诵读经典诗词美文，感受中国诗词、经典美文蕴含的独特文化魅力；
制订自己的读书计划，每天在“晓黑板”中上传经典阅读语段；
亲子共读经典，以阅读小报的形式，图文并茂地描述自己的感悟，形成个性的阅读体验</td><td></td><td></td><td>“快乐吾会”阅读课、阅读节、闯关活动、亲子阅读、亲子长廊、争章活动</td><td>阅读角　黑板报　宣传栏</td></tr>
<tr><td>第二学期</td><td>课前诵读经典诗词美文，感受中国诗词、经典美文蕴含的独特文化魅力；
在课内阅读中引入经典，并延伸到课外，学生每天持续阅读半小时以上；
亲子共读经典，以阅读小报的形式，图文并茂地描述自己的感悟，形成个性化的阅读体验。利用读书角、学习园地营造读书氛围，评选“阅读经典小达人”，带动同伴一起阅读</td><td></td><td></td><td>“快乐吾会”阅读课、阅读节、闯关活动、亲子阅读、亲子长廊、争章活动</td><td>阅读角　黑板报　宣传栏</td></tr>
<tr><td rowspan="2">五年级</td><td>第一学期</td><td rowspan="2">与博览并肩，打造人生底色</td><td>能自主阅读不同类型的书籍，提高阅读水平；
能理解不同文学作品的感情色彩，在阅读中体会其表达效果；
能走近名著，走近经典，有感情地描述课内外喜爱的名家名篇</td><td>全覆盖</td><td>全覆盖</td><td>“快乐吾会”阅读课、阅读节、闯关活动、亲子阅读、亲子长廊、争章活动</td><td>阅读角　黑板报　宣传栏</td></tr>
<tr><td>第二学期</td><td>和父母一同积累名家名篇，制作精美的阅读手册，感受中华民族博大精深的语言文字之美；
参加每年的上海书展，营造浓浓的文化阅读氛围，在每周“快乐阅读”时光共同品读；
积极参加“阅读之窗”争章活动</td><td></td><td></td><td>“快乐吾会”阅读课、阅读节、闯关活动、亲子阅读、亲子长廊、争章活动</td><td>阅读角　黑板报　宣传栏</td></tr>
</table>

三、实施原则

整体性原则:“学会阅读”教育应纳入学校各年级、各班级整体教育教学工作中,相互联系,相互渗透,着眼于学生的个性发展、全面发展,注重能力的培养、素质的提高、阅读意识等方面的发展。

实践性原则:“学会阅读”课程在实施中,坚持开展调查、搜集、整理不间断,使学生自我体验,有所感悟,并在实践中得以发展。

主体性原则:尊重学生的主体地位,激发和调动学生自我阅读的意识,提高阅读积极性,满足学生阅读的欲望。

发展性原则:充分尊重学生个性差异,以学生阅读兴趣提高、素质发展,个性和人格得到更充分、自由发展为目的,以师生需求和发展为本。

四、实践过程

1.“学会阅读”校本课程实施途径

(1) 诵读:通过阅读儿歌、童谣,欣赏、诵读经典诗词美文等,感受中国诗词、经典美文蕴含的独特文化魅力。

(2) 亲子共读:以阅读小报的形式,图文并茂地描述自己的感悟,形成个性化的阅读体验。利用读书角、学习园地营造读书氛围,评选“阅读经典小达人”,带动同伴一起阅读。

(3) 加强学科渗透:结合各科教材中蕴含着的许多可养成阅读习惯的内容,帮助学生掌握阅读方法,使学生从读一点、读一些,逐步喜欢阅读,学会阅读,不断提高阅读的目的性、层次性和有效性。

(4) 主题教育活动:组织丰富多彩的“乐读”活动是开展“学会阅读”又一重要途径。如“快乐吾会”阅读课、阅读节、闯关活动等。

(5) 少先队活动:紧扣“学会阅读”主题,搞好各类中小队“悦读”活动,使教育“寓教于乐”。

2.“学会阅读”课程实施

(1) 基础型课程实施。

利用每周九节的阅读课,在语文老师的专业引领下学习课文,教师加强对文本的理解,吃透文本,围绕目标进行教学,引导学生抓住重点、难点,对课文内容整体感知,调动学生参与阅读的主动性和积极性，在实践中不断提高语文学习能力。

(2) 拓展型课程实施。

每周一节“语文综合学习”的拓展课可以采取班级共读形式，学习地点可以是阅览室、教室、电脑房或者是亲子阅读长廊，旨在培养学生的阅读兴趣。关注学生的阅读情绪。学生有了阅读兴趣，就应该鼓励他们敢于阅读，培养他们先说、后问、再议，积极参与学习。丰富多彩的语文实践活动，让学生爱上语文，对故事、童话产生浓厚的兴趣，丰富他们的想象力。

(3) 实践活动课程实施。

语文老师通过课内阅读、课外共读、课外自主阅读和语文实践活动，培养学生广泛的阅读兴趣，扩大其阅读面，增加其阅读量，鼓励学生自主选择阅读材料，多读书，读好书，读整本书。因此，教师应激励学生广泛阅读课外读物，以达到拓展阅读视野，积累语言、知识的目的。

3.“学会阅读”实施案例

在研修“学会阅读”校本课程的结构过程中，我们不断学习理论，明确课程实施途径、课时安排等具体要求也是实施目标的重要载体。我们团队各备课组开展同伴互助，研修主题从普遍遇到的、急于解决的、感到困惑的问题，经整理、归纳形成研修主题系列；采用了“一自备、二交流、三修正”的“三步走”集体备课模式；每次聚焦一个主题，以问题为驱动，以课例为载体，集中研讨，以实现教师之间的良性互动。各备课组的实践课，凝聚着教学实践的智慧，备课组之间、教研组之间不断进行实证分析，谈各自对目标的理解，解读案例，分析学情。在此基础上拟定了各年级的“指导类”“练习类”“实践类”三类不同学案，边实践，边集聚丰富的“悦读”资源，边“乐享”教学成果。教案、课件、展品、作品等，适用于不同学生实际情况的，都能够得到灵活多样的运用。这些为教师关注“学而教”找到路径，使学生在阅读学习过程中，学有所获，学有所成。

以三年级为例，我们制定了较为明确的指导阅读目标，即营造良好的读书氛围，培养学生课外阅读的能力，让好书伴随学生成长；通过角色朗读培养语感，积累语言，提高阅读、写作和鉴赏能力；阅读名著，让名著阅读与语文教学同行，增长见识，启迪智慧，提高语文综合学习能力。在设计阅读途径方面：指导学生共读《木偶奇遇记》等；向学生推荐《陈伯吹童话》等。用成语引出名著，激起学生的阅读兴趣；与大师握手，引领学生徜徉名著的海洋；由一篇课文引出一本名著，将名著阅读要求落实到语文常规教学中去，成为语文教学的一部分；在落实推荐书单和具体方法后，我们又结合闯关活动对学生的阅读情况进行多维度的评价，更多地激发学生的阅读热情。

在“学会阅读”校本课程的实践中，我们不断总结并收获了“学会阅读”校本课程的主要优点：首先，从师生、社会、学校课程发展的维度加以总结的基础上，“学会阅读”符合培养小学生阅读兴趣的需要，可有效帮助小学生养成阅读习惯，符合激发小学生核心素养持续发展的需要；其次，研究剖析“学会阅读”品牌建设，使它接地气、多形式；再次，我们研究总结“学会阅读”作为校本课程的专业化指导和制度化保障，使“学会阅读”形成长效机制，营造悦读的校园文化；我们积极培育指导“悦读”的领军教师，使“悦读”深入发展，积极挖掘学生“悦读”典型案例，提升“悦读”的影响力，形成学校语文学科的品牌。

同时，我们认识到在“学会阅读”校本课程的实践中，巡查、沟通、反馈，保障了课程的有效实施。各备课组、教研组之间备课情况、课程内容、交流展示等层层深入，每两周进行一次常规研讨，集中解决课程实施中出现的问题。定期开展的教学研讨会，搭建平台，交流思想，促进校本课程的不断深入。

五、课程评价

在“学会阅读”校本课程的评价中，我们深感建立一套多元评价体系，须从不同角度对课程进行评价。如，教师根据每个学生的学习兴趣和实际情况制订适合的读书计划，零散阅读和集中阅读相结合，期中、期末进行读书交流分享，评出“阅读之星”；阅览课上，教师让同学选读推荐书目或自己喜欢的片段；依据小学生的年龄特征，“学会阅读”为各个年级分设了不同的“阅读章”“阅读之窗”争章和星级评价。这些评价方式让学生的日常阅读活动更具“悦”味，进一步激发了学生学习的兴趣和热情。伴随小学生成长的还有教师，教师也有同伴互助、各级各类教学比武、教学分享等活动，不少教师通过这些活动先后获得区、校各级荣誉。

校本教研团队的评价，基础型课程按学科的课程标准进行评价，实践活动以争章为评价方式。兴趣是最好的老师。我们通过对学生阅读兴趣以及阅读习惯的日常观察，分别从“乐读书”“荐好书”和“勇闯关”三方面进行争章活动，激发他们的阅读兴趣，培养他们的语文素养。

具体标准细则如下：

表 1-6　“学会阅读”争章评比细则

<table>
<tr><th rowspan="2">争章标志</th><th rowspan="2">争章项目</th><th rowspan="2">内　容</th><th colspan="5">操　作　要　求</th></tr>
<tr><th>一年级</th><th>二年级</th><th>三年级</th><th>四年级</th><th>五年级</th></tr>
<tr><td rowspan="11">阅读窗</td><td rowspan="4">乐读书</td><td>阅读时间（天/双休日）</td><td>10 分钟/半小时</td><td>15 分钟/半小时</td><td>20 分钟/半小时</td><td>30 分钟/一个小时</td><td>30 分钟/一个半小时</td></tr>
<tr><td>阅读篇数（月）</td><td>4 篇</td><td>5—6 篇</td><td>1 本</td><td>1—2 本</td><td>2—3 本</td></tr>
<tr><td>借阅次数（月）</td><td></td><td></td><td>1 次</td><td>1—2 次</td><td>2—3 次</td></tr>
<tr><td>主题活动</td><td>童谣我来念</td><td>《弟子规》我来诵</td><td>古诗我来接</td><td>古诗我来编</td><td>古诗我来诵（双语）</td></tr>
<tr><td rowspan="3">荐好书</td><td>阅览课推荐</td><td>1 篇</td><td>2 篇</td><td>1 本</td><td>1—2 本</td><td>2—3 本</td></tr>
<tr><td>午会课/阅读广场推荐</td><td>1 篇</td><td>2 篇</td><td>1 本</td><td>1—2 本</td><td>2—3 本</td></tr>
<tr><td>微书评/读后感</td><td></td><td></td><td>1 篇</td><td>2 篇</td><td>3 篇</td></tr>
<tr><td rowspan="4">勇闯关</td><td>古诗连连</td><td></td><td></td><td rowspan="4">自选题目，正确完成 2 道</td><td rowspan="4">自选题目，正确完成 3 道</td><td rowspan="4">各正确完成 1 道</td></tr>
<tr><td>成语连连</td><td></td><td></td></tr>
<tr><td>名言连连</td><td></td><td></td></tr>
<tr><td>名著连连</td><td></td><td></td></tr>
</table>

六、实施效果

"学会阅读"校本课程研修过程中,教师非常关注学生阅读习惯的养成,注重在基础型课程、拓展探究课程、主题实践活动中内容与形式、评价等有机整合的基础上,激励再激励,帮助学生获得阅读后的点滴想法和喜悦。目前,大部分学生课余休闲活动由原来的以看电视和文娱活动为主转变为以看课外书、报刊、上网学习为主;看书的时间也逐渐延长。学生的阅读主题逐渐广泛,大大提高了学生自觉、主动完成阅读活动"作业"的积极性。部分学生课外阅读不仅仅是阅读,并且在愉悦的心境中遨游在祖国优美的语言文字中。

1. 营造浓厚氛围,培养阅读兴趣,感受阅读乐趣

环境对人的精神影响是不言而喻的。在西三,学校大厅里有"悦读角",走廊里有"共读窗",栖茜小筑里有"享阅栏",班级里有"小小图书馆",地下室里有"亲子阅读广场"。校图书馆更是为师生提供了宽敞、明亮、安静、优雅的读书环境,让师生与图书相伴。对一个本身就有着学习和阅读兴趣的孩子而言,这些地方是他们快乐的天堂,而对于自制力稍差的孩子,在这种充满学习氛围的环境里,也会受到气氛的熏陶,慢慢体会到学习和阅读的乐趣。学校还设立了多媒体电子阅览室,推广了数字阅读新方式——云资源数字图书馆,充分发挥网络信息资源的作用,充分感受数字阅读带来的便捷与优势,让孩子们徜徉在知识的海洋里,汲取自己所需的"营养",尽情享受文化知识的熏陶,激发阅读热情。

2. 设计特色作业,形成阅读习惯,让孩子们享受阅读过程

读书方法的指导是坚实阅读的基础。我们在阅览课上指导学生将课内学到的阅读方法运用到课外,以课内促课外,以课外补课内;根据课标要求,依据各个学段孩子阅读心理特点,制定了不同的阅读要求,教会学生多种阅读方法。作业作为常规教学的重要环节,既是课堂教学的补充和延伸,也是教学信息反馈的重要途径。因此,我们的语文老师还注重学习与阅读的结合,课内与课外的结合,精心设计作业,让学生在课余、课外通过作业应用、巩固、

深化所学的语文知识，促进知识向能力的转化。如五年级的摘抄本，每周根据本单元所学的内容，让孩子们自行寻找相关文章语句，摘抄、仿写或写体会。孩子们在丰富多彩的作业中感到学习的乐趣，也让作业成为他们充分展示自我的重要平台。他们从中获益良多。这一本本摘抄本，是孩子们的成长足迹，也是一笔宝贵财富。

3. 开展丰富活动，打造阅读生活，让孩子们分享阅读成果

老师不仅为学生提供精神食粮，也通过各种活动的开展来传播优秀文化，确保各项读书活动有序开展，以活动引领阅读，以活动激发阅读兴趣，以活动促进阅读，让孩子们收获读书的快乐，体验读书的价值。我们的《快乐吾会》自编教材，有具体的操作和评价细则，还为每个孩子设计了“校本课程通行证”，让孩子们在快乐的争章活动中，增加阅读量，提高阅读能力，强化阅读习惯，陶冶情操，修养品性。

每年中华经典诵读、“雏鹰杯国学达人”赛、“读写新世界”征文、“少年中国说”故事大王赛、“关工委”演讲赛等，我校都获得了不少奖。每周三校地下室的亲子阅读广场，都有图书馆老师和班主任带领学生阅读，并邀请家长一同参与“荐好书”“勇闯关”“乐读书”等亲子阅读和主题班会活动，以及走近名作家讲座等活动。家校携手，让亲子阅读成为构建和谐家庭的快乐音符。每学年的“阅读节”，有将阅读日常化的常规活动，有将阅读趣味化的竞赛活动，有将阅读生活化的展演活动，还有赠书漂流、好书分享、“阅读之星”与“阅读达人”的评选等活动。

4. “学会阅读”校本课程研修，提高了教师指导阅读的技巧和能力

我们的团队在理论学习方面、实践操作方面都努力开创一个多元化的局面。在课程目标、教学展示、学生作品等活动中，努力做到便捷和灵活，研修形式“零存整取”，不受时空限制地进行网络交流，线上+线下互动沟通；备课组和教研组学习、行动学习、合作学习、专题会议、专题报告、学习竞赛等多种形式，让所有参与实践

的教师最大限度地获得帮助和提高。教师注重营造团队合作氛围并适当评价。家长在评价中这样描述:"学会阅读发挥了孩子的智力强项,使枯燥无味的学习变得生动起来。"学生说:"学会阅读的交流让我有一种成就感。"研修活动,让教师团队在研修中思考怎样将"学会阅读"校本课程与一切有利于学生成长的资源都当作课程资源来开发和使用,更好地服务于学生的成长;思考怎样将学校培养目标真正落实,分解和细化成一个个具体的"学会"小目标;让教师在"会教书"中锻炼成长,让师生在校本课程学习中有自己的想法,思维更加活跃、个性更加鲜明,成长为素质全面的个体。

七、问题思考

"学会阅读"校本课程实践带给我们的思考是,要处理好四大关系:一是语文课程与校本课程的关系。我们清楚地认识到校本课程可以说是兴趣性的,是以发展学生个性为目标指向的,是学校课程的组成之一,它同样有培养目标,实现不同的课程价值,承担不同的任务,从不同的方面促进学生的发展,是语文课程的丰富和补充,其开发目的是满足学生和社会的发展需要。二是聚焦阅读的兴趣培养,围绕育人目标,凸显特色创建,与语文课程相结合,以体验活动为基本途径,提供丰富多样的学习活动资源,让学生"学会阅读"校本课程更具"乐""会""读"的魅力。三是要把"乐读""会读"贯穿、渗透在促进学生核心素养的全面发展之中,更贴近学生学习、生活的实际,并使其"乐读"之经常化、常规化。四是要处理好教师辅导和学生自主的关系。辅导是为了让学生自主,围绕学生学会阅读的自主进行;辅导的成果是学生自主意识和能力的提升。

研修团队如何进行"学会阅读"行动:"研"是理论学习、调查研究行动前的准备;年级组、教研组团队分工,明确各自职责;规划好校本课程体系;组织集体备课,开展年级组教研课,业务领导深入课堂听课、评课;每两周进行一次常规研讨,集中解决课程实施中出现的问题,定期开展的教学研讨会,搭建平台,交流思想,促进校本课程的深入研究。校"阳光杯"鼓励每位教师主动投入团队的研修活动之中；校“青蓝组合”风采赛，以青蓝三人行形式展现团队风采，鼓励跨学科、年级组合，促进了中老年教师的专业持续发展。“研”出真知；“研”出共鸣；“研”出变化。

在引导孩子们学会阅读、自觉阅读、快乐阅读、享受阅读的路上，我们将继续前行，让阅读支撑我们每一个师生的灵魂，让我们一起走进书的海洋，一起做快乐的阅读人。

(3)“学会提问”校本课程

学校确立“快乐五会”之“学会提问”校本课程的项目，引导学生进行“主题之问”“实践之问”“习俗之问”“学科之问”，并与校本争章活动相融合，鼓励学生选择感兴趣的探究内容，经历发现问题、分析问题、解决问题、发布成果的过程，提升学生的问题意识，培养他们的批判质疑思维。

[校本课程建设案例 3]

“快乐五会”之“学会提问”校本课程开发与实施的研究

执笔：陈玉洁

一、研究背景

当今时代，世界经济快速发展，科学进步日新月异。人类知识更新的速度越来越快，知识倍增周期正变得越来越短，学会学习比掌握专业知识更为重要，学会学习重要的是学会提出问题。在《中国学生发展核心素养》官方阐述的 18 个要点中，明确提出了“问题意识”“问题解决”“善于发现和提出问题”。核心素养的培养，离不开学生的独立思考、批判质疑、探究发现。学生有疑问才能有思考，有思考才能有创新。培养学生自觉的、敏锐的问题意识，是培养学生创新精神和创新能力的切入点。学校教育应该根据学生知识储备、具体学情、思维习惯等,创设问题情境,引导学生质疑问难、探索创新,进而提升学生的综合素养。

"学会提问"是我校"五个学会"育人目标之一。围绕"学会提问"的目标,"十二五"期间,我校培养学生问题意识的具体行动落实在课内和课外。课内依托于每周三"快乐阅读提问"午会课,由班主任执教。通过多年的课程运作,"让学生学会提问"的理念已经扎入教师的心中,学生也初步具备提问意识。但是我校的提问课程比较模糊,各年级没有明确的提问主题,年级与年级之间的提问课程缺乏系统性。教师指导学生提问缺乏课时,数、英老师往往挤出紧张的学科教时,匆匆忙忙指导制作提问卡。这些现实往往导致学生提问像走过场,提出的问题质量一般。班主任执教的"快乐阅读提问"午会课程更因缺少检查落实而流于形式,学生留下提问的痕迹不足。

提出问题的能力是创新人才必备的素质之一,也是学生终身可持续发展的基础。授人以鱼不如授人以渔,把提出问题当成一种育人课程来开发,鼓励学生质疑问难,提出自己的独立见解,发展学生的核心素养,是小学阶段教学的重要任务。2017 年 12 月,我校建立了市级课题"基于学生核心素养发展'快乐五会'校本课程体系建构与实施"的实践研究,基于这样的背景,"学会提问"校本融合课程开发与实施迈入我们新的探索视野。

二、课程目标

1. 课程总体目标

(1) 在"年俗之问""实践之问""主题之问""学科之问"的争章项目活动中,致力于培养学生学会提问,培养学生批判质疑的习惯和意识。

(2) 在课程实施过程中落实发展学生核心素养,努力培养学生成为会学习、会提问、乐探究、乐创新的好少年。

2. 课程具体目标

(1) 让学生经历观察新鲜校园、入队仪式、学科文化节、快乐考察(春游、秋游、N 项活动)、提出各类问题、寻求师友解答、适应小学学习生活的过程;养成安全意识和自我保护能力,培养自信自爱的心理品质,学会合理分配时间和精力。初步在校园生活中渗透"健康生活""问题意识"等核心素养的培养。

(2) 让学生经历上网搜索、看书学习中华传统节日习俗并提出问题、解决问题的过程;了解历史、国情,认同国民身份,培养文化自信;尊重中华民族的优秀文明成果,传播弘扬中华优秀传统文化;在校园生活中初步培养"国家认同""文化自信""质疑探究""乐学善思"等核心素养。

(3) 让学生经历动手查找资料探究新旧"四大发明",开放性地提出问题、掌握有关科学知识的过程。培养爱科学、懂科学、用科学的情感,理解技术与人类文明的有机联系,具有学习掌握技术的兴趣和意愿。在校园生活中初步渗透"解决问题""运用技术""科技素质"等核心素养的培养。

(4) 让学生经历上网搜索、阅读资料等方式探究"运动健康",开放性地提出问题、了解未知、解决问题的过程。懂得珍爱生命、认识自我,确立正确的生活态度和健康的生活方式。在校园生活中初步渗透"珍爱生命""健全人格""自我管理"及"质疑探究""信息意识"等核心素养的培养。

(5) 让学生经历视频学习、上网搜索探究各地饮食文化,开放性地提出问题、解决问题、创新实践的过程。尊重世界多元文化的多样性和差异性,尝试自主学习并积极参与跨文化交流。在校园生活中初步渗透"国际理解""文化自信""乐学善思""实践创新""信息意识"等核心素养的培养。

(6) 让学生经历围绕大静安、上海发展、人类科技进步史的探究,提出问题并探究学习的过程。了解人类优秀智慧成果,增强社会责任感,提升创新精神和实践能力,渴望成为有理想信念、敢于担当的人。在校园生活中初步培养"科学精神""学会学习""责任担当""实践创新""技术运用""信息意识"等核心素养。

三、课程内容

"学会提问"课程是在"主题之问""实践之问""习俗之问""学

科之问”与校本争章活动相融合中，鼓励学生选择感兴趣的探究内容，经历发现问题、分析问题、解决问题、发布成果的过程，提升他们的问题意识，培养他们的批判质疑思维。

表 1-7 “学会提问”课程内容之主线框架

年级	第一学期课程内容	第二学期课程内容
一年级	小问号看新鲜校园 小问号说苗苗入团	小问号探传统正月 小问号数学节之问
二年级	小问号探中秋重阳 小问号阅读节之问	小问号说衣食住行 小问号问入队知识
三年级	小问号说快乐秋游 小问号校运会之问	小问号探清明端午 小问号说静安历史
四年级	小问号探冬至腊八 小问号探上海历史	小问号说快乐春游 小问号科技节之问
五年级	小问号赞新四发明 小问号说 N 项活动	小问号探廿四节气 小问号艺术节之问

四、实施原则

1. 面向全体原则

全体学生参与学会提问之争章活动，争章内容融合学科活动、主题活动、实践活动以及文化习俗探究等方方面面。

2. 主体性原则

不同层次学生在教师的指导下积极主动参与学习与提问，表现出强烈的主观能动性。

3. 循序渐进原则

学生问题意识的培养必须遵循其年龄特征和认知规律进行，要循序、系统、连贯地进行。

4. 实事求是原则

教师要充分了解学生、理解学生，客观地分析学生的提问能力，帮助学生确立学会提问的努力目标，真正使学生处于主体地位。

5. 表扬激励原则

教师要充分利用学生的好奇心来激发学生问题意识，鼓励学生提出有价值的问题并及时发挥评价激励的机制，让学生爱提问、乐提问、会提问、善提问。

五、实践过程

1. 展开了“学会提问”校本课程现状的调查与分析

(1) “学会提问”课程现状描述。

① 观察已有校本课程设置。

学校已设每周三“快乐阅读提问”午会课程(绝大多数为语文学科的班主任承担)。除此之外,学校目前在三年级中新增每周0.5节“学会提问”课程,由语文学科班主任承担。

② 观察已有校本活动设置。

数、英联合团队承担了每学期一次指导各年级学生“学会提问”争章的任务。利用课余时间,让学生围绕学科活动、主题节活动等完成“‘小问号在行动’提问卡”制作并获取提问章。在个别访谈中,许多数、英学科教师都提到:指导学生制作提问卡,费时又费力,而学校却没有给出专门课程时间。有很多教师明确表示,不可能挤占许多教学时间对学生提问卡进行点评和反馈。

③ 观察已有校本具体活动。

目前数、英老师统一使用“小问号在行动”提问卡,布置学生提出问题。各年级学生的提问质量停留在同一个层次。在提问卡上各年级学生一般都提出1—3个问题,自问自答或自问不答,质量参差不齐。由于全校千人一卡,低、中、高的提问质量没有达到螺旋式上升的目标。提问卡的制作没有教学时间的保证,师生双方都有疲于应付、流于形式的感觉。

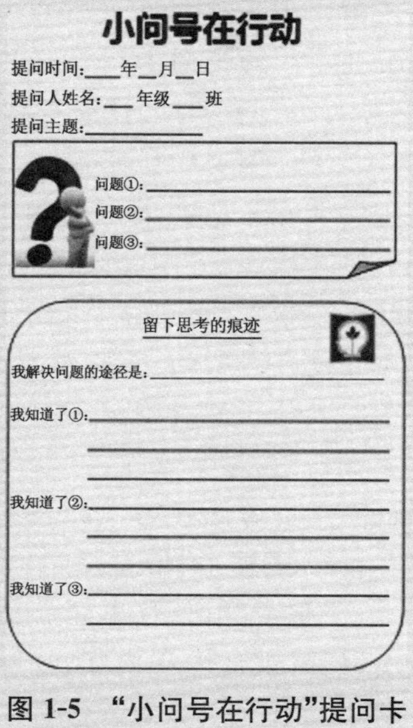
小问号在行动
提问时间:____年__月__日
提问人姓名:___年级___班
提问主题:__________
问题①:__________
问题②:__________
问题③:__________
留下思考的痕迹
我解决问题的途径是:__________
我知道了①:__________
我知道了②:__________
我知道了③:__________

图 1-5　“小问号在行动”提问卡

④ 观察已有相关操作细则。

项目组核心人员虽已提出各年级提问争章的主题,但如何扩大研究成果以形成“学会提问”校本课程，从而发动各科教师，形成合力引导学生有效提问、发展核心素养的实践尚未启动。

⑤ 观察学生相关课程感受。

访谈学生关于课程的感受，许多学生指出，“快乐阅读提问”午会课程中，班主任老师只布置学生阅读，从不让学生提出问题。也有学生提出，自己宁愿阅读有趣的故事，也不愿意动脑筋提问题。可见“快乐阅读提问”午会课程更偏重于阅读过程，教师导读大于导问，学生读的体验大于问的体验。

(2) “学会提问”课程现状分析。

根据上述证据的收集，我们发现执教“快乐阅读提问”午会课程的班主任，执教“学会提问”拓探课程的教师，普遍不能借助课程载体发展学生问题意识。教师教育观念转变没有及时跟进。学校对“学会提问”课程实施的管理、指导力度不够。

根据上述证据的收集，我们发现数、英教师负责的“学会提问”校本活动课程缺乏整体规划布局，各年级提问实践活动没有明确主题。学生虽然每学期都提问，但提问主题随意，提问层次较浅。而且学生的提问卡制作缺乏专项指导时间。

(3) “学会提问”课程意义思考。

通过调查和研究，我们认为小学阶段强化“学会提问”课程的建设很有必要。面向未来的学习，学会学习比掌握知识更重要。小学阶段强化“学会提问”课程建设，是时代发展的需要，是改变陈旧教学方式的呼唤，是发展学生核心素养的重要载体。我们期待通过该类课程的实施，帮助学生发展核心素养，让学生改变思维，在获取知识的过程中，积极互动，带着问题主动思考；让学生克服主观猜想，倾听他人，对任何观点都保持开放性；让学生自我批判，把问题当作深度思考的起点，养成不盲从的理性和积极态度。

2. 搭建了“学会提问”校本融合课程体系框架

“学会提问”校本课程体系的构建，从学生熟悉的校园生活出发，创新设计课程内容，培养学生发现问题的眼光；同时倡导学科融合，多途径、多渠道培养学生问题意识。

表 1-8 "学会提问"校本课程体系框架

总目标	年级		分年级要求	课程实施途径				课程评价标志
				基础型课程(渗透)	拓展型、探究型课程	综合实践活动课程	隐形课程	
学会提问，让我们的思维活起来，做一个聪明睿智的人	一年级	第一学期	（1）参与"校园生活""苗苗入团""传统正月""校数学节"提问活动。 （2）在校本活动中提出简单的问题。 （3）能够大胆提问	语文： "上学歌" 道法： "我是小学生" "校园" 数学： "我们教室：1—10" 音乐： "上学歌" "好朋友" 自然： "各种植物" "生活真快乐" 体育： "整齐的小树" 美术： "我们的生活真快乐"	"快乐阅读提问"午会： "我们的校园" 班队主题活动： "校园设施标志" 走遍中国： "校园概况" 纸艺拓展： "校园剪影" 心理健康： "找到好朋友"	专题教育活动： "我爱学校" "苗苗入团仪式" "弟子规" 篮球社团： "投篮有哪些技巧" 舞蹈社团： "问校史唱校歌" 绘画社团： "问校舍画校园"	升旗仪式、校园橱窗、校园广播、班队板报	校园生活之问 苗苗入团之问
		第二学期		道法： "快乐过新年" 英语： "New Year's Day" 数学： "认识时间" 语文： "春夏秋冬" 自然： "一年四季" "植物的春天" 美术： "数字的联想"	"快乐阅读提问"： "'年'的来历" 走遍中国： "过个环保的春节" 纸艺拓展： "年画欣赏" 悦享数学： "钟面的学问"	专题教育活动： "过个安全年" 篮球社团： "什么是三分球" 舞蹈社团： "问中国年跳中国传统舞"		传统正月之问 数学节之问

续表

总目标	年级		分年级要求	课程实施途径				课程评价标志
				基础型课程(渗透)	拓展型、探究型课程	综合实践活动课程	隐形课程	
学会提问，让我们的思维活起来，做一个聪明睿智的人	二年级	第一学期	(1) 参与"中秋重阳""阅读节""衣食住行""加入少先队"的提问活动。 (2) 在校本活动中学习用提问卡记录简单的问题中。 (3) 乐于提问，初步学会一些简单的提问方法	道法： "团团圆圆过中秋" "与同伴一起阅读" "看书好习惯" "教室是我家(图书角设计)" "学校阅览室" 语文： "快乐读书"	"快乐阅读提问"午会： "中秋习俗" "重阳节的来历" 纸艺拓展： "中秋剪影"	专题教育活动： "月饼奇幻秀" "尊老爱幼的传统" "上海童谣" 足球社团： "射门有哪些技巧" 五子棋社团： "什么是五子棋" 舞蹈社团： "中秋舞蹈" "重阳之舞"	升旗仪式、校园橱窗、校园广播、班队板报	中秋重阳之问 阅读节之问
		第二学期		语文： "最后的玉米" "我是苹果" "找骆驼" "我的房间" 品社： "安全出行守规则" 英语： "My Favourite Food"	"快乐阅读提问"午会： "了解少先队知识" 生态校园： "生命与绿色同行" 英语拓展： "购物中的英语" 心理健康： "生活多美好"	专题教育活动： "小辅导员" "入队仪式" 足球社团： "如何扑球" 五子棋社团： "五子棋取胜方法" 舞蹈社团： "竹子舞" "问队史唱队歌"		衣食住行之问 少先队之问

续表

总目标	年级		分年级要求	课程实施途径				课程评价标志
				基础型课程(渗透)	拓展型、探究型课程	综合实践活动课程	隐形课程	
学会提问，让我们的思维活起来，做一个聪明睿智的人	三年级	第一学期	（1）参与“快乐秋游”“校运动会”“清明端午”“静安历史”的提问活动。 （2）会使用提问卡记录校本活动中产生的问题，试着通过求助老师、家长、同学等手段进行简单解答。 （3）会提问，逐步掌握发现问题的方法	数学： “千米有多长” 英语： “My School” “In the Park” “Shooping” 品社： “购物有哪些窍门” 信息： “如何编辑新闻” 自然： “运动与身体的学问”	“快乐阅读提问”午会： “怎么使用零花钱” 生态校园： “校园操场” 红十字： “秋游卫生常识” “说运动说健康” 纸艺拓展： “运动会剪影”	专题教育活动： “秋游中的安全” 五子棋社团： “国内五子棋赛史” 队广播： “探问少先队之歌” “探问运动会之歌”	升旗仪式、校园橱窗、校园广播、班队板报	快乐秋游之问 校运会之问
		第二学期		语文： “啊，汤圆” 英语： “Tasting and smelling” “Seasons” 品社： “我们的社区” 数学： “计算历史年份” 美术： “小小藏书票” “剪出成语故事” “剪出来的人物”	“快乐阅读提问”午会： “探问大静安历史” 生态校园： “保护环境的重要性” 走遍中国： “走进上海” “静安历史” 红十字： “如何预防春季常见发病”	专题教育活动： “清明的习俗” “端午的习俗” 五子棋社团： “国外五子棋赛史” 绘画社团： “问历史画静安”		清明端午之问 静安历史之问

续表

总目标	年级		分年级要求	课程实施途径				课程评价标志
				基础型课程（渗透）	拓展型、探究型课程	综合实践活动课程	隐形课程	
学会提问，让我们的思维活起来，做一个聪明睿智的人	四年级	第一学期	（1）参与“上海历史”“冬至腊八”“快乐春游”“科技节”的提问活动。 （2）能在校本活动中提出有质量的问题，并能试着通过上网、看书等查阅资料的手段解决问题。 （3）能有效提问，会提问，初步具备问题意识	品社： “看看城市的样子” “建筑的回声” “我们都是上海人” 劳技： “设想与选择” “小区设计” 美术： “如何写生”	“快乐阅读提问”午会： “新上海” “冬至的来历” “腊八习俗由来” 走遍中国： “上海历史概述” “上海交通” “上海桥梁” “上海航运中心” “上海金融中心” “各地的腊八粥”	专题教育活动： “冬至的习俗” “腊八的习俗” 机器人社团： “小小机器人制作” 行进乐团： “了解上海的行进乐的发展” 手风琴社团： “赞上海唱上海”	升旗仪式、校园橱窗、校园广播、班队板报	上海历史之问 冬至腊八之问
		第二学期		语（写）： “我玩得真高兴” “我的探索” 英语： “Using My Five Senses” 音乐： “郊游” “捉迷藏” 美术： “老师和同学” 自然： “自然界的力” “共同管理我们的家”	“快乐阅读提问”午会： “春游看哪些” 悦享数学： “春游购物巧计算” 生态校园： “大自然请息怒” “垃圾分类” 走遍中国： “了解中国科技发展历史”	专题教育活动： “春游说安全” 绘画社团： “走进上海” “各地的腊八粥” 机器人社团： “机器人发展历史” 手风琴社团： “上海民俗音乐”		快乐春游之问 科技节之问

续表

<table>
<tr><th rowspan="2">总目标</th><th rowspan="2" colspan="2">年级</th><th rowspan="2">分年级要求</th><th colspan="4">课程实施途径</th><th rowspan="2">课程评价标志</th></tr>
<tr><th>基础型课程(渗透)</th><th>拓展型、探究型课程</th><th>综合实践活动课程</th><th>隐形课程</th></tr>
<tr><td rowspan="2">学会提问,让我们的思维活起来,做一个聪明睿智的人</td><td rowspan="2">五年级</td><td>第一学期</td><td rowspan="2">(1)参与“新四大发明”“N项活动”“二十四节气”“艺术节”的提问活动。
(2)能结合校本活动的主题建立专题研究,乐于和大家分享问题探究的成果。
(3)具有质疑精神和批判思维,能够将问题作为深度思考的起点</td><td>信息:
“中国近代水利工程”
自然:
“高智能机器人与人的关系”
数学:
“小数应用——计算水、电、煤气费用”
英语:
“My Friends”
品社:
“购物有哪些窍门”</td><td>“快乐阅读提问”午会:
“中国四大发明”
“现代四大发明”
“二十四节气的划分”
生态校园:
“校园有哪些节能装置”</td><td>专题教育活动:
“N项活动你探究了哪些问题”
绘画社团:
“了解古史,画画古人成就”
“小问号探梅兰竹菊”
行进乐团:
“用乐曲赞美历史”</td><td rowspan="2">升旗仪式、校园橱窗、校园广播、班队板报</td><td>四大发明之问
N项活动之问</td></tr>
<tr><td>第二学期</td><td>英语:
“Films, School”
“Subjects”
“Museums”
“Western Holidays”
语文:
“荷兰的花”
“一曲胡笳救孤城”
数学:
“正负数的认识”
品社:
“蝴蝶泉”
“荷兰的花”
“长江之歌”
“养花”
“高山流水”</td><td>“快乐阅读提问”午会:
“二十四节气的划分”
生态校园:
“节气与操场植物”
“二十四节气的问题”
“校园艺术节”</td><td>专题教育活动:
“毕业典礼中的艺术”
绘画社团:
“了解校史,画画艺术节”
行进乐团:
“毕业典礼中的行进乐曲”</td><td>二十四节气之问
艺术节之问</td></tr>
</table>

3. 完善了“学会提问”校本融合课程争章内容系列

“学会提问”校本融合课程争章内容主要围绕四条线索进行：学科之问—主题之问—实践之问—年俗之问。它要求我们必须具有明确的课程资源意识，引导学生关注生活、关注现实，从身边发现问题，提出活动主题，开发和利用广泛存在的资源。在课程的实施过程中，我们要确立主体意识，弘扬学生的个性，追求师生共同发展。“学会提问”课程的难度和复杂度应该是螺旋式上升的，遵循儿童身心发展的规律，让课程更符合儿童思维发展的规律。

◇一年级第一学期

① 提问主题：校园生活之问、苗苗入团之问。

② 提问导语：

主题之问导语：小朋友，祝贺你，成了一名光荣的小学生。对于我们的校园，你一定会有新奇的感觉，也会有许多问题想提出。把你心中的问题告诉老师或同学，让大家一起帮助你解答心中的疑问吧！

实践之问导语：爱红星、爱学习、爱师长、爱同学、爱劳动，准备参加少先队。戴上绿领巾的小苗苗，对于“小红星儿童团”一定有很多想要了解的地方吧，把你心中的问题告诉老师或同学，让大家一起帮助你解答心中的疑问吧！

◇一年级第二学期

① 提问主题：春节习俗之问、校数学节之问。

② 提问导语：

习俗之问导语：春节是中华民族最隆重的传统佳节，节日起源历史悠久。元宵节，是春节之后的第一个重要节日。人们在此期间都尽可能地回到家里和亲人团聚，表达对未来一年的热切期盼和对新的一年生活的美好祝福。

学科之问导语：老师和家长都告诉我们，时间很宝贵，我们要珍惜。学校“数学节”中制作钟面的活动你参加了吗？在制作过程中你有什么问题吗？说出来和大家分享一下吧！

◇二年级第一学期

① 提问主题：中秋重阳之问、校阅读节之问。

② 提问导语：

习俗之问导语：中秋节又称团圆节。时在农历八月十五，是中国诸多民族、东亚和东南亚一些国家尤其是当地的华人华侨的传统节日。重阳节，又称重九节。为每年的农历九月初九，早在战国时期就已经形成，1989 年农历九月初九被定为老人节，倡导全社会树立尊老、敬老、爱老、助老的风气。同学们，你对中秋节和重阳节的习俗有哪些了解？还想知道哪些关于这两个节日的知识？别忘了记录在提问卡上！

学科之问导语：阅读使人快乐，阅读使人进步。我校阅读节中开展了丰富多彩的阅读活动。美丽汉字大赛、书写比赛、英语小品、亲子阅读等活动你都参加了吗？在阅读的过程中，你有感到疑惑的地方吗？在语文和英语学科的学习中，你有想要解决的问题吗？别忘了记录在提问卡上！

◇二年级第二学期

① 提问主题：衣食住行之问、少先队之问。

② 提问导语：

主题之问导语：衣、食、住、行关系到我们生活的方方面面。看似普通却蕴藏着很多学问，聪明的你有没有思考过呢？请把你在探究衣、食、住、行文化中产生的疑问写在提问卡上，与大家分享。

实践之问导语：脱下绿领巾，戴上红领巾，我是光荣的少先队员！中国少年先锋队，是中国少年儿童的群众组织，是少年儿童学习共产主义的地方，是建设社会主义和共产主义的预备队。我们的建队是哪一天？我们队的创立者是谁？捧起鲜艳的红领巾，开动智慧的小脑筋，将你对于少先队知识的问题写在提问卡上。

◇三年级第一学期

① 提问主题：快乐秋游之问、校体育节之问。

② 提问导语：

实践之问导语：学会观察，从“看”中问。观察是人们认识世界的重要途径，是学习的基础，是探索的一种形式。外界的信息要通过观察源源不断地输入大脑，善于观察的人就可以从中找出关键，提出问题。快乐的秋游，让我们与大自然亲密接触。你通过观察与实践，有没有发现什么问题呢？在提问卡上记录下有价值的问题，并试着通过求助师长等方式，解答这些疑问吧！

学科之问导语：为什么有的人跑得快？有的人跳得高？经常进行体育锻炼会让我们的身体发生怎样的变化？你积极参加了学校运动会吗？在运动过程中，你又有了哪些发现和疑惑呢？结合体育学科，完成提问卡上的任务。

◇三年级第二学期

① 提问主题：清明端午之问、新静安之问。

② 提问导语：

习俗之问导语：清明节又叫踏青节，是中国传统节日，也是最重要的祭祀节日之一，是扫墓祭祖的日子，距今已有 2500 多年的历史。端午节，为每年农历五月初五，是中国四大传统节日之一。最初是古代百越地区崇拜龙图腾的部族举行图腾祭祀的节日。同学们，你对清明节和端午节的习俗有哪些了解？还想知道哪些关于这两个节日的知识？别忘了记录在提问卡上，并试着来解答！

主题之问导语：我们的学校坐落在美丽的静安区。2015 年 11 月 4 日，上海市静安区、闸北区“撤二建一”，设立新的静安区。同学们，你对我们大静安的历史、文化还有哪些想要了解的？在提问卡上记录 1—2 个有价值的问题，试着通过求助师长等手段进行简单解答。

◇四年级第一学期

① 提问主题：冬至腊八之问、上海历史之问。

② 提问导语：

习俗之问导语：冬至是中国农历中一个重要的节气，时间在每年的公历 12 月 21—23 日。腊八节在农历十二月初八，古人有祭祀祖先和神灵、祈求丰收吉祥的传统，一些地区有喝腊八粥的习俗。你对冬至和腊八节的习俗有哪些了解？还想知道哪些关于它们的知识？别忘了记录在提问卡上，并试着来解答。

主题之问导语：上海，这座我们天天生活、学习在其中的城市，蕴藏着无限的生机与魅力。你对上海的历史、人文、发展都有哪些了解？在提问卡上记录2—3个有价值的问题，试着通过上网、看书等查阅资料的手段解决问题。

◇四年级第二学期

① 提问主题：快乐春游之问、校科技节之问。

② 提问导语：

实践之问导语：春天来了，万物复苏。我们在快乐的春游中与大自然亲密接触。你通过观察与实践，有没有发现什么问题呢？在提问卡上记录下有价值的问题，并试着通过求助师长等方式，解答这些疑问吧。

学科之问导语：科技推动社会发展，科技带来文明进步，科技是第一生产力！你在学校科技节活动中都参与了哪些项目，收获了哪些本领？结合自然、劳技学科，在提问卡上记录2—3个有价值的问题，试着通过上网、看书等查阅资料的手段解决问题。

◇五年级第一学期

① 提问主题：新四大发明之问、N项活动之问。

② 提问导语：

主题之问导语：我们都知道中国的四大发明是造纸、印刷、火药和指南针。那你知道，随着科技的不断发展，“新四大发明”又是什么吗？2017年5月，来自共建“一带一路”的20国青年评选出了中国的“新四大发明”：高铁、扫码支付、共享单车和网购。你对“新四大发明”有什么看法？有质量地完成提问卡，并和大家一起分享你的探究成果。

实践之问导语：静安区中小学生需要经历的“N项活动”已经开展多年，同学们也在活动中走出校园，踏入社会，不断地提升自己的人文素养、科学素养、体育素养、公民素养和道德素养。请挑选你参与过的一次“N项活动”，有质量地完成提问卡。

◇五年级第二学期

① 提问主题：二十四节气之问、校艺术节之问。

②提问导语：

习俗之问导语：指中国农历中表示季节变迁的二十四个特定节气，是通过观察太阳周年运动，认知一年中时令、气候等变化规律所形成的知识体系。同学们，让我们也一起学习中国古代劳动人民的智慧，通过提问来了解二十四节气的奥秘吧！“春雨惊春清谷天，夏满芒夏暑相连。秋处露秋寒霜降，冬雪雪冬小大寒。”你能写出几个节气名？

学科之问导语：美好的生活处处离不开艺术。学校艺术节的召开，也让我们发现了无数的艺术小达人，你是其中一员吗？请结合音乐、美术学科，带上智慧的头脑，用有价值的问题去探寻艺术世界吧！

4. 积累了“学会提问”校本融合课程跨科渗透实践案例

学校以发展学生核心素养为目标，构建了具有西三特色的多元立体校本课程体系。学生们在自己喜爱的课程“海洋”里遨游、探索、提问、收获。

[实践1] 在“习俗之问”中感受冬至文化的魅力

(学生自述)

每学期的提问争章活动开始了。四年级的“年俗之问”主题是“冬至和腊八之问”。围绕“冬至”的主题，我们提出了各种问题：冬至节气的由来？冬至节气的时间？冬至的气候特征？冬至的传统饮食……

这些问题，我们都记录在了提问卡上。大家试着通过上网浏览、看书学习、询问长辈等方法，查找问题的答案。

在每周的“快乐阅读提问”午会中，同学们讲述“冬至吃饺子，不会冻掉耳朵”的小故事，朗诵“冬至到，冬至到；南馄饨，北方饺；暖暖和和吃一碗，保你耳朵冻不掉……”的儿歌。我了解到了在中国古代，冬至被当作一个较大的节日，不仅有“冬至大如年”的说法，而且有庆贺冬至的习俗。

老师们也把冬至文化带进了课堂。自然常识老师对冬至节气幽默风趣的解说赢得了同学们的阵阵掌声。英语老师让同学两人一组，双语介绍冬至习俗，伴随着舞美动作。美术老师让我们以冬至文化为主题，创编想象画。数学老师借冬至节气帮助我们回顾年、月、日的知识。

提问真好！在提问中我增长了那么多的知识。

(教师点评)

当代中国的孩子并不是每一个都知道冬至节气的。现代人的冬至节气过得太快,少了一些隆重温馨。丰富有意义的传统节日习俗正在被人们淡忘和简化。学校“学会提问校本课程”中的“年俗之问”系列弥补了这一文化的缺失,让孩子全面了解了中国的传统习俗。

冬至是二十四节气之一,为了弘扬中华民族优秀的传统文化,激发同学们对传统文化的热爱,让民族文化传承有序,四年级的“年俗之问”活动引导孩子展开了“冬至文化探旅”活动。

通过“年俗之问”的活动,孩子们在提问中了解“冬至”的来历,感知祖国的传统文化,体验家乡传统节日的氛围,感受了中华文化的博大精深,增长了知识和才干,提升了年俗文化素养。

[实践 2]　“学科之问”引领我走进数学王国

(学生自述)

以前,我总是动脑筋回答老师提出的问题。自从学校开展“学科之问”“主题之问”“年俗之问”“实践之问”后,老师总是鼓励我们自己提问题。我心里觉得很奇怪:为什么要我们提问题呢?我们应该怎么提问?

不久,学校数学节开展的“数学小问号在行动”的活动,解开了我心中的疑团。广播里,老师向我们介绍了牛顿提问的故事。这个故事深深吸引了我。故事说,牛顿在苹果树下休息时,忽然有一个苹果掉了下来。牛顿就冒出一个问题:苹果为什么不往上掉,偏偏往下掉呢?然后他就一直研究这个问题,终于找到了答案。原来,苹果往地下掉是因为地球有引力。老师说,大家都要向牛顿学习,做一个爱提问的人。如果一个人发现不了问题,那么这个人就不是一个会思考、会创新的人。通过学校广播,我明白了老师让我们自己提问题的道理。

可是,提问题还真难!我脑子空空的,问题冒不出来。老师就用“提问指南卡”提示我们提出问题。比如,对自己不明白的地方提出问题;看着图片信息提出问题;比较题目计算方法时提出问题……有了这些“提问指南卡”,我们都不怕提问了。受到乘法分拆学习的启发,我提出一个问题:202×4 和 222×4 都是三位数乘一位数,为什么 202×4 比 222×4 少一步呢?老师表扬我观察仔细、会提问题,还把我的名字记在黑板“提问之星”一栏里。我很高兴。以后,我的问题更多了。

学习“减法塔”时,大家提出的问题特别多。我也提了一个问题:“有没有加法塔?”老师又夸奖我提出了一个高质量的问题。她让我们选三个不同的数字来研究，试着造加法塔。我选了1、5、8几个数字造加法塔。我发现158+851=1009，9001+1009=10010……原来，两个数字排列顺序相反的加数相加，和只会越加越大，不可能出现一个加数、另一个加数与和数字相同而数字排列顺序却不同的情况。我们都明白了：只有减法塔，没有加法塔！

在老师的鼓励下，我的好朋友小吕又提出了新的问题："有没有用四位数造的减法塔呢？"陈老师很神秘地说："这是一个秘密，如果选四个不同的数字去研究，你就能发现其中的奥妙。"她让我们把问题记录在提问纸上，进行深入研究。

在学会提问拓展课上，老师让我们到大屏幕上展示自己的研究成果。教室里顿时像炸开了锅。大家抢着交流：四位数也能造减法塔，塔的最下层是6174……最后，陈老师告诉我们："像495、6174这些数，在数学上称'自我生成数'。最早对它进行研究的是印度人。"听了陈老师的介绍，我们都觉得数学很神秘，数学真有趣。我们更想提问题了。

啊，提问真好！

(教师点评)

小张是一位腼腆的女生，平时不太爱举手发言，学习成绩处于班级中等水平。老师在"学会提问校本课程的实践研究"过程中，积极引导，使她从不会提问到会提问，并发展到乐提问、常提问。在这个过程中，老师采取了教师示范提问的方法，教给学生提问的技巧；建立"提问指南卡"，引导学生在知识的重点、难点、关键处提问；对学生所提问题进行评价，让学生明白什么样的问题是高质量问题；针对三年级学生喜欢成功、爱听表扬的心理，在班级推出评选"每周提问之星"制度，激发他们的自信心和提问兴趣；等等。由于老师多管齐下，小张同学渐渐学会了提问，初步养成了提问的习惯。她在数学课中显得比以前更开朗、热情，举手发言也比以前积极，成绩有了进步。

这个案例给我们启示：教育要从根本上改变学生等待老师"喂"知识的做法，要消除学生学习上的依赖心理，使学生成为主动探索者，把学习的潜力充分发掘出来。只有让学生"靠自己的能力"去学习，学生才能学会学习，学会生存，形成独立自尊的健全人格。

[实践3]　在提问中提高了我的表达能力

(学生描述)

俗语说得好，"不学不成，不问不知"。牛顿发现万有引力就是从"苹果为什么会落地？"这一问题开始的，不能发现问题就谈不上去创新、去探究。

在学校，老师们总会说："有什么不懂的地方可以来问老师。"可是说实话，我从没有主动向老师提出质疑，一是担心自己的不懂会招来同学的耻笑，二是觉得自己的问题可能会很幼稚，让老师笑话。因为我的胆怯、畏惧，有时在学习中，遇到不理解的地方，总是回家问爸爸妈妈，为这事不知被他们批评了多少次，我也知道聪明要从问中来！但真正做到，太难了。

学校的校本课程开展了"学会提问"的研究活动，为了鼓励我们多提问，老师特意在教室里开设一面"提问墙"和"答题窗"，把同学们提出的问题和回答出来的答案贴在上面，这样同学课间课后都会聚集到"提问墙"前相互讨论，我也经常在这片自由的小天地"谈天说地"。

特别是朱老师还常跟我们说："当你读完一文后，不可能一下子全部明白，这时有疑胜无疑，因为学贵有疑。"为了培养我们的提问能力，她教了许多好方法：可以看题目提出疑问；可以对不懂的词句提出疑问；可以对重复语句提出疑问；也可以对结构的安排、内容的选择提出疑问……有了这么多的"好窍门"，在"快乐阅读提问"午会上，伙伴们都在踊跃提问，我也不例外。

渐渐地，在其他课上，我也变得爱提问了。有一次上《桂林山水》这一课，文章的第二段主要是通过对桂林山水的介绍，突出"桂林山水甲天下"的特点。朱老师先为大家提供了一段桂林山水的视频资料，让我们随着录像"走进桂林"，去浏览那里的山水，初步领略一下桂林的秀丽景色。然后，朱老师结合视频提出："文中说桂林的山水甲天下，对这句话你们有什么疑问？"启迪我们进一步思考并提出问题。这下教室里沸腾起来，由于我从没有到过桂林，对桂林山水"清、静、绿"与"奇、秀、险"的介绍只是从书中来，因此也大胆提出："从哪些方面能说明桂林山水甲天下？"我们的问题写满了黑板，课上朱老师来不及解决，将一些问题放在提问墙上，课后还提供了一些专门介绍桂林的网站，让我们自己上网检索去寻求答案。回到家，我迫不及待地上网查询，找到了大量桂林山水的图片资料、山水游记、桂林名人、桂林诗词等补充材料，第二天来到学校与伙伴们交流。这次活动让我"饱览"了祖国的大好河山，也掌握了许多的课外知识，体会到提问带来的更多的知识与快乐。

经过一段时间的努力，关于提问，我的体会是要做好准备，就是先思考，后提问；先观察，后提问；先阅读，后提问等。比如在预习时，我就是一边阅读一边思考，把发现的问题先写在练习本上，等到上课的时候提出来问老师。平时在课堂上，提问"卡壳"时，我也会暗暗地给自己鼓劲儿："我能行"，"再努一把力就会做好的"，"我不会被困难吓倒"……自己给自己壮胆，久而久之，我的语言表达能力强了，人人都夸我口齿伶俐；我的思维敏捷了，大家都称我是“小灵通”。

（教师点评）

养成提问的习惯是好的。孙中山先生曾经说过：“不懂就问，哪怕挨打也值得！”教师要鼓励学生提出问题，逐步养成提问的习惯。虽然学生有些问题可能是微不足道的，但是教师要加以鼓励，因为这是他们自己动脑筋观察和思考的结果。教师要让学生深深感受到敢于提问是光荣、自豪的事情，没有什么值得害羞的；相反，不敢提问题才是懦弱的。每个人都有懂的地方，也都有不懂的地方，而相互提问就是丰富学识的最好方式。久而久之，学生就会逐步养成批判、质疑的好习惯，学科核心素养发展就能得到落实。

［实践 4］ 在实验中学会“实践之问”

（案例描述）

人的科学素质是在认识自然、改造自然的过程中形成和发展起来的，它与人的实践活动和社会生活有密切的联系。因此，小学科学启蒙教育特别强调开展观察、实验和考察等多种实践活动，让学生通过亲身经历科学探究，领悟科学方法及其价值，发现科学事实及其规律。尤为重要的是，当学生在实验中产生疑问的时候就会对问题本身乃至课程产生关注，这对于教师实施课程教学无疑是极为有利的。让学生在实践中产生问题并解决它不仅是学生智能发展的需要，也是学生逐渐养成科学态度、创新意识和提高实践能力的需要。

科技节活动中，三年级学生对“无处不在的声音”产生兴趣。他们迫切想了解声音是如何由振动产生，提出了许多问题：声音是怎样产生的？产生声音的条件是什么？为什么不同的声音会有那么大的差别？……

师：这些问题都很有研究价值。我们要研究声音的其他问题，首先要知道声音是怎样产生的。同学们根据自己的生活经验，先来猜一猜声音是怎样产生的。

教师抓住契机，引导学生根据自己的想法设计方案，验证自己的想法。学生通过实验发现问题，学会分析和判断，主动地获取知识、应用知识、解决问题。教师引导学生利用橡皮筋和各种纸盒、纸杯自行制作会发声实验装置进行实验，交流实验中的现象及产生的问题。小组交流结果是有的同学认为声音是橡皮筋的振动引起的，也有的同学认为声音是在橡皮筋与纸盒的碰撞中产生的。教师再引导学生观察鼓面米粒的运动并就此产生的问题进行交流。学生感悟到了鼓发出声音与振动有关。教师适时鼓励学生：声音的秘密还有很多，在实验中我们只研究了一个问题，其他的问题希望同学们能够继续保持探究的热情，通过实验、查阅资料、自己制作一些小乐器等方法去研究。

(案例反思)

《小学科学课程标准》强调："鼓励学生运用多种方法，从不同的角度进行多样化的探究，要让学生的质疑带动思维活动和探究行为。"在校本科技节活动课程中，鼓励学生根据生活经验大胆进行猜测，教师对猜测不予肯定或否定，极大地激发了学生的学习热情和主动性，然后让学生自己思考、设计解决问题的方案、实验的内容，增加了学生的学习兴趣，提高了他们的思考能力，促使他们主动投入实验探究活动之中。

在探究活动中充分为学生提供机会，提供给学生有结构的材料，让学生有东西可研究；对学生的表现及时肯定，为学生创设良好的环境，使其亲自体验、经历探索的过程，并敢于说出自己的想法，自己去做实验、学科学，使知识充满内在活力，真正体现"学生是科学学习的主体"。在实验过程中，随着米粒在鼓声跳动起来以及音叉实验中水面有了波纹，学生的问题也随即产生，水面为什么会有波纹？米粒为什么会跳动？经过讨论，原来是音叉抖动引起的。一个个科学知识在探究活动中被学生们发现了。

"兴趣是最好的老师。"校本活动课程中教师要不断地创设情景，放手让学生观察、实验、思考，让具体的自然事物、有趣的自然现象紧紧吸引学生，激活思维，从而使他们产生强烈的探究欲望；再通过精心指导，让学生的自主学习、创新意识和创造能力得到充分发展。

六、评价标准

根据不同年龄段学生身心发展的特点，"学会提问"课程对学生的评价以表现性评价为主要形式。围绕每学期课程内容的实施，教师客观评价学生的提问习惯和提问能力，在评价内容和标准上体现教育目标的递进性。

表 1-9　"学会提问"校本课程学生评价标准

学期	课程内容	评价标志	评价标准
一上	校园生活之问 苗苗入团之问	获得"实践之问"章 获得"主题之问"章	(1) 参与一年级"学会提问"课程系列活动。 (2) 在活动中提出简单问题
一下	春节习俗之问 校数学节之问	获得"习俗之问"章 获得"学科之问"章	

续表

学期	课程内容	评价标志	评价标准
二上	中秋重阳之问 校阅读节之问	获得“习俗之问”章 获得“学科之问”章	(1) 参与二年级“学会提问”课程系列活动。 (2) 在活动中学习使用提问卡记录简单的问题。 (3) 初步学会一些简单的提问方法
二下	衣食住行之问 少先队知识之问	获得“实践之问”章 获得“主题之问”章	
三上	快乐秋游之问 校体育节之问	获得“实践之问”章 获得“学科之问”章	(1) 参与三年级“学会提问”课程系列活动。 (2) 会使用提问卡记录校本活动中产生的问题，并试着通过求助老师、家长、同学等进行简单答疑。 (3) 会提问，逐步掌握发现问题的方法
三下	清明端午之问 新静安之问	获取“习俗之问”章 获得“主题之问”章	
四上	冬至腊八之问 上海历史之问	获得“习俗之问”章 获得“主题之问”章	(1) 参与四年级“学会提问”课程系列活动。 (2) 能在校本活动中提出有质量的问题，并能试着通过上网、看书等查阅资料、解决问题。 (3) 能有效提问，会提问，初步具备问题意识
四下	快乐春游之问 校科技节之问	获得“实践之问”章 获得“学科之问”章	
五上	新四大发明之问 N 项活动之问	获得“主题之问”章 获得“实践之问”章	(1) 参与五年级“学会提问”课程系列活动。 (2) 能结合校本活动的主题建立专题研究，乐于和大家分享问题探究的成果。 (3) 具有质疑精神和批判思维，能够以问题作为深度思考的起点
五下	二十四节气之问 校艺术节之问	获得“习俗之问”章 获得“学科之问”章	

七、实践效果

1. 教师的专业发展获得动力

研究唤醒了教师自我成长的意识，带来了教师观念行为的巨变。在“学会提问校本课程”实施过程中，教师欣赏学生的提问，给予学生提问时间，重视落实提问训练，给予学生积极的提问评价。

教师 A：中国一直致力于培养学生的综合素质，创造全面型综合人才，从而保证为国家未来建设提供优秀人才。加大学生核心素养培养力度的关键是激发学生问题意识，引导学生发现问题、分析问题、解决问题。学生形成问题意识，需要经历三个过程：敢问、爱问、善问。教师要思考如何主动为学生提出问题和解决问题创造条件，提高学生从数学角度提出问题的能力。

教师 B：课程改革为教育洞开了一片美丽的天地。伴随着“学会提问校本课程”的实施，我们的校园出现了绿意盎然的生机。我看到，课堂上一只只高举的小手，犹如钻出泥土的小草脑袋，犹如春日拔节的嫩嫩的幼笋……学生们敢提问了，爱提问了。然而，在欣喜之余，冷静思考，我又感到了丝丝缺憾：学生敢提问、爱提问并不等于会提问、能创新问。大多数学生提问质量还不高，提问深度也不够。我要继续研究。

教师 C：工作之余，我完成了上海师范大学专升本的学习。曾经以为，高等学府中的知识，远离小学教育，我们有必要学那些高深而枯燥的知识吗？然而，当我投入“学会提问校本课程”实施研究中，面对一个又一个预料之外的问题，感受到课内外学生迸发出前所未有的学习热情、创造潜力时，我意识到先前自己的想法真是太肤浅了！我感到自己的知识储备远远不够，有一种新的冲动：我要充电！

2. 学生的问题意识悄然萌芽

一门学科如果能不断提出问题，那它就永远充满活力。我们的研究发展了学生核心素养，点燃了学生学习数学的激情。

学生 A：提问题还真难！看着黑板的题目，我脑子空空的，问题冒不出来。老师就用“提问指南卡”提示我。比如，对自己不明白的地方提出问题，看着图片提示提出问题，在新旧知识对比中提出问题……有了这些"提问指南卡"，我们都不怕提问了。

学生B：数学节中，我在学习"数位顺序表"时提了一个问题：亿级后面有哪些数级？老师表扬我"思维活跃，会提问题"，还指导我上网搜索了答案。通过研究，我了解到"亿级"后面有"兆级""京级""正级"……我还知道了"载"是巨大的天文计数单位。这个问题让我获得了"学科之问"章，我很高兴。

学生C：古代中国有"造纸术、印刷术、指南针、火药"四大发明。现代中国有"高铁、移动支付、共享单车、网购"四大发明。看到我写的这个研究小报告被编入班级"提问本"中，同学们羡慕极了。我感到十分自豪。

播种思想，收获行为；播种行为，收获习惯；播种习惯，收获能力；播种能力，收获素养。综上所述，教师应把核心素养发展上升到自觉的高度，在学校课程实施过程中高度重视学生的数学问题意识，为学生营造绿色教学生态，让学生在问题意识的引领下，发展"科学精神""学会学习""实践创新"等综合素养，使学生主动、全面、健康成长。

八、问题思考

问题一：如何克服学校学会提问课程开发与实施的随意性，使学会提问课程设置逐步成型？这有待于学校建立核心研究小组，攻克难关，在后继研究中实现零的突破。

问题二：如何克服学会提问课程执教人员与课程学生评价人员的不匹配现象，做好课程的指导、研究、实施、评估工作？这有待于学校行政领导统筹安排，全面布局。

(4) "学会锻炼"校本课程

"学会锻炼"课程是在富有情趣的争章活动中支持学生提高身心素质，积累多种运动经验，增强安全自护、情绪管理能力，做勇敢自信的少年。它包含体能锻炼、安全自护、情绪管理等内容。

[校本课程建设案例 4]

“快乐五会”之“学会锻炼”校本课程开发与实施的研究

执笔：刁志刚

一、研究背景

《关于深化教育改革全面推进素质教育的决定》的文件中，对学校体育工作做出如下要求：“健康体魄是青少年为祖国和人民服务的基本前提，是中华民族旺盛生命力体现。体育教学的基本任务是培养小学生体育锻炼习惯，习惯是把信念变成习性，把思想化为行动的过程。对进一步加强青少年体育意识、增强青少年体质，大力推进素质教育，培养中国特色社会主义事业的合格建设者和接班人，具有重要意义。”小学教育阶段应该在体育课堂中解放学生的思想意识，给学生自由的空间，不应该只是单纯的技能灌输，体育课堂的目标不仅是健全体魄、掌握技术、提高身体素质，促进身心健康，更重要的是运动中收获的体验，例如坚持不懈，永不放弃的意志品质的提升。面对挑战或艰巨任务时能不能勇敢从容面对。学习过程学会沟通交流。在体育理论知识学习中，学生认知到锻炼可改善体型，达到塑体、矫正身体缺陷的作用。因此小学阶段培养学生终身体育锻炼的意识尤为重要。结合学校“五个学会”办学特色，充分考虑本校师生的兴趣与需求，以培养“全面发展的人”为核心，构建校本课程体系，落实学生核心素养培养，深化个性化教育，彰显学校办学特色，增效挖潜，将“五个学会”中的“学会锻炼”校本课程进一步深化推进，是我们在下一阶段工作中要解决的主要问题。

二、课程基础

1. 教师基础

我校目前有专职体育教师 4 人，有坚实的理论基础和丰富的教学及组织体育竞赛经验。这些老师对教学研究都很热心，并多次参与市区课题的研究工作，有多篇文章在市区获奖及相关杂志发表，有较强的研究能力，大家有信心、有能力搞好科研工作。在平时的教育教学和组织竞赛活动过程中不断改进和完善，从课堂上的教学组织到课外活动班与班之间的小型竞赛，老师们通过不同的组织形式进行探索，积累了经验。项目组老师在研究中得到了锻炼，教育理念发生了很大的转变，在区校各种教学比赛以及案例论文撰写中取得了不错的成绩。

2. 学生基础

(1) 小学阶段生理特征。

一般而言，小学生骨骼很有弹性但不够坚固，容易弯曲变形；肌肉力量差和肌肉耐力较弱；运动时心率较快，收缩力弱；神经活动不稳、易兴奋、多动、注意力不易集中，动作精准能力较差；小学阶段是跑速提高最快的时期，也是发展协调能力的最佳时期。

(2) 小学阶段心理特征。

小学生对新鲜事物好奇心非常强，注意力的集中和稳定性较差；感知觉能力发展迅速，表象能力开始发展；思维形式从以具体形象思维为主要形式，慢慢变化成以抽象思维为主，但这时的抽象思维还是以具体形象为支撑。小学生 6—12 岁，体育意识尚未形成，自控能力和自学能力较弱，时刻需要教师的提醒、引导以及帮助。在体育课中喜欢游戏课，技术讲解时注意力难以持久集中。因此，课堂中应让学生在学中玩、玩中学，精讲多练，多创设情境教学，让学生体验学习自主探究；在学生对体育活动逐渐有了兴趣的基础上，再系统地传授体育理论知识，提高运动能力，培养锻炼习惯。

(3) 我校学生体质特征。

通过对每学期学生体质测试数据研究，我们发现，当前我校学生体质方面也出现了一些新问题，个别学生身体素质下降，耐力、力量、速度等体能指标达不到市区要求，肥胖和超重学生比例上升，视力不良率居高不下。

三、课程目标

一是通过“学会锻炼”校本课程的开发与实践，研究适合我校开展的体育特色内容，形成一系列活动运行模式、实施策略以及保障机制，创新学校课间活动，优化课间活动的时间、空间、形式、内容和结构，使学生乐于参加，主动地掌握健身的方法并自觉锻炼。

二是培养学生树立“健康第一”的观念和终身体育的意识，养成学生每天坚持锻炼一小时的生活习惯，提升全体学生的健康水平。

三是改革学校体育课程，大课间和活动课形成一体化模式，优化课间操的时间、空间、形式、内容和结构，使学生乐于参加，主动掌握健身的方法并自觉锻炼。

四是在校园中形成“人人有项目，班班有团队，年级有比赛”的普及性体育活动新局面。让学生有选择地参与、学习、享受体育，激发学生的运动兴趣，发挥学生的学习积极性和潜能。

五是促进师生间、生生间的和谐关系，提高学生的合作、竞争意识和交往能力。

六是使学生动起来、玩起来，充分调动学生主动参与体育锻炼的积极性，促进学生身体素质的发展，使我校学生的学生体质健康标准水平在现有基础上能明显提高。

四、课程内容

“学会锻炼”校本课程体系的构建，通过基础型课程、拓展型与探究型课程、课间大活动、社团活动等课程实施途径，开展基本体育活动、帮助掌握基础体育知识，建立特色体育项目，让学生增强身体素质，享受运动快乐。

表 1-10 "学会锻炼"校本课程体系框架

年级		主题	内容	实施途径及分课时安排：基础型课程	实施途径及分课时安排：拓展、探究课程	实施途径及分课时安排：综合实践活动课程/专题教育活动/社团活动	实施途径及分课时安排：隐形课程
一年级	第一学期	基本体育活动 基础体育知识 特色体育项目	跳操 跳绳 奥运会知多少 投小沙包 拍毽子	体育	体育活动课	课间大活动 早操 运动会	午间快乐广播
一年级	第二学期	基本体育活动 基础体育知识 特色体育项目	广播操、跳绳 田径比赛项目介绍 投飞镖	体育	体育活动课	课间大活动 早操 体育社团	午间快乐广播
二年级	第一学期	基本体育活动 基础体育知识 特色体育项目	短跑、接力跑 跳长绳 乒乓球主要赛事及规则 踢毽子 校操低年级版	体育	体育活动课	课间大活动 早操 运动会	午间快乐广播
二年级	第二学期	基本体育活动 基础体育知识 特色体育项目	短跑、接力跑 跳长绳 羽毛球主要赛事及规则 校操低年级版	体育	体育活动课	课间大活动 早操 体育社团	午间快乐广播
三年级	第一学期	基本体育活动 基础体育知识 特色体育项目	25 米折返跑、立定跳远、投实心球 篮球比赛规则和赛事 中高年级校操 跆拳道	体育	体育活动课	课间大活动 早操 运动会	午间快乐广播

续表

年级		主　题	内　容	实施途径及分课时安排			
				基础型课程	拓展、探究课程	综合实践活动课程/专题教育活动/社团活动	隐形课程
三年级	第二学期	基本体育活动 基础体育知识 特色体育项目	25米折返跑、立定跳远、投实心球 排球比赛规则和赛事 中高年级校操 跆拳道	体育	体育活动课	课间大活动 早操 体育社团	午间快乐广播
四年级	第一学期	基本体育活动 基础体育知识 特色体育项目	站立式起跑、单双脚跳、投掷垒球 足球比赛规则 中高年级校操 呼啦圈	体育	体育活动课	课间大活动 早操 运动会	午间快乐广播
	第二学期	基本体育活动 基础体育知识 特色体育项目	50米快速跑、跳沙坑、投掷垒球 篮球比赛规则和赛事 中高年级校操 呼啦圈	体育	体育活动课	课间大活动 早操 体育社团	午间快乐广播
五年级	第一学期	基本体育活动 基础体育知识 特色体育项目	障碍跑、蹲踞式跳远、投篮 击剑运动 中高年级校操 基础武术套路	体育	体育活动课	课间大活动 早操 运动会	午间快乐广播
	第二学期	基本体育活动 基础体育知识 特色体育项目	自然地形跑、跨越式跳高、投篮 冰雪项目 中高年级校操 基础武术套路	体育	体育活动课	课间大活动 早操 体育社团	午间快乐广播

五、实施原则

1. 全面性原则

项目面向全体学生，为学生的全面发展创造条件。项目制定以学校四年发展对体育的要求为导向，内容全面覆盖一至五年级基本技能和技巧。活动有目的、有计划，注意知识和技能的统一性、连续性，从低年级到高年级形成一个逐步递进的活动体系。学生身体的各种素质和基本活动能力都得到发展。

2. 适量性原则

强调奠基和引导功能，遵循学生的一般认知规律，运动量大小适量安排，合理负荷。既不使运动量过大，产生过度疲劳，有损健康，又避免运动量过小、达不到锻炼身体的目的。

3. 差异性原则

项目及运动量的安排体现一至五年级学生年龄、性别、个体差异，有底线但是不封顶。

六、课程实施

1. 学科课程(学校体育健康课程)和活动课程(校本课程)一体化的大课程体系

按照体育与健康课程的四个基本理念和五个领域目标，在调查了解现阶段中小学生的体质状况和心理、生理需求后，根据本校的实际情况，我们选择出符合中学生身心发展规律和特点的合理的体育学科课程项目和活动课程项目。利用学科课程的教学使学生的基础体质得以提高，并培养其兴趣和特长，使同学们更好地参与到活动课程中，以有利于形成一体化的大课程体系课程项目。为学校阳光体育的开展创造更有利的条件，使学生能够积极主动地走到阳光下自觉地进行体育活动。

2. 课内外一体化体育教学运作模式

学校体育课程是向学生传授体育知识、运动技术技能，引导学生积极参与阳光体育运动的主渠道及重要载体。在保证国家体育课程开足的同时，要积极为学生提供场地，提供校本课程，从而积极地参与阳光体育运动，保证学生全程享有接受体育教育的权利。并要进一步强化学校体育课程建设，通过优化教学内容，进一步满足广大学生的活动兴趣；通过改变课程组织方式，突出学生的主体地位；通过完善评价方法，进一步调动学生的积极性和主动性。

建立课外体育教学管理体系。组建各种体育社团、俱乐部，如篮球社团、足球社团、乒乓球社团、跆拳道俱乐部等，学校要制订落实好训练计划，抓好抓实，培养苗子，积极参加各级体育艺术活动展示和比赛，出成绩，出精品，出人才。组织系列阳光体育艺术比赛及展示活动。定期举办体育节（运动会），组织开展对抗赛、挑战赛、才艺展演、作品展示等活动，充分发挥体育竞赛和艺术展演的激励作用，为学生参加文体活动搭建平台，让学生学会锻炼、学会欣赏、学会比赛，让每个学生成为体育、艺术活动的受益者。

为实现体育课程目标，将课堂教学与课外的体育活动有机结合。把有目的、有计划、有组织的课外体育锻炼活动、运动训练等纳入体育课程，形成课内外有机联系的课程结构。不仅要把课外体育教学纳入体育课程体系，还要建立一套适应课外体育教学规律特点的体育教学管理体系。

3. 阳光体育运动与学生体质健康标准的协调统一

全面实施《国家学生体质健康标准》，把健康素质作为评价学生全面健康发展的重要指标。加快建立符合素质教育要求的考试评价制度，发挥其对增强青少年体质的积极导向作用。使测试选择范围增大，测试内容更加充实、可操作，注重学生的个性发展。

七、课程评价

1. 成立项目评定考核小组

学校成立由副校长牵头的考核评定小组，根据各项目、各阶段制定相应标准，由学校统一安排时间进行评定。

2. 构建合理的评价体制，合理选择评价内容

（1）体能。主要根据教学的实际情况以及参考《国家学生体

质健康标准》，确定体能测试的指标。

(2) 知识与技能。主要根据学习目标与要求，以及教学的实际情况，选择相应的体育与健康知识、技能评价指标，评价学生掌握体育与健康知识和技能的程度，以及对所学知识和技能的应用能力等。

(3) 态度与参与。主要对学生体育与健康课的出勤率、课堂表现、学习兴趣、探究问题的积极性，以及课外运用所学知识和技能参与体育与健康活动的行为表现等进行评价。

(4) 情意与合作。主要对学生在体育学习和锻炼中的情感表现、意志品质、人际交往与合作行为等进行评价。

3. 填写评价卡

学生通过每学期相应的项目评定后，由学校填写评价卡。

4. 认定达标等级

学生参加市、区、校级各类活动、比赛获得成绩，凭相关证书直接认定相应项目的达标等级。

5. 颁发奖章

对达到《国家学生体质健康标准》优秀等级的学生，颁发“阳光体育达人奖章”。

八、课程保障

1. 保证时间

学校首先要坚持依法治教，规范办学行为，严格执行国家有关体育课时的规定，开足、上好体育课，不得以任何理由削减、挤占体育课时。要深化教学改革，不断提高教育质量，有效增强学生体质。实行科学规范的学生作息制度，引导学生积极参加“全国亿万学生阳光体育活动”。同时，鼓励教师积极参加体育教师培训，不断提高教师素质和水平，努力提高体育教学质量，使学生的体质健康水平得到明显提高。其次，学校必须从校本课程的高度来确立阳光体育运动的“法定”地位。

2. 保证空间

“学会锻炼”校本课程确保学生有足够的活动空间。为了真正使学校“处处有健身设施，随时能快乐活动”，学校腾出仅有的资金，充分利用学校的运动场或边角空地，因地制宜地建设阳光体育活动场地，设置篮球场、乒乓球桌等运动设施；在运动器材方面，采取“两条脚”走路，学校给每个班级配置一些器材，给每个班级设置一个“阳光体育运动器材箱”，使学生的活动空间得到扩展，活动设施器材得到补充、丰富。在西部还利用现有空间开发了一块屋顶操场。场地与器材的丰富最大可能地为学生的体育运动提供了有利条件。

（5）“学会环保”校本课程

学校确立“快乐五会”之“学会环保”校本课程的项目，让学生在当“清洁小能手”“护绿小卫士”“宣传小先锋”“节能小达人”“环保小标兵”的争章活动中，参与生态校园建设，培养环保习惯和绿色生态意识，树立保护生态、美化环境的信念。

［校本课程建设案例5］

“快乐五会”之“学会环保”校本课程开发与实施的研究

执笔：孟忠勤

一、“学会环保”校本课程建设的背景及意义

常年来，我校一直对绿色环境教育非常重视，以实际行动播撒绿色理念，播种绿色行为，培养师生良好的环境意识和行为，收获绿色习惯，提出“学会环保，让我们的家园绿起来，做一个热爱生活的人”培养目标。“学会环保”是我校“快乐五会”育人目标之一。围绕这个目标，学校结合学生的需求和年龄特征，充分利用校园环境和周边的环保资源，开展和实施环境教育活动。随着学校“快乐

五会”课程的建设，“学会环保”从教育活动逐步上升到课程研究。我们在关注学生核心素养培养前提下，根据学校培养目标、学生需求和校际资源开发“学会环保”校本课程，逐步建立起较为完善的课程方案和结构，从而培养学生的环保意识、绿色生态意识及习惯，树立保护生态、美化环境的信念。同时我们注重培养教师教育执行能力、反思能力和研究能力，促进专业化发展，进一步优化学校“学会环保”及“快乐五会”课程建设。

二、“学会环保”校本课程目标

1. 培养总目标

(1) 培养学生热爱并尊重自然，具有可持续发展理念。

(2) 养成健康文明的行为习惯和绿色生活方式等，做一个热爱生活的人。

(3) 自觉具有环保行为，增强环保意识和责任感，深化对环境问题的责任感和使命感。

2. 培养具体目标

(1) 通过各类学科课程教育渗透，进行环保知识的宣传等环境教育，了解人类与自然之间的关系，形成对自然的初步认识，并在学习中体验环保带来的好处，做到主动关注周围环境，热爱周围环境。

(2) 掌握环保的基本知识和观点，初步学习、探究与我们日常生活最密切相关的主要环境问题，关注身边的环境。了解与关注到人类面临的全球性环境问题的挑战，培养学生环境保护意识和责任感。

(3) 开展丰富多彩的学会环保的实践活动，让学生积极参加环境保护活动；树立新型的自然观，崇尚绿色文明，培养学生争做一个热爱生活的人。

三、“学会环保”校本课程结构

“学会环保”校本体系的构建，通过校园环保行动和各学科渗透教育，落实课程培养目标。

表 1-11　“学会环保”校本课程体系框架

培养目标	年级		分年级要求	课程实施途径				评价标志
				基础型课程	拓展探究课程	主题实践活动	隐形课程	
学会环保，让我们的家园绿起来，做一个热爱生活的人	一年级	第一学期	（1）认识校园环境，亲近、欣赏和爱护校园。认识校园内的生态环保标志，感知校园（包括自身生活）的生态环境，明白日常生活与生态环境的联系。 （2）学会每天清洁、整理自己桌面，不乱扔纸屑等垃圾，保持自己周围环境的整洁，规范日常行为，争做清洁小能手。 （3）学习一些环保的基本知识和观点，懂得应以实际行动保护环境，积极参加一些环境保护活动	语文： “雨点” “小蜗牛” 英语： “In the Zoo” 道法： “吃饭有讲究” 音乐： “小叶子” “小树快点长” 美术： “小鸟喜欢的树” 自然： “秋天” “形形色色的植物” “冬天” “各种各样的动物” “天气变化”	生态校园： “一件衣服穿多久” “餐桌上的剩菜” “铅笔的对话” “说话包装” “水龙头别流泪” “一度电的用途” “形形色色的动物” “动物怎样生活” “与动物交朋友” “保护人类的朋友” “帮蚯蚓回家” “笼中的小鸟” 快乐百科： “水——生命之源” “低碳生活” “核能发电” “石油” “地震” “海啸” “飓风” “鸟——人类的朋友” 环保大行动： “清洁个人课桌卫生活动”	（1）走一走、看一看、认一认（认识校园内的环保标志和设备）。 （2）比一比：看谁“整理星”最多	升旗仪式 宣传版面 校园环保设施	清洁小能手

续表

培养目标	年级		分年级要求	课程实施途径				评价标志
				基础型课程	拓展探究课程	主题实践活动	隐形课程	
学会环保，让我们的家园绿起来，做一个热爱生活的人	一年级	第二学期	（1）亲近、欣赏和爱护校园。爱护校园内的生态环保标志。进一步明白日常生活与生态环境的联系。 （2）主动保持课桌桌面整洁，以及座位周边环境的整洁，规范日常行为，争做清洁小能手。 （3）学习一些环保的基本知识和观点，懂得以实际行动保护环境，积极参加一些环境保护活动	语文： "小青蛙" "树和喜鹊" "动物儿歌" "文具的家" 道法： "我们爱整洁" "花儿草儿真美丽" "大自然谢谢您" "让我自己来整理" 英语： "New Year's Day" 美术： "剪纸的碎片怎么办" 自然： "春天" "植物的生活" "身边的材料" "夏天"	生态校园： "过个环保的春节" "感受冬的宁静" "寻访小动物" "谁是敌人，谁是朋友" "保护动物" "找寻珍稀动植物" "池塘是谁的家" "树是谁的家" "与动物交朋友" 快乐百科： "地球之肺——热带雨林" "温室效应" "热岛效应" "东北虎" "猎豹" "健康杀手——雾霾" 环保大行动： "清洁个人课桌及座位周边卫生活动"	（1）学一学：学习用扫帚、簸箕扫地，用抹布擦课桌。 （2）比一比：看谁"清洁星"最多	升旗仪式 宣传版面 校园环保设施	清洁小能手

续表

培养目标	年级		分年级要求	课程实施途径				评价标志
				基础型课程	拓展探究课程	主题实践活动	隐形课程	
学会环保，让我们的家园绿起来，做一个热爱生活的人	二年级	第一学期	（1）认识干湿垃圾的标识，能对干湿垃圾进行分类，萌发环保意识，热爱生活。 （2）能从身边做起，保持教室干净，能清理校园花坛垃圾，用行动来保护周边环境。 （3）学生认识人与自然环境的关系，明确环保的重要性，提高环境的意识。 （4）设立值日循环岗，认识爱护环境是每个人的职责	语文： “植物妈妈有办法” “树之歌” “田家四季歌” 道法： “我爱家乡的山和水” 音乐： “草原就是我的家” “在遥远的森林里” 美术： “巧饰小瓶子” “茂盛的植物” 英语： “In the Street” 自然： “动植物的栖息地”	生态校园： “小树的‘哭’声” “大树爷爷多少岁” “大树的功劳” “一片完整的叶” “各种各样的叶” “爱护花草树木” “大自然真美丽” 快乐百科： “水——生命之源” “低碳生活” “核能发电” “石油” “地震” “海啸” “飓风” “鸟——人类的朋友” 环保大行动： “清洁教室卫生活动”	（1）开展“弯弯腰，净校园，争做护绿小卫士”系列主题活动。 ①学习校园环保口号。 ②开展清理西部校园、走廊、花坛、操场垃圾活动。 ③见到身边的垃圾能主动捡起。 （2）干湿垃圾分类游戏赛。 （3）开展值日循环岗活动	升旗仪式 宣传版面 校园环保设施	护绿小卫士

续表

培养目标	年级		分年级要求	课程实施途径				评价标志
				基础型课程	拓展探究课程	主题实践活动	隐形课程	
学会环保，让我们的家园绿起来，做一个热爱生活的人	二年级	第二学期	（1）能分清教室中的垃圾桶是干垃圾，午餐时教室外的垃圾箱是湿垃圾。做到垃圾分类，干湿分离，每天指定专人负责午餐时垃圾分类监督工作。 （2）认识西部校园中的植物，初步了解植物的生长离不开土壤，土壤中有水、空气、腐烂物成分，能供植物茁壮成长。 （3）学会参加集体外出活动时，能注意不乱扔垃圾，会干湿垃圾分类装。 （4）开展“弯弯腰，净校园，争做护绿小卫士”系列主题活动	语文： “开满鲜花的小路” “枫树上的喜鹊” 道法： “试种一粒籽” “小水滴的诉说” “清新空气是个宝” “我是一张纸” “我的环保小搭档” 英语： “In the Forest” “In the Street” 音乐： “我是一粒米” 美术： “鼓儿响起来” 自然： “植物的种子” “灭绝、濒危的野生动物”	生态校园： “看到了什么” “植物怎样生存” “我的大树” “我爱花　我爱草” “爱我家园” “从我做起，保护环境” “我们的学校” “保持环境卫生” “生命与绿色同行” 快乐百科： “地球之肺——热带雨林” “温室效应” “热岛效应” “东北虎” “猎豹” “健康杀手——雾霾” 环保大行动： “清洁教室、西部校园卫生活动”	（1）认一认（认识西部校园内的植物）。 （2）比一比：谁知道的干湿垃圾最多。 （3）举行一次环保主题队会	升旗仪式 宣传版面 校园环保设施	护绿小卫士

续表

培养目标	年级		分年级要求	课程实施途径：基础型课程	课程实施途径：拓展探究课程	课程实施途径：主题实践活动	课程实施途径：隐形课程	评价标志
学会环保，让我们的家园绿起来，做一个热爱生活的人	三年级	第一学期	（1）以观察东部校园植物为基础，从每天接触的校园中，培养观察、调查植物的能力。 （2）认识垃圾桶图例，知道可回收垃圾，分清干、湿垃圾和可回收垃圾，在实践活动中，增强学生的环保意识，养成环保的好习惯。 （3）会向同学、家人等宣传垃圾分类的重要性，宣传保护环境的重要性	语文： “茉莉花” “爸爸我恨死了你的猎枪” “一个小村庄的故事” “燕子专列” “天鹅的故事” “海底世界” “小狗杜克” “令人神往的日内瓦” “雨后” 英语： “Plants” 品社： “为垃圾寻找出路” 自然： “随处可见的材料” 信息： “百花园里百花开” “我们是护鸟小尖兵” “地球妈妈笑哈哈”	生态校园： “小树的‘哭’声” “大树爷爷多少岁” “大树的功劳” “一片完整的叶” “各种各样的叶” “爱护花草树木” “大自然真美丽” 快乐百科： “水——生命之源” “低碳生活” “核能发电” “石油” “地震” “海啸” “飓风” “鸟——人类的朋友” 环保大行动： “清洁教室卫生活动”	（1）认一认：东部校园里你最喜欢的一种植物。 （2）画一画：你最喜欢的一种植物。 （3）护一护：成立护绿小队，自觉开展东部校园护绿活动。 （4）写一写：保护环境的宣传口号	升旗仪式 宣传版面 校园环保设施	宣传小先锋

续表

培养目标	年级		分年级要求	课程实施途径				评价标志
				基础型课程	拓展探究课程	主题实践活动	隐形课程	
学会环保，让我们的家园绿起来，做一个热爱生活的人	三年级	第二学期	（1）结合课内外学习的环保知识，每位同学选择一个环保主题，在午会课、班队会、学校广播中对全班同学或全校同学进行宣讲。 （2）深入了解几种校园植物，并为这几种植物制作电子卡片。 （3）积极参与班级“植物辨认大赛”选拔赛，争取在学校比赛中获得佳绩	语文： “我喜欢小动物” 英语： “Make a Robot and then Play with Your Friend” 道法： “营造健康生活环境” “共建美好家园” 自然： “各种各样的植物” “池塘” “森林” “腐烂” “自然界里的水循环” “我们生活的地球” 信息： “快乐的校园是我们的家” “制作植物小名片”	生态校园： “和谐的小音符” “土地是人类的母亲” “大地母亲的呻吟” “调查校园植物种类” “说说校园里的植物” “给植物的分类” “植物蜡叶标本制作” “保护我们的家园” “争当环保小卫士” 快乐百科： “低碳生活” “温室效应” 快乐环保大行动： “清洁教室卫生活动”	（1）讲一讲：学习环保相关知识，在班队会课上进行宣讲。 （2）做一做：了解植物，制作植物小名片。 （3）画一画：创作一幅环保宣传画。 （4）说一说：利用少年队雏鹰广播进行环保宣传	升旗仪式 宣传版面 校园环保设施	宣传小先锋

续表

培养目标	年级	分年级要求	课程实施途径				评价标志
			基础型课程	拓展探究课程	主题实践活动	隐形课程	
学会环保，让我们的家园绿起来，做一个热爱生活的人	四年级 第一学期	（1）养成随手关灯的好习惯，培养“节电”意识，人人争当节电小能手，班班争做节电优秀集体。 （2）知道有害垃圾，懂得垃圾分类的重要性，对垃圾进行分类处理。记录家中垃圾干湿分类执行情况。 （3）小手牵大手，将“垃圾分类”“节电”的观念向家长进行宣传，懂得应以实际行动保护环境，积极参加环境保护活动	语文： “太阳、空气中的流浪汉” “大树医” “白银仙境的悲哀” “只有一个地球” 品社： “东方水都的生活” 英语： “A Visit to a Farm” “At Century Park” “ Weather” 音乐： “快乐的活动” 美术： “我们来画树” 自然： “保持健康” “城镇” “海岸” “家庭用电”	生态校园： “空气与人的关系” “保护臭氧层” “大气污染的危害” “绿色出行” “为被动吸烟者呼吁” “只有一个地球” “噪声与人类健康” “噪声污染及其防治” “废旧电池危害大” “固体废物污染及其防治” 快乐百科： “水——生命之源” “飓风” “低碳生活” “核能发电” “石油” “地震” “海啸” “鸟——人类的朋友” 环保大行动： “清洁教室卫生活动”	（1）开展垃圾分类知识竞赛。 （2）比一比：每周评选节能最佳班级。 （3）开展“垃圾分类我能行”主题班会或者小队活动	升旗仪式 宣传版面 校园环保设施	节能小达人

续表

培养目标	年级		分年级要求	课程实施途径				评价标志
				基础型课程	拓展探究课程	主题实践活动	隐形课程	
学会环保，让我们的家园绿起来，做一个热爱生活的人	四年级	第二学期	（1）学习理解水资源对人类的重要性，并结合实际开展节水活动。 （2）小手牵大手，将“循环用水”的理念进行宣传教育活动，以实际行动珍惜水资源。 （3）了解污染产生的原因，学习如何在生活中减少排放，从而减少对环境的污染	语文： “祖先的摇篮” 数学： “节水问题” 英语： “How Do You Feel” 品社： “壮丽的山河” “一江春水向东流” 音乐： “叶儿船” “春雨” 美术： “卷纸造型” 自然： “废弃物无处不在” “能量的来源”	生态校园： “森林王国” “滴答滴答下雨了” “大家一起做环保” “垃圾” “城市的固体废弃物” “可怕的白色污染” “我们的教室” “太阳是万物之源” “大自然，请息怒” 快乐百科： “地球之肺——热带雨林” “温室效应” “热岛效应” “东北虎” “猎豹” “健康杀手——雾霾” 环保大行动： “清洁教室卫生活动”	（1）每年结合3月22日世界水日进行宣传，征集宣传口号和节水金点子活动。 （2）开展“童心同力，共护水资源”主题班会。 （3）结合“六一”儿童节，开展水资源知识竞赛和绘画比赛	升旗仪式 宣传版面 校园环保设施	节能小达人

续表

培养目标	年级		分年级要求	课程实施途径				评价标志
				基础型课程	拓展探究课程	主题实践活动	隐形课程	
学会环保，让我们的家园绿起来，做一个热爱生活的人	五年级	第一学期	（1）养成良好的环保习惯，自觉维护学校每一处地方的环境卫生。 （2）掌握环保知识和环保技能，培养节能生活意识。 （3）积极参与环保实践及环保宣传活动，感受自然环境与生活的联系，对一些有害环境的行为能主动加以制止，使学生自觉养成“举手之劳做环保”的好习惯	语文： “采蒲台的苇” “林海” “蛇与庄稼” “穿越维也纳森林” “小鸟，请原谅我” “快乐的杉树林” 数学： “小数应用——水、电、天然气的费用” 英语： “Water” “Wind” “Fire” 音乐： “庆丰收” 美术： “玩偶巧制作” 自然： “植物的作用——森林和海洋植物的作用” “植物的作用——水土保持和水循环” “天气——海洋与天气、大气层” “天气——气温、全球范围的气温” “天气——自然界里的水循环” “天气——变化的气候” “常见的化学物质”	生态校园： “生命之源——水” “地球上的水” “清清水世界” “节约用水　从我做起” “家庭节约用水” “生活中的一次性用品” “保护环境从小事做起” “穿衣与环保” “饮食与环保” “生活处处有环保” 快乐百科： “水——生命之源” “低碳生活” “核能发电” “石油” “地震” “海啸” “飓风” “鸟——人类的朋友” 环保大行动： “清洁教室卫生活动”	（1）创意树叶画展。 （2）绘制环保宣传画。 （3）种植活动，为班级增添绿色，写种植日记并美化	升旗仪式　宣传版面　校园环保设施	环保小标兵

续表

培养目标	年级		分年级要求	课程实施途径				评价标志
				基础型课程	拓展探究课程	主题实践活动	隐形课程	
学会环保，让我们的家园绿起来，做一个热爱生活的人	五年级	第二学期	（1）自觉维护学校每一处地方的环境卫生，形成较强的环境意识、环境道德品质和行为规范。 （2）能利用信息技术，初步学习探究与我们日常生活最密切相关的主要环境问题，关注身边的环境。 （3）掌握环保知识和环保技能，倡导节能生活，自觉从身边小事做起，学习变废为宝，积极参与环保实践活动崇尚绿色文明，培养学生争做一个热爱生活的人	语文： “蝴蝶泉” “美丽的冰城” 品社： “从依附自然到利用自然，与自然共生” “环保从身边做起” 音乐： “采一束鲜花” “甜甜的大家园” 美术： “美丽的水乡” “日出的感受” 自然： “动物迁徙与自然”	生态校园： “环境污染” “环境污染的危害” “环境污染及其治理” “环境污染与保护” “走进湿地” “农药带给我们什么” “化肥带给我们什么” “土地是人类的母亲” “变废为宝——争当环保小卫士” 快乐百科： “地球之肺——热带雨林” “温室效应” “热岛效应” “东北虎” “猎豹” “健康杀手——雾霾” 环保大行动： “清洁教室卫生活动”	（1）开展变废为宝活动。 （2）种植活动，为班级增添绿色，写种植日记并美化。 （3）开展“我为环保献一计”好点子征集活动	升旗仪式 宣传版面 校园环保设施	环保小标兵

四、“学会环保”校本课程的实施

1. 课程开发

课程人员根据学校“基于培养学生核心素养的‘快乐五会’课程体系”开发要求，结合学校已有的课程基础，开发和设计本课程的方案，逐步建立起课程群。

2. 课程实施途径

本课程紧紧围绕生态校园建设，以“学会环保”为要求，从以下几个方面开展课程的实施活动：

(1) 组织基础型课程教师对各自学科知识进行分析研究，整理出与“学会环保”相关的教学内容，将学科教学知识加以拓展。如在自然学科重点加强其相关内容的教学活动，作为“学会环保”校本课程的补充和渗透。

(2) 充分利用学校的拓展型和探究型课程开展课堂教学的实施活动，特别是在探究课的生态校园课程中进行环保知识的教育教学工作。

(3) 将课程内容与学校开展的主题活动紧密结合，如“学会环保”主题活动、科技节、主题队会等。同时将学校主题活动系统化和整体化，使活动上升为课程。

(4) 与学校的特色课程紧密结合，如与“快乐吾会”午会课程中的快乐百科中的一部分、快乐环保大行动等内容结合，将其作为学生学会环保的实践部分。

(5) 将学校的环境宣传、环境设施、校园绿化等作为“学会环保”的隐形课程内容，对学生进行环境熏陶、文化感染。

(6) 结合社会发展形势和学生核心素养培养要求，结合校内外环保教育教学资源，积极开发与之相关的课程，共同组成“学会环保”课程群。

3. 课程教学

(1) 积极开展“学会环保”课程的研究，保证实施教师的研究时间、研究空间，明确课程目标和要求。

(2) 开展“学会环保”课程的教学展示、研讨等活动，加强学科教师间的相互学习、相互交流和相互探讨，提高教育教学质量。

(3) 对课程教案、活动方案、上课情况进行检查，及时向教师反馈教学中存在的问题，提高其教学效果。

(4) 加强课程档案建设，搜集整理好课程开发中的资料。资料包括教师汇编的教材、撰写的教案、教学用的教具和学具、多媒体课件、学生练习材料和学生作品等。

五、“学会环保”校本课程实施原则

1. 整体性原则

“学会环保”校本课程实施要始终围绕课程目标展开，关注到学会环保整体的教育结构。在实践过程中应纳入学校的“快乐五会”整体教育教学工作中，相互联系，相互渗透，着眼于学生的全面发展，注重能力的培养，素质的提高，核心素养的发展。

2. 实践性原则

“学会环保”校本课程的实施，要开展大量的调查、搜集、整理等实践活动，不仅要结合环保教育内容，而且要充分体现出“五育并举”的教育思想，让学生自我体验，自我实践，才能有所感悟，有所提高，有所发展。

3. 主体性原则

尊重学生的主体地位，激发和调动学生自我提高发展的积极性和创造性，满足学生自我发展的需求。

4. 发展性原则

充分尊重和满足学生个性差异，以学生核心素养发展为前提，通过课程的实施，使学生个性和人格得到更充分、自由的发展。

5. 激励性原则

在实施“学会环保”校本课程中，教师可以采取评价单的形式，让每一个学生收获经验，更收获成功，在原有水平上有新的发展。

六、“学会环保”校本课程评价标准

1. 评价维度的重构

“学会环保”评价方面随着目标和内容的调整发生相应的变化。我们将其调整为五大评价标志：清洁小能手(一年级)、护绿小卫士(二年级)、宣传小先锋(三年级)、节能小达人(四年级)、环保小标兵(五年级)。调整对应五大标志设置评价的要求和标准,将核心素养的渗透落实到点。

2. 评价标准的细化

随着评价标志的改变,"学会环保"实施评价标准发生相应的调整。现在根据评价标志,我们在一个年级集中揭示评价点,不求面广,力求针对性。突出各年级评价侧重点,为学生建立起更加全面的课程体验和积极评价。

3. 评价形式的改变

学校为了很好地反映课程要求、活动内容、评价结果的三位一体,避免将评价的结果和过程性资料割裂开来,我们设计出评价册,可以直接反映学生一个学期的活动要求、活动记录和活动成果评价。目前我们确立了争章标志:"从小苗长成参天大树",动态反映学生学习成长的过程。每个年级的评价形式向符合学生年龄特点、符合课程内容、符合多样化进行改变。评价手册中量化的指标鲜明地反映出学生的课程学习情况,记录着学生成长的每一步,取得的每一个收获。

七、"学会环保"校本课程实施效果

1. 从零星课程向课程群建设发展,提高教师课程开发能力

我们从教育活动、校本课程,逐步上升到校本课程群作为研究视角。我们发现作为"学会环保"的校本课程,仅仅只有一个"生态校园"课程是不够的,应该是多个课程的集合,建立起课程群。我们前后开发了"纸的艺术"校本课程、加入"木工坊"课程和"垃圾分类"课程。完善了学校"快乐吾会"午会

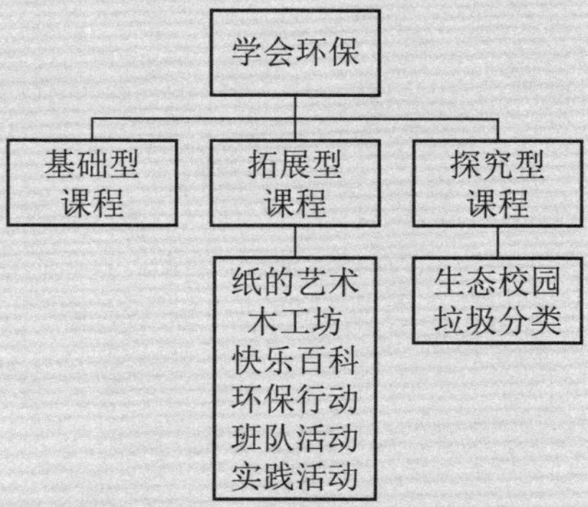

图 1-6　"学会环保"课程框架

课程中“快乐百科”和“快乐环保行动”等部分。整个课程群主要落实在拓展型和探究型两类课程中。同时，我们将学校的升旗仪式、宣传版面、校园环保设施等作为隐性课程，和基础型课程一起作为“学会环保”的渗透性和补充性部分，逐步建立起“学会环保”课程框架。

2. 从碎片活动向系列活动发展，提高教师教育执行能力

学校的学会环保主题活动随着课程内容的调整发生相应的变化，将常规活动与主题活动有机结合。常规活动系列化：我们重新确立每个年级的活动侧重点，从清洁、护绿、宣传、节能、环保等五大方面整体设计一至五年级活动内容，保证我校学生五年学习活动中获得全面的实践体验。尤其是在低年级，我们增加劳动教育的相关内容，指导学生获得劳动技能，如扫地、擦黑板、排桌椅等学生力所能及的劳动项目，弥补劳动教育方面的缺失，提高学生劳动技能，为环保工作奠定基础。主题活动整体化：每个年级在各自的主题活动中有意识开展环保活动，及时反映各年级开展活动情况和成果。

3. 从单一课时向多种课时设置变化，提高课程实施的灵活性

“学会环保”课程课时设置体现多样化，我们将长期课程与短期课程有机结合。“生态校园”作为探究型课程，我们安排在一至五年级每周一节的探究课中；“垃圾分类”课程学校则安排在一年级和三年级探究型课程中；“纸的艺术”安排在一至五年级的拓展型课程内，在低年级作为限定型拓展课，到了中高年级作为选择型拓展课。这些安排既保证了学生基本技能的学习，又考虑到了学生的兴趣爱好。“木工坊”课程主要设置在四年级集中进行，分文化课和实践课两大部分。“快乐百科”和“环保行动”安排在周四和周五的午会课，虽说是20分钟的小课，我们同样有具体的教学材料，并整理成册，课程贯穿于整个学年。

4. 从校内资源向校外资源拓宽延伸，提高课程内涵的丰富性

学校课程的开发、课程群的建设都是基于学校发展需要、学生发展需求和教育资源进行的。“纸的艺术”课程开发就是在本项目负责人的带领下，集中本校师资力量共同研发而成。我们不仅把目光集中的校园内，更把视线转向校外，充分挖掘可利用资源。我

们与区青少年探索营合作，借用校外资源，引入“木工坊”课程，以此弥补学校课程资源不足的情况。

5. 从被动参与到主动参加环保课程，师生环保意识和能力得到提高

（1）发挥隐形课程作用，提高环保意识。

学校利用一切教育机会、教育场所开展环境教育活动，把环境宣传作为环境教育的切入点，在校园内设立环保教育宣传栏、环保宣传标语（牌），在班级进行环保板报竞赛，不断为环境教育营造浓郁的氛围。每周升旗仪式讲话的内容有许多结合环保内容展开，加入“珍惜地球上的水资源”“让校园充满绿”等内容，充分让环保隐形课程发挥积极作用，使环保教育渗透进校园生活，提高师生的环保意识。

（2）发挥主题活动作用，提高环保能力。

每年结合“师德节”“爱生月”“植树节”在教室里、教师办公室摆上绿色盆景，同时引导学生积极参与植绿护绿，每个班级和教工会组室都有属于自己的校园护绿区域。每一年的校科技节主题都会有所变化，但环保活动中有一些内容却是常规性的传统项目，如“变废为宝”制作大赛、“环保金点子”评比等。每一届都有不同的环保主题，如“我收获、我快乐”的植物种植大赛、“疯狂科学秀”、“植物辨认大赛”等。2019 年学校科技艺术节就以“拯救地球母亲，我们在行动”为分主题开展系列活动。一年级：“每天种下一棵树”——针对土地沙漠化；二年级：“天空中的那抹蓝”——针对大气污染；三年级：“守护海洋世界”——针对水体污染；四年级：“垃圾分类　环保新时尚”——针对土壤污染；五年级：“太空，我们的距离有多远”——针对太空污染。引导学生“珍爱美丽地球，守护自然资源”，学习和实践先进的科学知识与技能，保护绿色家园。学校一系列主题实践活动促进学生对环保认知的增强、意识的提升、能力的提高。

（3）发挥课程评价单作用，提高环保水平。

“学会环保”校本课程修改了课程内容和评价单后，对于学生

的教育教学要求和标准更加清晰，学生的活动积极性也随之提高。课程要求与日常环保行动紧密结合起来，使课程内容和活动要求更加有针对性，改变以往比较空洞的评价方式，运用说说、连连、勾勾、画画、写写等多种形式，调动学生多种感官参与评价活动。这些更加有利于教师指导学生的活动，将活动要求、课程内容和课程目标充分贯穿于整个学习过程中。

3. 聚焦核心素养发展，完善了已有校本课程

与此同时，我们本着“学生的合理需求就是校本课程开发的第一要素”原则，对已有校本课程进行管理，从“素养目标分解”“课程内容具化”“质量评价标准”等角度进行细化、补充和完善，使之纳入“快乐五会”校本课程体系中。

例如，我们对“生态校园”“走遍中国”“红十字”等校本课程补充和完善，形成了课程谱。

表 1-12 “生态校园”课程谱

年级	素养目标分解	课程内容具化	质量评测标准
一年级	养成对周围事物和现象的好奇心，乐于尝试、主动探索	(1) 餐桌上的剩菜 (2) 水龙头别“流泪” (3) 一度电的用途 (4) 一件衣服穿多久 (5) 铅笔的对话 (6) 说话包装 (7) 过个环保的春节 (8) 保护人类的朋友	(1) 学生在日常生活中对新鲜事物有好奇心。 (2) 学生能被探究主题吸引，有主动探究的兴趣
二年级	亲近周围的自然环境，考察周围的社会环境，关注自我，关心社会，知道保护自然环境和社会发展人人有责	(1) 小树的“哭”声 (2) 大树爷爷多少岁 (3) 大树的功劳 (4) 我与绿荫交朋友 (5) 小草的微笑 (6) 保持环境卫生 (7) 爱我校园 (8) 生命与绿色同行	(1) 学生能在老师指导下积极主动体验探究过程。 (2) 学生能主动亲近自然，关心身边的人和事。 (3) 学生对日常生活中的事物和现象有探究的兴趣与想法

续表

年级	素养目标分解	课程内容具化	质量评测标准
三年级	初步形成乐于合作、主动与人交流的合作态度和精神	（1）空气与人的关系 （2）为被动吸烟者呼吁 （3）汽车尾气与绿色出行 （4）大气污染的危害 （5）噪声与人类健康 （6）噪声污染及其防治 （7）废旧电池危害大 （8）固体废物污染及其防治	（1）学生在小组合作学习中能尊重同学，友好分工，合作完成探究任务。 （2）学生能围绕探究任务简单开展调查、采访等活动。 （3）学生在探究活动中，能听取他人的意见；遇到困难，能虚心主动向他人请教
四年级	能围绕探究主题查阅资料，收集信息； 学会简单处理和运用信息	（1）地球上的水 （2）随着水滴去旅行 （3）节约用水　从我做起 （4）家庭节约用水 （5）生活中的一次性用品 （6）白色污染 （7）穿衣与环保 （8）饮食与环保	（1）学生能按照要求查阅资料、收集信息。 （2）学生能在教师引导下简单处理和运用信息
五年级	培养观察、调查等基本探究技能，运用技能尽力做到科学、规范； 培养简单的分析、解决问题，收集资料，处理和运用信息的能力	（1）走进湿地 （2）农药带给我们什么 （3）土地是人类的母亲 （4）绿色文明（保护植物资源） （5）战胜天灾（自然灾害与减灾） （6）人口发展（人与自然协调发展） （7）可持续发展（永恒的追求） （8）为了健康（我们周围的环境）	（1）学生有运用方法来解决问题完成探究任务的意识。 （2）学生能运用简单的探究技能进行探究活动，并运用记录学习单辅助探究活动。 （3）学生有简单的收集、运用和处理信息的能力。 （4）学生能正确表述自己的观点，表达探究结论

设计：王芳

表 1-13 “走遍中国”课程谱

年级	素养目标分解	课程内容具化	质量评测标准
一年级	善于发现问题有探究想法； 对日常生活中的事物和现象有好奇心，充满探究兴趣	(1) 我们的学校 (2) 我们的校史 (3) 上海童谣 (4) 弄堂游戏活动 (5) 传统节日：春节 (6) 传统节日：元宵节 (7) 传统节日：清明节 (8) 传统节日：端午节	(1) 学生在日常生活中对新奇事物和现象有探究想法，有解决问题的意愿。 (2) 学生能被探究主题吸引，愿意主动探究
二年级	能发现问题、提出问题，培养初步的问题意识和提问能力	(1) 静安区之最 (2) 静安阿拉街特色探究 (3) 静安优秀历史建筑 (4) 静安名人故居探究 (5) 走进“好八连” (6) 探究中国版图 (7) 探究中国之最 (8) 探究中国民乐	(1) 学生在探究活动中能在老师创设的情境下能发现问题、提出问题。 (2) 学生能在老师的指导下围绕主题提出问题，不偏离主题
三年级	培养简单的分析、解决问题，收集资料，处理和运用信息的能力	(1) 台湾当地文化 (2) 台湾荷兰殖民时期文化 (3) 台湾布袋戏 (4) 台湾客家油纸伞 (5) 探究云南概况 (6) 探究云南少数民族 (7) 探究云南名城 (8) 探究云南工艺	(1) 学生有运用方法来解决问题完成探究任务的意识。 (2) 学生能运用简单的探究技能进行探究活动，并运用记录学习单辅助探究活动。 (3) 学生有简单的收集、运用和处理信息的能力
四年级	乐于合作、主动与人交流，形成合作与分享的意识，提高分享的能力	(1) 上海城市建筑 (2) 上海桥梁 (3) 上海航运中心 (4) 上海金融中心 (5) 探究湖南概况 (6) 探究湖南名人 (7) 探究湖南名胜 (8) 探究湖南民俗	(1) 学生能小组分工、合作完成探究任务。 (2) 学生能围绕探究任务积极开展探究活动。 (3) 学生有合作意识，能倾听别人的意见，发表自己的看法，相互交流

续表

年级	素养目标分解	课程内容具化	质量评测标准
五年级	培养学生严谨、科学的探究态度，养成良好的探究习惯，形成实事求是、坚持不懈的探究精神	(1) 北京皇家气派 (2) 北京胡同春秋 (3) 京腔京韵 (4) 北京传统工艺 (5) 探究西安 (6) 探究西安历史人物 (7) 探究西安工艺 (8) 探究西安民俗	(1) 学生在探究主题活动中能正确表达自己的观点。 (2) 学生在探究主题活动能简单概括表述探究过程和结果

设计：王芳

表 1-14 "红十字"课程谱

年级	素养目标分解	课程内容具化	质量评测标准
三年级	初步了解"红十字"的宗旨； 了解和掌握保护人的生命和健康的方法； 分工合作，分享知识，主动学习，乐于思考	(1) "红十字"的诞生和历史发展 (2) "红十字"标志解析 (3) 中国红十字会 (4) "红十字"青少年 (5) 培养自我保护意识 (6) 了解急救 (7) 食物中毒的预防 (8) 控盐	(1) 参与整个学习过程，能阐述自己的观点，能与同学合作、探讨，学习积极性较高。 (2) 思维灵活，有自己的见解，创新意识较明显
四年级	动起来，玩起来，具有探究兴趣，主动探索红十字的宗旨和精神； 掌握生命保护和身心健康方面的技能和技巧； 培养革命的人道主义精神	(1) 天天吃早餐 (2) 制定一周早餐食谱 (3) 营养午餐 (4) 营养晚餐 (5) 香蕉听话，别熟那么快 (6) 保鲜橘和染色橙 (7) 草莓个大畸形≠含"膨大剂" (8) 夏季莫贪吃冰西瓜	(1) 积极参与整个学习过程，大胆地阐述自己的观点。 (2) 善于与同学合作、探讨，能够听取同学的见解，整合成小组的学习成果

设计：洪潮

三、探索了基于学生核心素养发展的“快乐五会”校本课程建设的多向途径

途径1 创意整合

西三探索“快乐五会”校本课程群与基础型学科的整合，尝试开发课本剧、绘本创编、趣味配音等校本教育资源，补充和完善基础学科的学习内容，扩大学生的知识容量和学科视野，发挥学生的个性和创造力。有些课程弥补了国家与地方课程教育内容不足的局限。

[校本课程研究案例1]

在创编课本剧中提高学生的语文核心素养

——《小壁虎借尾巴》课本剧的实施

执笔：虞 吉

一、“语文课本剧”课程研究背景

在“快乐五会”教育背景下，我们在语文教学中开发课本剧表演这一校本课程，探索课本剧的创编，使创编活动课程化，让学生在阅读、思考、编写、表演中，产生对语文的学习兴趣，锻炼运用语言的能力，发展思维创新能力，提高审美鉴赏的水平，理解传承中华文化，提升语文核心素养，逐渐树立文化自信。

二、“语文课本剧”表演篇目序列

一年级：《咕咚来了》《动物的脚印》《小壁虎借尾巴》。

二年级：《沙滩上的童话》《小马过河》《羿射九日》。

三年级：《一块奶酪》《胡萝卜先生的长胡子》《司马光》。

四年级：《西门豹》《小英雄雨来》《海的女儿》。

五年级：《将相和》《猎人海力布》《晏子使楚》。

三、“小壁虎借尾巴”课例研究

一年级结合语文学科的《小壁虎借尾巴》教学，我们尝试了课

本剧。老师根据舞台演出效果的需要以及人物形象塑造的需要，要求小演员们合理大胆地创编剧本。学生们增添了春天的歌曲《小燕子》和《虫儿飞》，创编了有感染力的舞蹈动作，合理地续编了课文的结尾，向大家说明了文章所含的道理，小演员们在家长开放日和迎新活动中展现了最好的自己，同时也提高了团结合作的精神和审美鉴赏的水平。以剧中第四幕和第五幕为例：

第四幕：向燕子借尾巴

旁白：小壁虎爬呀爬，爬到房檐下。他看见燕子摆着尾巴，在空中飞来飞去。

儿歌《小燕子》合唱：小燕子穿花衣，年年春天来这里，我问燕子你为啥来，燕子说这里的春天最美丽。（小燕子做飞的动作上场，小壁虎做爬的动作。）

小壁虎："燕子阿姨，您好，您把尾巴借给我行吗？"

燕子："不行啊，我要用尾巴掌握方向呢。"（摆摆手，下场。）

小壁虎："哦，再见，燕子阿姨。"

燕子："再见，小壁虎。"

第五幕：小壁虎回家

旁白：小壁虎借不到尾巴，心里很难过。他爬呀爬，爬回家里找妈妈。

《虫儿飞》：黑黑的天空低垂，亮亮的繁星相随，虫儿飞，虫儿飞，你在思念谁，天上的星星流泪，地上的玫瑰枯萎，冷风吹，冷风吹，只要有你陪。（小壁虎做垂头丧气的动作）

（壁虎妈妈上场。小壁虎一边哭一边走向妈妈。）

妈妈："孩子，怎么了？怎么哭得这么伤心？"（亲切地抚摸着小壁虎的头。）

小壁虎："妈妈，我的尾巴被蛇咬断了，我去和别人借，他们都不肯借给我。"（哭的动作。）

妈妈："傻孩子，别哭了，你转过身子看看。"（温柔地说。）

（小壁虎转过身子一看，边拍手边跳。）"哦，太棒了！我长出一条新尾巴了！"

妈妈:"孩子,妈妈告诉你,我们壁虎的尾巴断了是可以再生的。遇到危险,我们可以利用这一点逃生。"

小壁虎:"妈妈,我懂了,我们壁虎拥有神奇的尾巴,我太高兴了!"

全体齐跳壁虎舞。

四、"语文课本剧"课程实施感悟

课本剧的演出不仅使学生和观众对作品产生直观的感受,更重要的是对学生的心理、意志、情感、精神等方面有深刻的影响。课本剧作为语文教学的重要辅助手段。编好剧本是基础,排练是保障,演出是展示。"编、排、演"三部曲,一气呵成。学校一年级到五年级都有一系列的编演课本剧课程,它们对培养学生的语文素养和提高学生的语文学习能力有重要作用,成为语文教学中最为重要、最为活跃、最有生命力的组成部分。

[校本课程研究案例 2]

绘本课程激活学生创造力

执笔:陈玉洁

一、"数学绘本课程"开发背景

当"校本课程"一词兴起,各种原本属于课外的阅读知识逐渐被唤醒,课堂教学迎来一个全新的格局。数学绘本也被纳入学校"悦享数学"课程内容中,成为学会阅读提问、激活创新思维、发展核心素养的重要载体。

二、"数学绘本课程"课时设置

五年级的"悦享数学·数学绘本"拓展课程,由浅入深,将课程内容系列化,引导学生综合应用知识,培养学生创新意识。课程实施共 5 个课时。课程内容由浅入深,有机联系。内容包含:什么是绘本(0.5 课时)→数学绘本欣赏(0.5 课时)→构成数学绘本三元素

(1课时)→数学绘本创编(2课时)→点评我们的绘本(1课时)。

三、“数学绘本课程”实施效果

《吨、千克、克三兄弟》是学生创编的优秀绘本。它描述千克和克自吹自擂,贬低对方,结果遭遇无法称重的尴尬局面。经过吨大哥说服教育,三兄弟握手言和,默契配合,成为称量物体的重要单位。教师不仅组织学生欣赏、点评作品,引导他们欣赏借鉴、批判质疑;还联合英语、音乐学科老师,将绘本改编成英语小品表演剧目,极大地鼓舞了学生。绘本创编,让学生经历数学知识筛选、绘本故事构思、创意表达写作、图文编辑美化、中英语言翻译、创意情境表演,充分调动学生多元智能、优势智能,最大限度地发挥出学生潜能,让每一位学生成为真正的探索者、创造者。

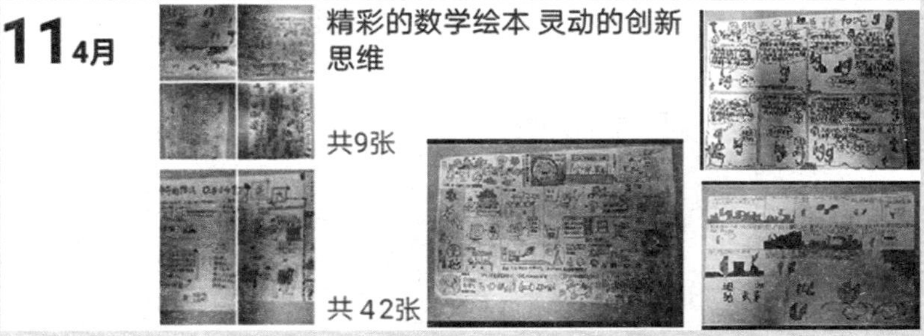

图 1-7　学生数学绘本展示微信截图

[校本课程研究案例 3]

Fun Dubbing　Fun Life(趣味配音　趣味生活)

执笔:唐文洁

一、“英语趣味配音”课程背景

在课程改革当中,英语课程提出了从过去重视语言知识和语言技能的双基目标转向了多元的综合目标，核心素养的养成引发教师对课程内容的重新思考和对教学方式的进一步优化，开始重视英语课程对学生思维能力的培养，充分创设语境，关注语篇意义，将对学生情感态度价值观的培养落到实处，积极引导学生发展运用英语分析问题和解决问题的能力。由此学校为三年级学生开设了"英语趣味配音"的课程内容，成为学校龙头课题"五个学会"引领下的"快乐ABC"英语拓展课程内容序列化的一部分。

二、"英语趣味配音"课程特点

以培养学生英语学科核心素养为目标，根据学生年龄特点和认知水平，搜索App中海量的英语影片、卡通视频，引导学生根据星级自由选择配音难度，反复练习，丰富学生的学习经历，加深学生学习英语的情感体验，促进学生自主学习，加强学习动力。

三、"英语趣味配音"课程实施

在课程的实施过程中，我看到了孩子们一张张快乐的笑脸，看到了他们因为成功而喜悦地蹦跳着。团队合作选择大家喜欢的作品，难易程度由团队决定，角色分配由自己做主。孩子们的表演光彩夺目，他们努力向前，认真完成任务的团队精神更是让人赞赏。

班级里有这样一队特殊的组合，成员有学习成绩有待提高的，有调皮捣蛋的，有木讷内向的，这些孩子都是在组队中"不被挑选"的孩子。别的组合欢声笑语，这个组合却是唉声叹气，觉得他们的任务无法完成。我走进这个组，首先让学生互相找找优点特长，很快大家发现调皮捣蛋者语言能力强；成绩有待提高者是个十足的"戏精"，表演能力强；木讷内向者信息技术好。这样一来，很快大家的信心就增长了起来，推选调皮捣蛋的孩子做组长，负责组织安排，辅导台词。身上有了担子他就对自己要求严格了起来。"戏精"负责大家的表演。大家一致挑选了二星的配音作品，形成了一致的目标——成为更好的自己。

四个星期的时间，孩子们各司其职，一遍遍地练习，一次次地配合，笑声也慢慢从这个组里传出来。最后的汇报展示，虽然他们不是最好的，但是他们完成度非常高。他们还约好要挑战三星、四星的作品。我想，这就是成功吧！

图 1-8　英语趣味配音戏剧表演

途径 2　活动体验

把握校学科节活动、社会考察、主题参观、“N 项活动”等契机，西三创编课程，建设校本课程活动体系，在活动中探究、在活动中育人。活动课程开启了民族文化探索之旅，激发了学生学习的热情。

[校本课程研究案例 4]

“春节嘉年华”活动课程品文化

执笔：石　蓉

一、“春节嘉年华”活动课程背景

中华优秀传统文化是中华民族的“根”与“魂”。学生的核心素养需“植根”于中华优秀传统文化，体现中华民族之“魂”。学校要以节为媒，组织开展形式多样的校园文化与传统文化融合的活动，让学生感知、认可、践行中华优秀传统文化。

二、课程开启民族文化探索之门

结合传统春节,学校开展了"学会提问"课程中的"年俗之问",展开了"春节嘉年华"系列活动。一年级"食文化"课程听学生绘声绘色说春节美食的诱人。二年级"知文化"课程听学生娓娓道来,讲春节习俗故事。三年级"生肖文化"课程观赏学生"十二生肖大比拼"DIY作品。四年级"年画文化"课程挖掘学生对传统文化价值的认识。五年级"年味摄影"课程品味学生灵动思维一瞬间。

课程系列活动积聚育人力量。孩子们的"优秀节目表演""材料创新作品""年味摄影照片""年画研究报告"在开学典礼、校班队会、底楼大厅得到展示。这些作品成为最鲜活、受欢迎的课程教材,激发了孩子深入探究的兴趣,为孩子开启了博大精深的本民族文化探索之门。

[校本课程研究案例5]

校园艺术节融入生态文明教育

执笔:王琳红

2019年第二学期,学校开展一年一度的校园艺术节。艺术节的系列活动是学校"学会环保"校本课程群有效实施的重要环节。我们紧密联系学生的实际,融入了生态文明教育。通过丰富多彩的艺术科技课程,引导学生"珍爱美丽地球,守护自然资源",学习和实践先进的科学知识和技能,保护绿色家园。

一、艺术节生态课程渗透核心素养教育

一年级开展了"土地沙漠化·每天种下一棵树"活动课程;二年级开展了"大气污染·天空中的那抹蓝"活动课程;三年级开展了"水体污染·守护海洋世界"活动课程;四年级开展了"土壤污染·环保新时尚"活动课程;五年级开展了"太空污染·太空,我们的距离有多远"活动课程。

二、艺术节学生作品成为校本课程资源

艺术节中，我们展开了丰富多彩的赛事活动。班班参赛的黑板报成为“保护生态”的德育课程；“垃圾分类知识竞赛”校园直播成为学生热爱的环保课程；“生态创意绘画比赛”作品成为学生的艺术课程；科学实验比赛成为学生的科技课程……

师生在活动中共同提升对艺术的鉴赏力、对科学技术的创新力和环境保护的自觉力。学生在丰富多彩的主题活动中体验，潜移默化地提高了个人综合素养。

[校本课程研究案例 6]

体验促成长，实践助梦想

执笔：孙　敏

一、“N 项活动”——“生涯教育”课程背景

随着社会经济的不断发展，促进学生生涯发展成为学校教育改革的新驱动。学生发展涵盖了生活、生涯与生命主题的发展认知以及相关能力素质提升。小学阶段是职业生涯规划教育的启蒙阶段。小学生涯教育主要引导学生认识职业的类型，感知自己的兴趣、爱好、能力、特长，为今后的职业志向或目标起引导作用。

我校的“快乐五会”校本课程体系，巧妙地借用区域“N 项活动”的教育资源，弥补国家与地方课程的不足。静安区的“N 项活动”系列，提供了丰富的课程菜单，让学生走出封闭式校园，到社会大学堂去学习。“N 项活动”之一职业体验活动课程，有效弥补了国家与地方课程有关生涯教育方面教育内容不足的局限。

二、“N 项活动”——“生涯教育”课程实施

根据一、二年级学生年龄特点，考虑到趣味性、安全性、自主性等综合因素，学校的“N 项活动”选择了“立秀宝儿童社会体验小镇”开展低年级的学生职业体验活动。“立秀宝”内设 51 个实景场

馆，有急救员、营业员、消防员、播音员、空乘服务员等75个职业可供体验。学生在实景场馆内，以6—8人小组为单位，主要通过角色扮演的实践活动形式，选择感兴趣的职业进行体验，在实践中初步了解所体验职业的工作内容，感知不同职业所具备的能力，合理支配货币，促成理性消费观念。

这样的"N项活动"，让学生对自己身边的多种职业有了更进一步的了解。对于生活中一些不常见职业如宇航员、法官等，学生也能够打开它们"神秘的面纱"，通过角色扮演的形式了解其工作内容。在实践体验过程中，学生得以更好地认识自我，增强对未来职业的规划。

三、"N项活动"——"生涯教育"课程效果

"N项活动"课程系列，有效整合、开发社会资源，使学校的教育有效延伸和补充，让学生夯实文化基础，体验自主发展，理解社会概念，全方位发展学生核心素养。

途径3　文化熏陶

智慧校园建设最终要落实到学生的发展，关注学生核心素养的形成。西三布局优美的校园环境，为学生提供自由探索的氛围和动力，给学生带来美学熏陶，使之成为学生成长体验的极佳课程之一。走进校园，古拙有趣的"文化墙"，熠熠生辉的"校训雕塑"，诗情画意的"屋顶花园"，妙趣横生的"生态池塘"，播种梦想的"成长竹"，苍翠挺拔的"立志松"……优雅的环境使西三师生心灵得以净化。书香四溢的亲子阅读广场，古朴雅致的文化厅廊，励志的名人长廊，积淀厚重的校史室，让师生享受和谐文化的濡染与浸润。班班图书角、板报栏、植物台的个性设计，亮出特色；科学探索电子阅览室、"快乐畅想"广播台、"聆听阁"心理屋，给孩子以表达和宣泄的空间……融厚重历史底蕴和时尚现代气息于一体的校园，以其优雅的外在和特有的内涵成为师生学习、探究、实践的乐园，成为渗透"五个学会"的隐形课程。

图 1-9　校园一角

途径 4　拓展时空

西三尝试开辟“微课程”“公众号”“故事吧”等网络平台，推送校本课程资源，拓展学生学习时空，引导学生有效学习、展示自我。学生在网络虚拟的课堂中，获得更多的信息和资源，学到更多的知识和本领。

［校本课程研究案例 7］

在微课程中渗透环保创新意识

执笔：沈　琦

每年的科技节是学生期盼的节日。围绕"学会环保"目标，结合"时间的初步认识"教学，数学老师借助家长资源，在微信中分享如何用圆规、彩笔、剪刀将废纸制作成钟面的视频。孩子们受到启发，个个动手动脑，运用所学的知识，创新思维、积极实践。

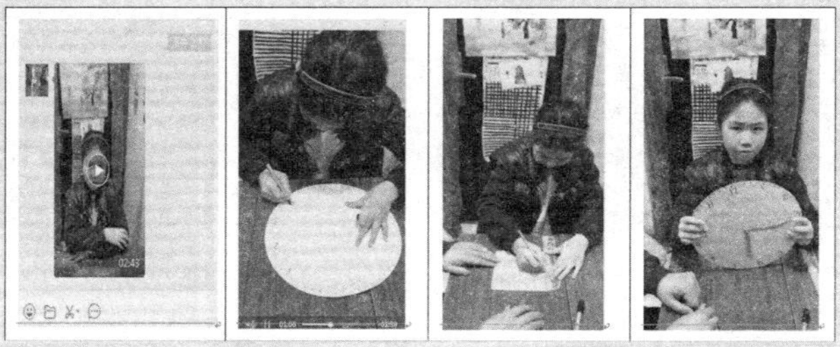

图 1-10　学生钟面制作视频微信截图

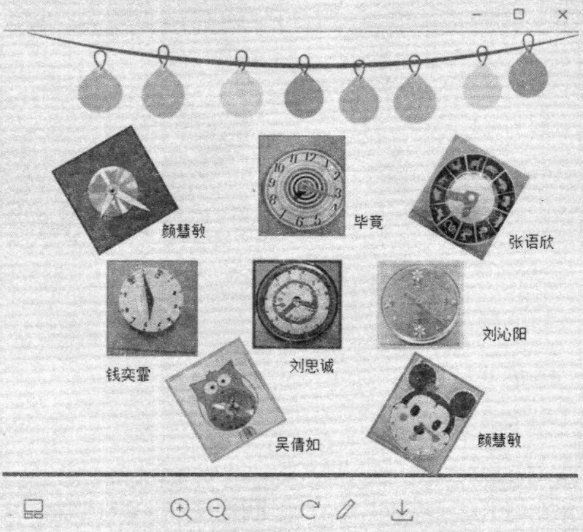

图 1-11　学生钟面制作作品

微信让学生大显身手。孩子们的成品钟上有可爱的猫头鹰、调皮的小蜗牛、活泼的米老鼠，还有金灿灿的向日葵等。每一个时钟都凝聚着孩子们的创造和智慧。微信推送校本课程建设，丰富了校园文化。个性化作品展示也让师生认识到废物利用、资源再造、减少浪费是保护生态环境的重要方法，提高了广大师生的节约意识、环保意识和废物回收利用意识。

[校本课程研究案例 8]

心随数动，数彩飞扬

——校园数学公众号课程设计

设计：陈玉洁

同学们，春天的花儿已经竞相开放了，美好的景色令人遐想。相信没过多久，我们就能在校园邂逅，重温朗朗书声，一起快乐运动，尽享校园生活之乐啦！现在我们宅家同样可以泛游数海，细细品味数学妙趣，感受数学无穷魅力。

数“说”宇宙——品名人名言

数学照亮宇宙，人类创造世界。数学已经渗入数学以外的其他学科和我们的生活，它改变了我们人类生产生活方式，对人的思

图 1-12 公众号展示数学家名言

想观念和思维方式也产生了潜移默化的影响。让我们一起来品读名家名言。

数"学"精神——读欧拉的故事

欧拉(公元1707—1783年),18世纪优秀的数学家,也是历史上伟大的数学家之一。

小时候的欧拉,特别喜欢数学,不满10岁,就开始自学《代数学》。由于勤奋努力,欧拉13岁就进巴塞尔大学读书,这在当时是个奇迹,轰动了数学界。

欧拉渊博的知识、无穷无尽的创作精力和空前丰富的著作,令人惊叹不已!他是科学史上最多产的一位数学家,一生写下大量书籍和论文,内容涉及代数、数论、几何、物理力学、天文学、弹道学、航海学、建筑学……

欧拉精神值得后人敬仰和学习。1771年,彼得堡的大火殃及欧拉住宅。欧拉的书房和研究成果全部化为灰烬。沉重的打击没有使欧拉倒下。带病而失明的64岁的他,发誓要把损失夺回来。他以惊人的毅力与黑暗搏斗,凭着记忆和心算继续研究,直到逝世,历时17年之久。

欧拉的一生,是为数学发展而奋斗的一生。他那杰出的智慧、顽强的毅力、孜孜不倦的奋斗精神和高尚的科学道德,永远值得我们学习。

数"藏"奥秘,做"莫比乌斯圈"

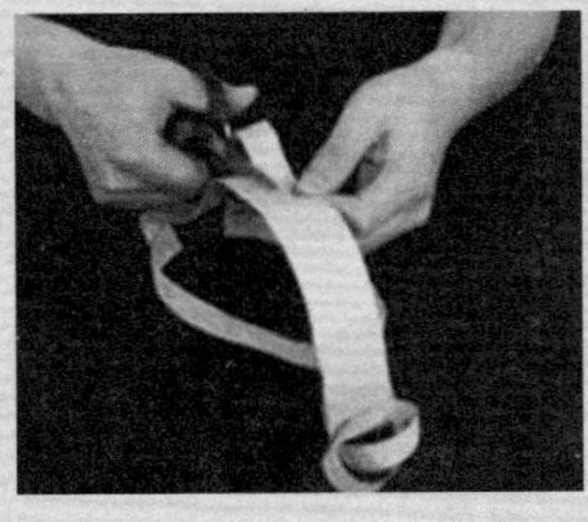

图1-13 "莫比乌斯圈"制作视频截图

数“彩”飞扬——亮我们的作品

个性化钟面

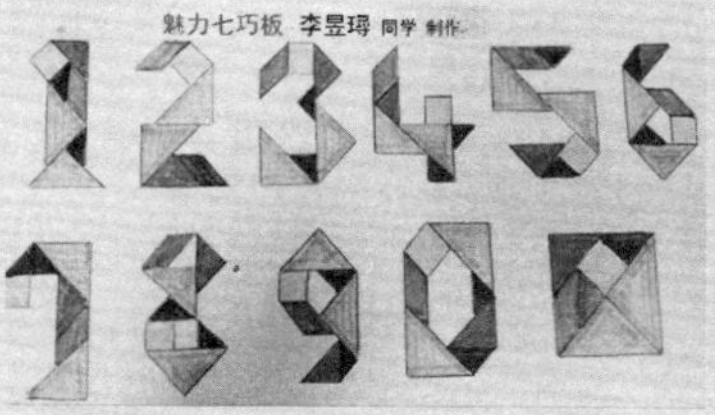

魅力七巧板

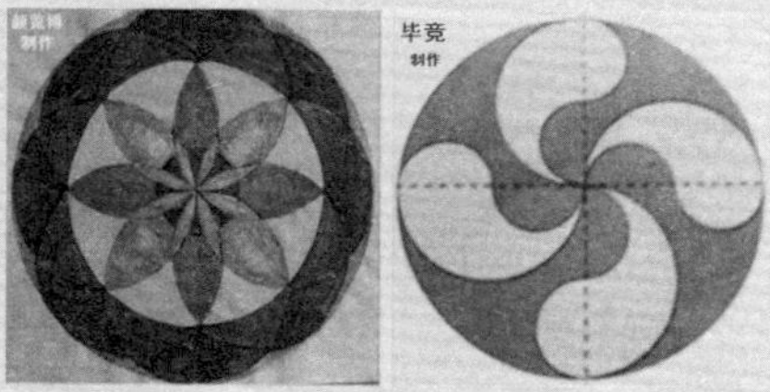

美丽的圆

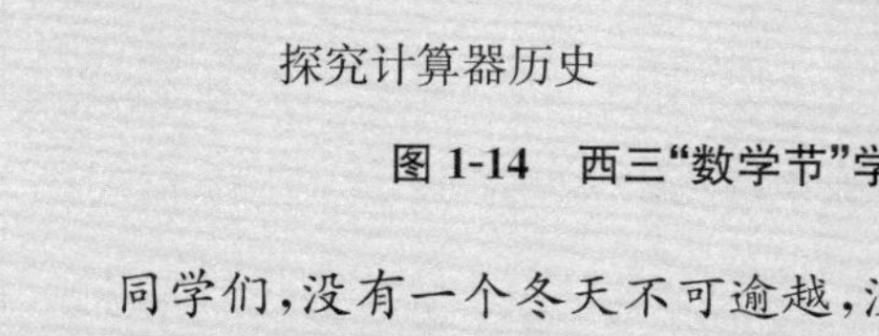

探究计算器历史

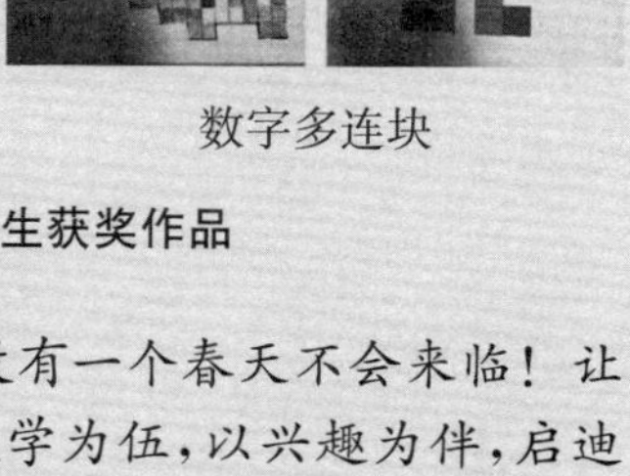

数字多连块

图 1-14　西三“数学节”学生获奖作品

同学们，没有一个冬天不可逾越，没有一个春天不会来临！让我们宅家学数学、探数学、乐数学，与数学为伍，以兴趣为伴，启迪智慧人生。愿你拥有一双用数学观察世界的眼睛，拥有一个用数学思维认识世界的头脑。爱数学，其乐无穷，受益终身！

[校本课程研究案例9]

锻炼,我们始终在线!

——校园公众号课程设计

设计:沈宸崴

疫情当前,小伙伴们除了要具有良好的卫生习惯,更要知晓强健的体魄才是我们抵御病毒最强有力的武器。虽然我们不能出门,但是房间、客厅、过道都可以是我们锻炼的“操场”。

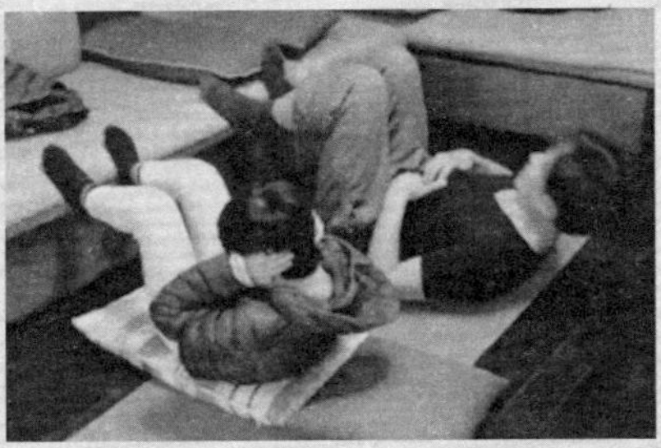

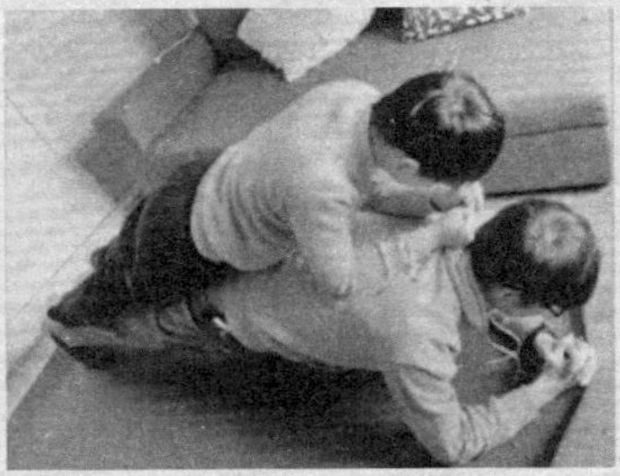

图1-15 学生居家锻炼

一、居家体能训练计划

表1-15 一至二年级居家体能训练计划

热身动作	全身力量动作	放松动作
原地毛毛虫爬行	箭步蹲	肩后侧拉伸
原地开合跳	爆发小跳推举	小腿内侧拉伸

表1-16 三至五年级居家体能训练计划

热身动作	全身力量动作	放松动作
原地毛毛虫爬行	上斜俯卧撑	肩后侧拉伸
原地开合跳	直角卷腹	小腿内侧拉伸
斜板支撑登山	自重深蹲	大腿前侧拉伸

锻炼提示：

为了保证示范动作的规范，老师选择了户外空旷处拍摄。同学们可以根据老师的示范动作在家宽敞处，借助合适安全的家具，不戴口罩，科学运动。

二、热身动作

1. 原地毛毛虫爬行(适合全年级)

动作要点：保持两腿伸直，双手依次向前爬行，直至躯干和地面平行，膝盖和肘关节尽量伸直。动作慢速为宜。

训练量：一至二年级 10—20 次×1 组。三至五年级 10—20 次×2 组。

2. 原地开合跳(适合一至二年级)

动作要点：两脚快速向外跳，开立宽于肩，两臂在体侧上下摆动，两臂下落恢复准备姿势。

训练量：10—20 次×1 组。

3. 斜板支撑登山(适合三至五年级)

动作要点：站立于凳前，手撑于凳上，手臂垂直支撑，躯干平直稳定，双腿并拢伸直，两腿交替提膝蹬伸，保持匀速，躯干稳定。

训练量：每侧练习 10—20 次×2 组。

4. 原地抱膝挺身(适合三至五年级)

动作要点：双腿屈膝降低重心，单腿提膝双手臂抱住小腿。支撑腿蹬伸使身体保持直立，大腿贴近躯干为佳。

训练量：每侧腿 10—20 次×2 组。

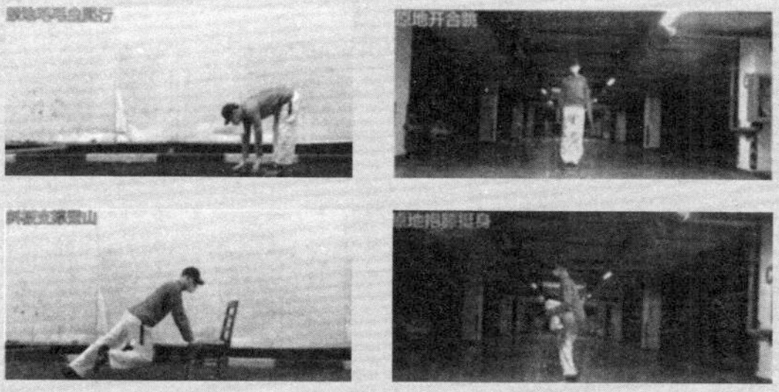

图 1-16　居家锻炼热身动作分解图

三、全身力量动作

1. 箭步蹲(适合一至二年级)

动作要点：双手抱拳放于胸前，慢慢往下蹲至健步姿势，前膝不超过脚尖，后膝不碰到地面。

训练量：10—20次×1组。

2. 爆发小跳推举(适合一至二年级)

动作要点：双脚与肩同宽，双臂弯曲，半蹲，然后快速蹬伸。同时双臂快速向上推举伸直。

训练量：10—20次×1组。

3. 上斜俯卧撑(适合三至五年级)

动作要点：双手撑在凳上，略宽于肩，手臂垂直支撑，躯干平直稳定，双腿并拢伸直，屈肘下落至胸部接近手掌。不要塌腰、屈髋，动作保持匀速，呼吸配合有节奏。

训练量：10—20次×2组。

4. 直角卷腹(适合三至五年级)

动作要点：两腿夹角约为90度，双手以触碰脚尖为目标进行卷腹，卷腹时不要憋气，不要用颈部发力。

训练量：10—20次×2组。

5. 自重深蹲(适合三至五年级)

动作要点：两脚开立略宽于肩，脚尖向前。下蹲时双臂前平举，掌心向下，保持身体重心向后坐。腰背平直，膝关节尽量不要超过脚尖，膝盖与脚尖方向一致。

训练量：10—20次×2组。

四、放松动作

1. 肩后侧拉伸(适合全年级)

动作要点：左臂水平伸向右侧，右侧手扣住左臂肘关节，向右后侧用力。再变换方向，动作相同，方向相反。身体放松，感受肩后拉伸感。

训练量：一至二年级10—20秒×1组。三至五年级10—20秒×2组。

2. 小腿内侧拉伸(适合全年级)

动作要点：双脚开立，脚尖向前，弯曲髋部，腰背平直，双手尽量向下触碰。

训练量：一至二年级 10—20 秒×1 组。三至五年级 10—20 秒×2 组。

3. 大腿前侧拉伸(适合三至五年级)

动作要点：上体正直，右腿屈曲，右手拉右脚靠近臀部，膝关节不要超过脚尖。

训练量：10—20 秒×2 组。

五、锻炼提示

1. 热身活动不能少

各位同学和家长在练习前都要认真做好准备活动，根据自身和场地实际情况开展活动。

2. 安全意识要记牢

在家应选择相对宽敞的空间，穿好运动鞋，鞋底擦干净。锻炼时要循序渐进、量力而行。

3. 文明锻炼不扰民

注意运动时避免发出较大的声响，不要影响到邻居。

4. 亲子互动乐融融

低年级孩子的居家锻炼，建议尽量在家长的陪同、指导下开展。既能确保安全，又能在锻炼中增进感情、培养默契。

途径 5　资源建设

西三探索校本课程开发、课程体系构建与学科专用室、创新实验室功能开发等学校教学的整体设计，同时有效利用校外的场馆设施，整合一切有用、有效的课程资源。

(1) 提供优质创新的体验环境

西三打造多功能数学实验室，将有限教室空间打造成多功能区。讨论区、制作区、实验区、绘画区、网络区等都可能在同一地方。室内设备可移动，桌、椅可根据要求任意组合。实验室配备学具拼板、平板电脑、电子白板等,构建了智能交互、打破边界的智慧教室。

图 1-17　多功能数学实验室活动中的学生

(2) 整合优质校外场地资源

西三尝试校内校外携手,发挥校外资源的作用。四年级"游泳"课程走进区游泳馆,请少体校教练担任导师。五年级"木文化"课程走进兄弟学校"木工坊",在专业技师指导下,了解木工制作安全规范,体验"多彩自然我创造"的过程,让学生舒展身心,发展对美的感受,培养实践素养。

图 1-18　学生在"木工坊"制作筷子

途径 6　家校共建

随着新课程改革的发展，家长成为参与学校课程建设的重要生力军。家长课程资源的合理利用，可以提高校本课程的适切性和丰富性。学校尝试开发家长课程资源，探索家长实施校本课程的多种形式，如专题、讲座、项目活动等，根据课程的目标、要求，突破传统的教材形式，采取 PPT 课件、教学简案、专题提纲、活动安排等较为宽泛的课程资源形式整合静态或动态的资源。通过组建家委会、开办家长学校、聘任课程导师等形式，让家长成为学校课程的参与者和受益者。

(1) 建立家长微课程

学校是学生成长的摇篮，而家长是学生终身的“教师”。西三小学鼓励不同职业、不同经历、不同兴趣、不同身份的家长参与到课程建设中来，为学生提供多样而丰富的生活视角、人生经验和行事智慧。学校每一学期邀请家长志愿者入校，以多样化的课程形式分享给西三学生，深受孩子们的欢迎。

表 1-17　2019 年 2 月—6 月家长微课程一览表

班级	家长微课程名称	执教家长	微课程优势
一(1)	发光的陀螺	王　芳	授课专业，能提供素材。通过图片讲解、动手做一做，让孩子们对陀螺的制作兴趣浓厚
一(2)	神秘的信件	王超琦	通过观赏图片观摩和实验操作，让学生了解变色现象的成因
一(3)	小学生安全自救小常识	宋崧柳	通过观赏图片、视频观摩，让学生了解安全自救的小知识，并参与实践体验
一(4)	风的利用	魏晓羽	通过图片、动手做一做，让孩子们直观地感受到风的作用
二(1)	保护家园 从我做起	张颖照	让学生明白垃圾分类的重要性，学会如何正确分类
二(2)	蛋与水的亲密接触	唐美灵	通过猜想、尝试、验证，让学生初步了解科学的验证过程，激发学生探索求证的兴趣

续表

班级	家长微课程名称	执教家长	微课程优势
二(3)	心肺复苏	钱茂元	通过教学课件、演示视频、人体模型，让孩子们从科普认知到急救实战有完整的体验，激发学生探索科学的兴趣
二(4)	浮力的认识和原理	刘　丽	通过图片和小实验，让孩子们感受到科学的魅力，激发他们的兴趣和求知欲
三(1)	计算工具的演变	王毅斌	课件制作精美，讲解清晰明了
	神奇的电与磁	刘　俭	带领学生动手做做，激发他们的兴趣
	浅谈儿童近视预防	王　松	切合实际，有方法指导，还有跟进服务
三(2)	计算器的演变史	钱　捷	了解计算工具的演变和发展
	神奇的电与磁	刘　俭	带领学生动手做做，激发兴趣
三(3)	计算工具的演变	王毅斌	课件制作精美，讲解清晰明了
	神奇的电与磁	刘　俭	带领学生动手做做，激发兴趣
三(4)	计算工具的演变	王毅斌	课件制作精美，讲解清晰明了
	神奇的电与磁	刘　俭	带领学生动手做做，激发兴趣
	摩擦力初探	高晓明	
四(1)	我为祖国点赞	彭　芳	政治素养高，服务意识强
四(2)	我为祖国点赞——拇指画	毛哲威	风趣幽默，精通绘画及设计软件，有较高文化及专业素养
四(3)	我为祖国点赞——淯公河畔的志愿者之歌	唐慧琴	热心公益，服务意识强，自身素质高
四(4)	我为祖国点赞——安居乐业	袁向阳	知识面广，口才好，能吸引学生
五(1)	我是小小魔术师	吴丽娜	有亲和力，了解魔术世界的奇妙，引发学生探究精神
五(2)	昆虫的世界	李　蕾	专业性强，有亲和力
五(3)	人工智能	王　沁	知识面广，讲解吸引学生
五(4)	纸短情长	沈冬梅	专业的背景知识，达到一定美学的高度，在动手之余，有了美的感受和美的体验
五(5)	3D打印	杨　鹏	知识丰富，表达清楚

（2）作家走进小学课堂

在校本课程开发和建设过程中，西三小学强化“作家进校园”的系列活动，请作家为儿童开设文学讲座，培养孩子阅读文学作品的兴趣，让文学欣赏和创作助力小学生成长。

[校本课程研究案例 10]

每个孩子都是小小的探索家

——作家进课堂

执笔：王晴川

2019 年 5 月的阅读节，学校以“共读，我们的亲子时光”为主题，邀请家长——著名作家倪红霞为学生和家长上了一堂生动的校本课程。

周二下午第二、第三节拓探课，全体四年级师生、部分家委会代表，在五楼多功能厅聆听课程。倪红霞老师以“每个孩子都是小小探索家——在阅读中探索，让孩子更爱学习”为课题，从冰心的《小橘灯》导入，层层递进，深入分析，讲述阅读的意义。作家精彩的引领与分享，让孩子和家长都受益匪浅。学生、家长、老师欢聚一堂，与经典为友，与博览同行；亲子携手碰出知识的火花，碰出亲情的火花，在书海中遨游，在温情里享受。

有家长感言：

探索式阅读让孩子身体不动，带着自己的思想在知识的海洋里探索，让孩子提高学习兴趣、专心学习、发挥想象力。亲子共读是非常有价值，有意义的活动。不仅能准确掌握孩子的阅读水平，还能增加家长和孩子的感情。[四(1)班毕竞家长]

今天倪红霞老师的讲座让我们家长受到了非常大的启发。一篇小小的短文可以从这么多角度去探索和发掘：历史、地理、人文、民俗、艺术甚至物理和植物学……以后会和孩子一起尝试这样有

趣的阅读方式。[四(2)班王禹哲家长]

这次活动由作家倪红霞的动手操开始,大家进入课文《小橘灯》,她强调了阅读中探索的重要性,课堂非常活跃,引人入胜,也带来了很多阅读启发。非常感谢学校安排的亲子分享会。[四(3)班秦心家长]

感谢学校组织了这次亲子阅读分享会,从倪红霞老师的讲座中分享到了阅读的方法,阅读的积累,阅读的快乐。阅读能给孩子带来潜移默化的正能量,让孩子受益匪浅。作为家长,我会用这次活动中学到的方法与孩子一起畅游书海。[四(4)班施泳菁家长]

通过近两年对"快乐五会"校本课程体系建构与实施的探索,我们陆续开发了一些家长课程,较好地满足了学生多样化的学习兴趣和发展需要,受到学生和家长的热烈欢迎。在此过程中,学生的学习兴趣、综合素养都得到了很好的发展,学校与家长的互动得到密切加强。家长参与课程建设成为促进学校大力发展的新增长点,进一步凸显了学校的校本特色,更好地发挥了"快乐五会"校本课程体系建构的功能和作用。

四、探索了基于学生核心素养发展"快乐五会"校本课程实施中的过程性评价

西三尝试在校本课程实施过程中将评价重点转向基于核心素养领域的评价,追求评价方法技术多元化,发挥评价激励功能,帮助学生建立自信、学会方法、战胜挫折,应对未来挑战。

1. 建立了学生多元评价机制

"快乐五会"基础型渗透课程采用表现性、过程性和阶段性评价相结合的方法;拓探型课程将表现性和学期评价相结合。围绕"五个学会"育人目标,西三开展"校本特色通行证"争章活动,形成以"章"育人、以"章"励人的操作细则,完善校本课程的评价机制,优化评价方法。

表 1-18　“五个学会”争章分类与标志

学会诚信 （涂色）	 看一个诚信故事（紫色） 读一句诚信格言（绿色） 懂一个诚信诺言（红色） 做一件诚信的事（橙色） 树一个诚信榜样（蓝色）
学会阅读 （争章）	 乐读书  荐好书  勇闯关
学会提问 （争章）	 学科之问  习俗之问  主题之问  实践之问
学会锻炼 （争章）	 跳绳  跳操  立定跳远  投小沙包  踢毽子
学会环保 （争章）	 节能小卫士  垃圾清理小能手  护绿小卫士 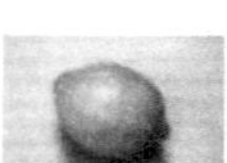 宣传小能手

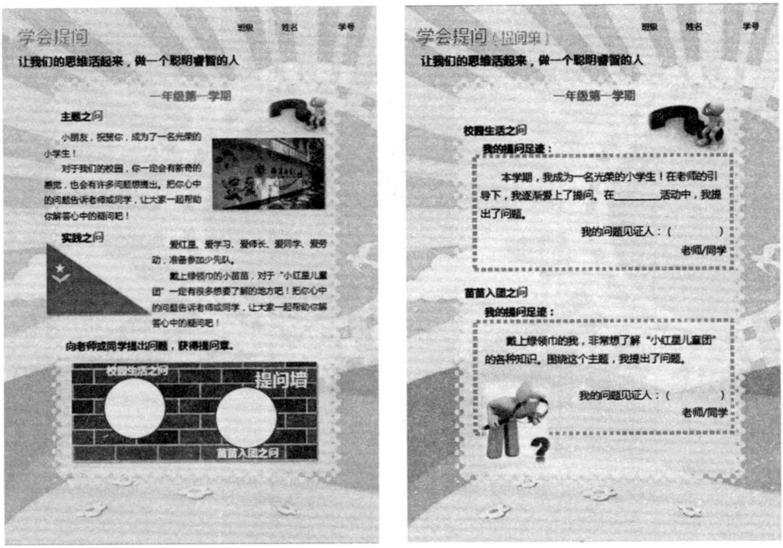

图 1-19　一年级第一学期"学会提问"争章手册

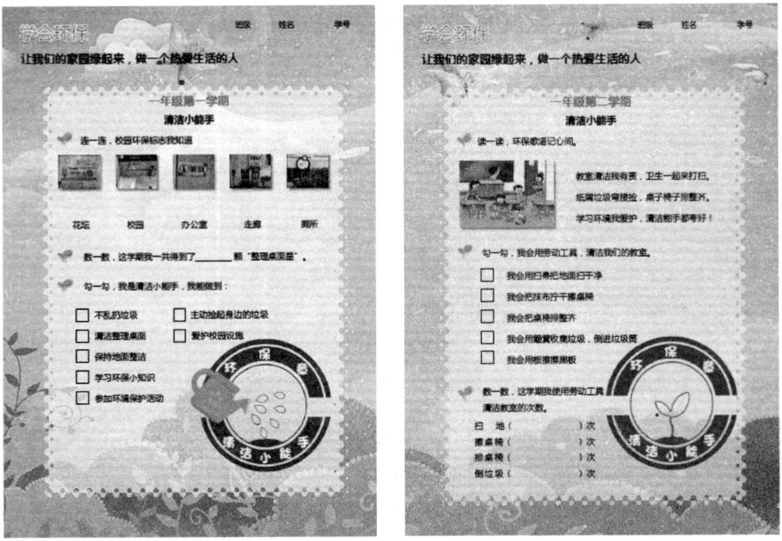

图 1-20　一年级第一学期"学会环保"争章手册

2. 建立了教师多元评价机制

西三将教师开展校本课程研究纳入绩效考核中，从课程实践、课程调查、课程研究等方面评价教师；鼓励教师参加各类培训以提高综合素养，激发教师开展课题研究，对课程内容、实施等提出评价和修改意见，促进课程优化和完善。

五、探索了基于学生核心素养发展“快乐五会”校本课程体系建构中师资建设

西三调动校本资源、家长资源和社会资源，多种渠道、多形式培训师资，开展“社团学艺”“青年沙龙”“教工之家”“考察参观”等活动，不断提升教师专业素养，推动课程建设纵深发展。学校教师在课程、课题与课堂的联动中融合发展，青年教师在“沙龙多动”的活动模式中，推动专业飞速发展。

1. “课程·课题·课堂”三联动培养师资

学校的课程建设体现在课程设计中，更落实在课堂实践上。学校通过创设多种形式的主题研修活动，利用群体智慧和协作思维的力量，引导老师聚焦课堂，关注学生，培养学生核心素养。教师实施课程过程中，从课堂出发，从问题入手，通过相互间的对话、探讨和交流，以研促教。

[师资队伍建设案例 1]

“课程·课题·课堂”三课联动，融合发展

执笔：夏　蔚

教师队伍建设是重中之重。学校牢牢地抓住了“课程·课题·课堂三课联动，融合发展”这个抓手，推动教师队伍建设，不断提升教师专业发展水平和潜能，提高课程的执行力。

一、以课程为中心，学习联盟保障“快乐五会”课程框架的搭建

学习联盟是我校教师学习研究共同体的特有形式。学校的“快乐五会”课程涉及5个教育方面，为保障课程体系整体构建，我们按照“五个学会”的5项内容，成立了一个学习联盟核心组，由牵头人和5位“五会”分项目领衔人组成。

我们调整了学校教师研究队伍，在核心组下又分别成立了5个分项目学习联盟小组。“学会诚信”主研人员是班主任及品社学科教师，“学会阅读”主研人员是语文教师，“学会提问”主研人员是数学、英语教师，“学会锻炼”主研人员是体育教师，“学会环保”主研人员是音乐、美术、自然、信息等学科教师。大家既有分工又有合作，在实现了全学科覆盖、全员投入的基础上，依照不同学科的侧重点，同步开展研究工作。

核心组对课程体系框架搭建的内容、形式、方法、途径等进行顶层设计和思考。5个学习联盟小组在5位盟主的带领下，按计划、按步骤、按照学校课程体系要求，从课程目标、课程结构、课程实施和课程评价等方面入手，根据落实核心素养培养的要求，对校原有的“五会”课程基础进行了重新梳理、整合、研发和完善，逐步绘成了学校“快乐五会”课程体系的总体框架结构。

二、以课题为引领，反思行动促进“快乐五会”课程内容的丰富

为保障学校龙头课题研究的进程，同时结合区教育反思专项行动，学校打破原有教研组、备课组格局，建立相应的反思行动项目小组。我们根据学校龙头课题“快乐五会”课程建设进程中发现的问题，以及学习联盟在实践中遇到的困难，提炼出7个小项目课题，设计了7份“教育反思专项行动”专题研究方案，包括1份学校总方案、5份分项研究方案和1份学生自主发展方案，以小课题的研究来推进大课程的提升。

通过反思行动的循证研究，我们把“五会”课程培养目标，细化为各个年级的具体要求，明确核心素养的学科、年段双维度渗透要点，还对课程的实施途径（包括基础型课程、拓展型课程、探究型课程、主题实践活动、隐形课程等）进行了全面的梳理和改进，让“快乐

五会”的课程内容更加丰富多彩，让学生的全面发展从可能变为现实。

与此同时，反思行动项目小组还齐心协力对校原有的课程评价方式进行了再优化。大家围绕核心素养的渗透和落实，对每个“学会”的评价“成功标志”进行了微调，并对原有的“评价通行证”进行了形式上的再设计和内容上的再调整，让评价更具操作性，更有层次性，更富趣味性。

三、以课堂为阵地，主题研修助推“快乐五会”课程品质的提升

学校的课程建设不仅仅体现在课程设计中，更要落实在课堂实践上，课堂是核心素养培养的主阵地，是引导孩子去往梦想的必经之路。我们通过创设多种形式的主题研修活动，利用群体智慧和协作思维的力量，引导老师们聚焦课堂，关注学生。大家从课堂出发，由问题入手，通过相互间的对话、探讨和交流，分享彼此的知识与经验，使思想得以碰撞，视界逐渐融合，行为得到改善，最终以研促教。

例如，为了丰富课程内容，拓展课程实施途径，各年级开展“班队课教学”主题研修活动。根据学校“五会”课程的培养目标和教育要求，各年级选取不同的视角，设计不同的富有年龄特点的班队教育课。一年级“我爱学校”主题教育课，引导乐学友爱；二年级“学会锻炼”亲子课，体现健康生活；三年级“反邪教”主题教育课，体现责任担当；四年级“展开科学翅膀，放飞科学梦想”主题教育，渗透环保理念；五年级“培养人文精神，提升核心素养”主题班会，侧重人文情怀。各年级组之间相互学习、相互交流、相互借鉴，让学生沉浸于各种项目活动中，锻炼实践能力，发展综合素养。

此外，我们还设计开展了“聚焦核心素养，共研拓探优课”“青蓝组合展风采”“我的教学主张”“小荷初露、花开可期”等一系列以提升课堂有效性为主旨的主题研修活动，从研修的角度保证了教师的研究时间、内容和成果。

以教师课堂设计力和实施力的提升，为学校龙头课题的研究提供有力的保障；以课题的不断推进和深化，来促进学校课程品质的整体提升；“三课”联动，融合发展，让核心素养落地、让教师专业发展！

2. “同心圆”党建活动模式强化师资素质

学校党政工作紧紧围绕创办人民满意的教育，坚持党建引领，以党员主题活动为半径，以支部为核心层、党团员为贴心层、教职工为连心层，发挥党团员的示范带头效应，带领广大教职工积极投入课程改革的实践中，形成“同心圆”同脉相连、同轨运转、同享和谐”的局面。

[师资队伍建设案例 2]

“同心圆”主题党建活动模式探索与实践

执笔：陈 梅

一、研究背景

1. 筑牢基层党组织战斗堡垒是新时代的需求

基层组织是党的最基层组织单元，是党的工作和战斗力的基层。提升党的组织力是中共十九大报告对基层党建提出的重要要求。中共十九大通过的新党章，不仅进一步明确了“党的基层组织是党在社会基层组织中的战斗堡垒，是党的全部工作和战斗力的基础”，而且将原先的实行行政领导负责制的事业单位中党的基层组织，“发挥政治核心作用”改为“发挥战斗堡垒作用”。求木之长者，必固其根本。创新推动基层党支部建设工作，有利于进一步密切党同人民群众的血肉联系，织密党群、干群“关系网”，将基层党建这池水激活，不断让基层党组织焕发勃勃生机。

2. 高素质教师队伍是办好教育的基础与前提

作为人类灵魂的工程师，教师不但承担着向学生传授知识、培养能力的职责，而且肩负着帮助学生在成长过程中树立正确世界观、人生观、价值观的重任。勤学苦教、立德树人是新时期对于教育工作者提出的新标准。高素质的教师队伍是办好教育的基础与前提。学校党政必须充分认识师资队伍建设的重要性，以逆水行舟、不进则退和如履薄冰的忧患意识、危机意识，以更强烈的使命感和责任感，以更有力的举措，持续深入推动党员及教师队伍建设，引导广大教师以德立身、以德立学、以德施教，提升育人的有效性。

3.“同心圆”主题活动模式是学校党建新探索

创新基础党建工作是全面提高党的建设科学化水平的重要工作内容。学校党支部应创新发挥党组织的政治堡垒作用和党员的先锋模范作用，以党建特色实践活动为突破口，抓党建、强服务、促发展、聚人心，形成以党支部为核心，党团员为主体，全校师生为共同体的“同心圆”，齐心协力共同参与学校建设，开创党建工作和学校育人发展同步共赢的良好局面。

在此背景下，西康路第三小学党支部秉承学校多年办学经验和传统，广泛吸纳国内外基础教育精华，以“建设和谐校园，提升师生幸福指数”为理念，探索“同心圆”主题党建活动新模式，多举措助推教师专业化发展。

二、主攻方向

1. 研究目标

通过研究，探索以“同心圆”主题党建活动模式助推教师专业化发展的策略和方法，探索新时期学校党建工作的新途径，提高学校教师教育的实效性，激发基层党建的内生动力。

2. 核心概念

“同心圆”主题党建活动是指学校党建工作以支部为核心，以党员主题活动为半径，形成以支部为圆的第一层，即核心层；党团员为圆的第二层，即贴心层；广大师生再为圆的第三层，即连心层，形成“同脉相连、同轨运转、同享和谐”的局面。

三、研究内容

1.“自培强素质”筑同心圆，打造智慧党建

(1)“党员岗位示范”，党旗映红校园。

党支部引导党员建立“争先创优”示范岗，开展“爱校护校我先

行”“减负增效我先行”“课题研究我先行”“学习强国我先行”等活动，以先锋模范作用引领广大教师。

(2)“青年沙龙联动”，岗位锻炼成才。

党支部引导团员、青年定期开展沙龙联谊活动，切磋教学技艺，观看微视频党课，学习中共十九大精神，立德立志、教书育人，将个人理想融入西三梦、教育梦、中国梦。

(3)“争做最美教师”，追求幸福发展。

党支部引导党员、教师创建和谐校园，树立师德师风，开展“师德节”“爱生月”活动，为学生送温暖；鼓励党员、教师社团学艺、一专多能，争做四有好教师——“有活力、有智慧、有爱心、有魅力”西三小学最美教师。

2.“引领新时尚”筑同心圆，打造时尚党建

(1)“树立新风尚”，环保我先行。

党支部组织党员和团员先行，学习垃圾分类知识，开展相关的知识小竞赛，加深对环境保护的认识，树立环保意识，带动学校师生共同养成垃圾分类的好习惯。

(2)“小手拉大手”，增强使命感。

党支部在组织校园学生“垃圾分类知识比赛”的基础上，进一步开展“小手拉大手，垃圾分类齐动手”宣传活动，引领学生将环保新理念辐射到家庭、社会，进一步增强少年儿童的历史使命感与社会责任感。

(3)“低碳见行动”，树立新观念。

党支部倡导绿色环保、节约低碳的生活方式，整合社会资源，携手上海市公益组织，开展“爱心捐书”“爱心捐衣”等行动，鼓励师生厉行节约、反对浪费，让资源节约成为自觉行动。

3.“点亮微心愿”筑同心圆，打造幸福党建

(1)“心愿表解难”，提升教师幸福指数。

党支部围绕教职工工作、生活、发展诉求，通过征求心愿表、走访座谈等形式，梳理学校工作盲点，找准教师诉求重难点，为群众办实事，改善办学条件，满足教师学习需求和发展需求。

(2)“心愿卡圆梦”,营造教育和谐氛围。

党支部引领教师倾听学生心声,通过设计心愿树、心愿墙等形式,引导学生书写心愿,党员团员发扬无私奉献精神和爱心助人精神,帮助实现一批微心愿,把浓浓师爱洒向孩子心田。

4.“微公益聚情”筑同心圆,打造和谐党建

(1)“党群联动爱心助生”,情暖童心。

党支部引导党群开展“聆音阁”心理咨询活动,倾听学生心声;开展“个别化”爱心辅导,解决学生学习困难;开展“佳节送温暖”活动,与困难学生包汤圆、做香囊……体验传统文化。

(2)“党群联动爱心助师”,情暖教工。

党支部真情关心学校教职工,引导党群加入志愿者行列,组织慰问活动,资助困难的、生病的教职员工,把党的温暖传递到最困难的群众中。

(3)“党团联动爱心助老”,情暖夕阳。

党支部联合青年党团员教师将平时深受广大师生喜欢的小品、剧目向退休教工、关工委领导、社区孤老、社区军属表演,开展慰问活动,服务公益,回馈社会。

第五节　学生、教师、学校的收获展示

课程是核心素养茁壮成长、开花结果的土壤。我们的研究着眼于核心素养培养,在促进每一个学生全面和谐发展的同时,提升教师队伍整体水平,使学校改革发展获得新的动力。

一、学生发展了核心素养

学生通过校本课程找到了自信,展示了个性,发展了核心素养。他们荣获“上海市育苗杯小学生游泳比赛三年级组男子全能第一名”“上海市青少年健康教育主题活动健康知识网上竞赛一等

奖”“上海市青少年五子棋锦标赛 U8 女子组团体总分第二名”“上海未来工程师大赛静安赛区一等奖”“静安区未来工程师大赛仿生机器人竞技团队冠军”“静安区中小学生纪念改革开放 40 周年主题活动绘画作品一等奖”“静安区教育系统师生原创诗歌小学组一等奖”“静安区‘国学达人’一等奖”。学生在校本课程学习中快乐成长。

我眼中的“玩转魔方”拓展课程

二(1)班 刘同学

由夏至冬,一个学期的魔方拓展课学习结束了。

虽然有魔方的小技巧,但对魔方还原的方法却是一无所知,经过这段时间的学习,我逐渐了解了这项拓展课,它能带给我们许多知识,到后来我并没有那么讨厌它了,反而还喜欢上这门拓展课,因为魔方课让我收获了乐趣和知识。

记得一开始接触魔方,我觉得这是一项很无趣的数学项目,带着不情愿的心情参加了第一节课,老师教了我们一些魔方的小知识,如:上、左、下、右,四个字随便拼成一组,再转六次,就又会变成原来的样子;还有逆时针和顺时针……其实之前,我有自学过魔方,但就是因为逆时针和顺时针让我失去对魔方的热爱,听老师这么一讲,我也茅塞顿开。一节课下来,我忽然觉得魔方也挺好玩的,十分有趣。想到原来学习数学时的酸甜苦辣和不放弃的精神,我下定决心,要把魔方学好。既然我对数学有兴趣,那么我对魔方也一定会有兴趣起来。

经过我的反复练习和老师的教导,我已经可以在一分钟内完成魔方。除此之外,我还热爱上这门拓展课。但是我还和“非常棒”差很远,我一定会反复练习,争取把魔方练得更棒!

我眼中的“行进乐队”社团活动课程

三(3)班　江同学

上学期,在班主任陈老师的推荐下,我参加了西三小学第六届行进乐队,短短一个学期的学习,我感到从中受益良多。以下我来谈谈参加行进乐队的体会。

一方面,通过行进乐队的学习,我进一步感受到音乐的魅力,提升了对音乐的兴趣。在参加行进乐队之前,我只学习过钢琴这一种乐器,掌握的器乐知识也比较有限。经过行进乐队的学习,我了解了小号、黑管、大鼓等各种有趣的乐器以及这些乐器的演奏方式,这大大丰富了我的器乐知识。此外,老师还安排我负责管乐组黑管的演奏。我非常喜欢黑管这一乐器,每当我尝试着用它吹奏自己喜欢的乐曲时,就更加坚定了我今后成为一名音乐表演者的理想。

另一方面,参加行进乐队后,我感到自己团队协作精神和组织纪律性加强了。这是因为,行进乐队是一个需要管乐组、打击乐组和视觉表演组多方配合的集体。每个小朋友的演奏、表演以及纪律都关系到整个行进乐队表演的成败,它需要每一位小朋友都有团队协作精神。所以,在这样的集体中,我慢慢地学会了和小伙伴们沟通和协作,懂得了如何通过团队配合来达到更好的演出效果。

我眼中的校本课程

三(2)班　李同学

为了丰富学习生活,我们小学在课后开展了校本拓展的课程,校本拓展课有“快乐健康”“快乐环保”“快乐百科”“快乐广播”,还有"快乐提问"等环节组成。我们可以从中学到很多书本上没有的知识,老师将自己整理的资料制作成PPT,一页一页细心地给我们讲解。

"快乐环保"是让我们通过打扫卫生来体会劳动的过程,看着自己用海绵擦干净的课桌椅就觉得非常有成就感,亲身实践的过程会让我更加懂得珍惜别人的劳动成果。

校本课程中我最喜欢的是"快乐广播",广播里面有很多小栏目,有"小福尔摩斯""心灵之约""绿色星球",还有"送祝福"等,主持人的声音增添了课后互动的乐趣,也缓解了学习一天的紧张气氛,真是非常神奇呢!

我参加了手风琴社团

四(1)班　汤同学

我参加的校本课程有"快乐ABC""信息科技""悦享数学"……这些课程都让我学到了丰富的知识,开阔了眼界,但要说最喜欢的课程那一定是手风琴课。

我记得刚开始报名的时候,老师说要招新一届的手风琴班,要求有钢琴基础。我想我正好学过钢琴,而且之前欣赏过高年级哥哥姐姐的手风琴表演,我羡慕不已,我也想跟他们一样。于是,我便决定去尝试一下。可刚开始学习的时候,跟我想象的完全不一样。手风琴实在太重了,我要使出九牛二虎之力才能拿起它。当我好不容易把手风琴放在腿上,尝试着拉奏时,却怎么也拉不出声音来,看看周围的同学都能拉出声,我急坏了,便去问老师。老师很耐心地跟我说:"不用急,先要熟悉手风琴的结构,认真学习指法,坚持每节课都多加练习就能拉奏出优美的曲子了。"自从那以后,我十分珍惜每次上课的机会,在课上按老师的要求，努力练习。慢慢地，当我从一个音也拉不出到能拉奏出一首完整的曲子时，我心里觉得很有成就感，老师也表扬了我。后来我们手风琴班还到学校的大礼堂上表演了节目，这些都使我非常开心和自豪。

自从我参加了手风琴班，它让我明白了做任何事情都要有坚持和努力的精神，所谓“一分耕耘，一分收获”。我在课上不仅学到了本领，还收获了自信和快乐！

二、*教师提升了专业素养*

校本课程研究搭建教师发展平台，助推教师专业成长。我校教师先后荣获“全国语文规范化知识大赛一等奖”“静安区反思专项行动优秀论文一等奖”“静安区教育系统女性才艺视频征集活动二等奖”“静安区教育系统工会财务知识竞赛一等奖”“静安区教育系统‘三字一画’比赛板书一等奖”“静安区校本研修方案设计优秀奖”。教师在校本课程建设中转变了观念。

阅读是一种美的享受

虞吉老师

苏霍姆林斯基说：“把每一个学生都织进书籍的世界，培养起对书的酷爱；使书籍成为智力生活的指路明星，这些都取决于教师；取决于书籍在教师本人的精神生活中占有何种地位。”班主任既要重教书，也要重读书，要让学生热爱读书，不仅要读经典作品，还要接触报刊、杂志等，把适合学生阅读的书籍带进教室，供学生阅读。学生在自我阅读中感受到文学所创设的情境的美，让学生觉得阅读是一种美的享受。

作为一名“学会阅读”拓展课程的教师，我深深地体会到“兴趣是最好的老师"。成功的教学所需要的不是强制,而是激发学生的兴趣,阅读也是如此。我们应把兴趣放到读书的最高境界,强调兴趣是学生爱好读书的重要指引。书籍具有形象性的特点,情操的美丑、人间的悲欢、情节的离奇,无不吸引着小读者,它可以使他们的情操得到陶冶,理念得到升华。

阅读不仅可以使学生了解自然,了解历史,了解社会,而且还能使其从书本中认识人生,认识社会,明辨是非,净化心灵,同时又可以提高学生阅读、写作、交往和审美等各种能力。阅读兴趣在学生的学习中起着源动力的作用。

怎么才能让学生爱上阅读呢?营造阅读氛围,激发阅读兴趣。学生不爱读书和所处的环境有很大关系。如果所处的环境中人人都爱读书,那么孩子也会受影响。我在拓展课中营造读书的氛围,经常把自己正在阅读的书带到教室里,引起一些学生的好奇心。这时,我就以生动形象的语言向学生简单介绍书本内容,以激发其阅读兴趣,也常利用故事中精彩、紧张、感人的情节创设悬念,让学生产生好奇心,以此激发学生阅读兴趣。自习课上,我经常与学生一起读书,并与学生交流读书感受。

当然,"学会阅读"校本课程内容、目标的设置要根据儿童的年龄分段,比如低年段重在识字、写字,朗读背诵古诗,激发学生阅读的兴趣。而中高年段重在引导学生把握文章的主旨,想象诗歌描述的情境,体会诗人的情感,因此要引导学生广泛涉猎与此主题相关的诗文,感受古典文学作品的浸染和熏陶。只有目标明确了,才能有的放矢。

渐渐地,我发现学生有很明显的变化。首先,学生的自学能力增强了,每天在学校的各个角落都可看到学生看书;其次,上课发言比以往积极了,语言由单句变成了一段完整的话;最后,学生养成了"零碎时间读书"的好习惯。

他们爱上了阅读,在书海中尽情畅游,写作能力和幸福指数明显提高。

诚信是一棵树，需要阳光、雨露和养分

周玲慧老师

生活在班集体中，班风，学风，老师、同学的一举一动无不对学生产生影响。在班队主题活动中，我组织开展“学会诚信”的教育。利用班会，我班开展“为什么要讲诚信”“说谎的危害”“以诚交友朋友多”等主题队会。通过“学会诚信”课程的实施，我引导一些有行为偏离的学生逐步学会约束自己，改变自己的态度，让其行为慢慢合乎规范。课程的展开使学生树立“诚信乃立人之本”的思想，懂得以诚交心、以诚待人、以诚感人。学生体验到诚信的重要性，获得讲诚信的快乐。

在纠偏过程中，我还充分发挥了集体的作用，从思想上感化、行为上转变特殊学生。我在班里成立了“互助组”，确立“手拉手”队员，让他们在学习、生活中向有行为偏离的学生伸出友爱之手，使他们逐渐融入班集体中。

诚信就像一棵树，需要在生活的土壤中生长，灿烂的阳光、清新的雨露和充足的养分，一样都不能少。诚信教育是一项社会工程，除了家长、教师的努力之外，还需要社会各界的大力协助及学生自身的积极配合。只有全社会共同努力，既“持之以恒”，又“潜移默化”，才能培育出讲诚信的孩子！

三、学校获得了内涵发展

从校本实际出发，西三构建了“五个学会”的教育体系，推出以人为本的智慧管理，开展以质量为要务的教育改革，取得阶段性成果，荣获“上海市四星级职工书屋”“上海市教育系统‘妇女小家’”“上海市静安区先进职工之家”“教育系统创建上海市妇女之家示范点”“静安区少先队红旗大队”等荣誉。校本课程建设促进了学校内涵发展。

[学校发展案例1]

开设校本培训　提升管理技能　促教师成长

执笔：石　蓉

当前，以学生核心素养推进教育改革与发展已成为国内外教育领域的共识。核心素养理念下，学生价值观、思维、品格、健康、能力、公民与社会素养等方面素养的培养，已经成为当前教育关注的焦点。核心素养培养理念下的学校班级管理也正在面临新的挑战。在这样的教改背景下，如何通过校本研修，引领教师在核心素养理念指引下，提高教师班级文化管理技能，营造良好的班级文化氛围，探索有效的班级管理模式，关注学生发展核心素养，进一步提升综合育人水平，更好地促进学生的全面成长，让班级管理活动适应学生的个性发展、可持续发展，已成为当前我校亟待解决的新问题。

我校教师平均年龄45岁，老教师居多。虽说他们有丰富的教学经验，但是随着信息时代的迅猛发展，新媒体的异军突起，仍需要教师继续学习。此外，学生个体的变化，亟须教师以人为本，为每一个学生创设适合的成长平台。

为此，学校德育部门通过“班级管理的技能”校本研修的开发和研究，使不同年龄的教师通过各类培训活动形成良好的业务素养和管理能力，以更好地适应21世纪的人文发展的需要。

一、理论学习增强育人意识

学校先后通过理论学习，提升教师知识积淀，养成良好的育人意识，增强教师的责任感和积极态度，关注学生的核心素养发展，树立终身为学生服务的理念。例如对《中国学生发展核心素养》《上海市未成年人保护条例》《给教师的60条法律建议》《孩子的核心素养提高了，成绩根本不是问题》等的解读。

老师们在学习后感悟颇多，尤其是《给教师的60条法律建议》，密切联系着生活实际，以鲜活生动的案例，给老师提供了很好的学习借鉴经验，丰富了老师的法律知识，填补了他们的法律知识空白，提升了他们的法律意识。教育大计，教师为本。《给教师的60条法律建议》为一线教师依法执教提供了很好的行为规范，它为我们更好地开展教育教学指明了道路。

大家认为一个优秀的教育工作者应当是一个教育的有心人。记得在一本书上看到过这样一段话："在影响学生的内心世界时不应挫伤他们心灵最敏感的一个角落——自尊心。"《给教师的60条法律建议》一书的"建议13"中也提到："学生也有人格尊严，要关怀和尊重'差生'。"

的确，现在对于学生的批评教育，教师也有一定的难处。轻了，不管用；重了，学生有可能心生怨恨，甚至做出极端的行为。教师教育学生，是为了帮助学生改正错误。尤其是面对调皮的学生，他们已经对教师的批评有了一定的免疫力，对教师的批评也有了反感，教师更要针对这些学生进行耐心的教育，就事论事，切忌使用侮辱性、诋毁性的言辞贬低他们、侮辱他们。

二、心理辅导发展和谐人格

我校教师年龄结构偏大，教师的心理健康值得关注。因为教师的心理健康直接影响学校教育和课堂教学，一个好教师是带着愉悦舒爽的心情走进教室，与学生一起分享学习时光。故学校积极开展团体心理辅导《关于压力的自我心理调适》《学生心理特征及学习对策分享》等调试教师心理。我校心理教师还对全体教职工进行了"心理剧"的培训。孙老师通过讲解并结合大量的视频，向大家介绍了心理剧的内涵、优势、特点、结构、常用技术和校园心理剧的主要应用形式。

心理剧是集体心理治疗中最早出现的一种治疗方式，它能帮助参与者将心理事件，透过一种即兴与自发性的演剧方式表达出来。在表演过程中，参与者可以表达出无法用言语描述的复杂情感状态，在演出之后有助于减少习惯性的口语表达及心理的防卫性，并能有效地唤起创造力、自发性和想象力，进入深一层的自我认识。通过特殊的戏剧形式，让参加者扮演某种角色，以某种心理冲突情景下的自发表演为主，将心理冲突和情绪问题逐渐呈现在舞台上，以宣泄情绪、消除内心压力和自卑感，增强当事人适应环境和克服危机的能力。

为了让老师们体验心理剧，在互动环节，孙老师还设计了《电影海报》的游戏。根据所设定的主题，每人作为海报中的一个元素，互相之间最好有联系，合作完成一组"雕塑"，然后对其命名。在整个过程中，孙老师充当"导演"的角色，并邀请一些辅助者扮演相关的辅助人物。初次接触这样的心理治疗技术，老师们既充满了惊喜又感到好奇。孙老师凭借丰富的经验和出色的引导，让老师们从最开始的羞怯不知道如何表达到最后各尽所长，每一张海报的表演都赢得了大家掌声。

这样的培训得到老师们高度的评价，不仅让老师们对表达性艺术治疗——心理剧有了更多的了解，而且教会了老师们校园心理剧的技巧。在之后的工作中，老师们将通过不断的学习逐渐掌握心理剧的运用技巧，尝试通过角色扮演，重现当事人的心理活动，采用心理剧的形式处理问题和冲突，并积极运用到教学工作中，帮助更多的孩子解决他们的心理问题，促进他们的身心健康成长。

另一方面工会通过主题活动化解教师的情绪压力，多多推广正能量。例如御守的制作。御守是愿望的象征，寄托着人们对于美好生活的向往与祈求。工会组织的主题活动，便是带领老师一起亲手制作一枚御守。

精美的御守宣纸上，印着绚丽的图案。郑重地写下对自己、对家人的新年祝福，放入折叠好的御守包中，仔细地用彩绳编出一个中国结来收口。老师们在互相交流、互相帮助下制作着御守，也将自己的一份对新年的展望和期盼的心情包存起来，衷心希望每一位西三的教职员工都能在即将到来的新年中工作顺利、身体健康、阖家欢乐。

三、班级文化建设推动育人意识

我们以班级文化建设为抓手，通过专题辅导，帮助教师掌握适应新时代的班级管理方式和技巧，提高实际操作能力，培养学生健全的人格和良好的学习习惯及处世方法。《新常态下的少先队活动课》《黑板报设计》等给予教师实质性的帮助。此外，为深入推进少先队改革，充分调动和激发少先队组织特别是中队集体活力，学校大队部积极开展“动感中队”创建活动，每个中队积极响应号召，在大队部、美术组和少先队工作委员会的大力支持和配合下，引领中队队员回顾中队建设，激发中队集体活力，做到队员人人参与，准备详细的书面资料。在此基础上，五3中队还进入了区级评审会，虽无缘全国“动感中队”的评选，却在准备过程中，大大提升了队员们的集体主义、小主人精神意识，并增强了少先队员们的光荣感，也为持续深化“动感中队”的创建活动，起到了良好的引领作用。学校始终以班级特色活动和校园节庆提升教师的工作动力。

四、家校合作丰富校本课程

家庭是学校教育的延续，家校同步，是学生健康成长的基石。教师与家长间有效沟通，是家校互动的成功源。与学生家长沟通，首先要让他们感受到老师对孩子及其家长的尊重，沟通交流的内容是孩子在校的客观的、真实的表现，不带有任何的私人偏见。这些内容可能是孩子在家没有表现出来，家长不知道的，需要家长及时了解的。只有充分地、完全地了解了自己的孩子，父母才能和老师更好地合作教育和辅导孩子。例如《说说我们的班级微信群》《陪着孩子慢慢来》等，让家长走近学校，了解学校。我们还积极发挥家长志愿者的功能，开发家长微课程，将校外资源引入课堂，科技实验、交通安全、3D技术和折纸艺术等深受学生喜爱。

随着学校市级课题的研究推进，我们及时与家长志愿者沟通，调整微课程内容，以此更加契合校园生活。2019年的阅读节是我们“学会阅读”的强势爆发点。我们先后利用静安区家庭教育指导中心和家长资源邀请到植物学家史军老师，给学生们讲讲“植物学家的好玩科学课”。史老师风趣幽默的语言博得孩子们的阵阵掌声和欢笑声。此外旅日华人作家倪红霞给学生们做了“每个孩子都是小小探索家”的讲座。本届阅读节创立了英汉双语读物书单，结合拓展课让学生阅读英语读物，感受语言文字的魅力，体验合作交流的乐趣。学生们在阅读节中逐渐养成阅读习惯，不断扩大阅读范围，持续增强阅读兴趣。其中亲子阅读视频活动反响热烈，东、西两部的学生和家长参与度极高，有些原创剧本、视频极具创意，有些语言和内容非常优质，家长的支持和学生的喜爱感染了我校英语组的全体教师。大家灵感创意大爆发，将阅读节的亲子活动做了延续，在闭幕式观摩的基础上，电教部门与英语组联手制作了“亲子阅读”视频海选片，期末校本课程活动日上每个学生观摩投票，兴趣盎然。结业式上又有一批亲子登台亮相，与此同时，学校还倡议大家在寒假中继续进行“我家的阅读故事”项目活动。

家长开放日是校园生活的展示窗口，2019“书香润童心，阅读伴我行”校阅读节的家长开放日活动风采多多。

二年级以“亲子悦读，书香满园”为主旨，学生和家长一同走进了“亲子阅读”的乐园，做好了充分的准备，上演了一个个精彩的节目，赢得了一阵阵热烈的掌声。家长陆续登台：有的家长就亲子阅读、阅读的好处、亲子阅读的关键期和书籍选择以及亲子阅读的注意事项等交流畅谈；有的家长选择自己孩子喜欢的图书，分享感悟经典，一切都显得那么美好；有的家长通过介绍著名作家，让孩子与伟人能有缘“近距离”接触，聆听他们的成长故事、创作历程。在“智力大冲浪”中，孩子们猜字谜、背诵古诗、玩词语接龙、诵读绕口令，与家长、小伙伴一起积累大放送；在阅读分享故事环节，学生们有声有色、大胆地讲述自己喜欢的成语故事。三年级的阅读分享会，父母孩子齐上阵。双语表演、好书推荐、阅读习惯养成交流、文化经典诵读欣赏，学生们在父母、老师的陪伴下体悟中英文语言文字的魅力，激发了他们的阅读兴趣，培养了他们的阅读习惯，提升了他们的阅读素养，家长看到了孩子在校园中丰富的文化生活，感受到积极向上、健康文明的校园文化氛围。四年级以“共读，我们的亲子时光”为主题，邀请作家倪红霞老师以题为《每个孩子都是小小探索家——在阅读中探索，让孩子更爱学习》进行讲座，精彩的引领与分享，让学生和家长都受益匪浅。学生、家长、老师欢聚一堂，与经典为友，与博览同行，亲子携手碰出知识的火花，碰出亲情的火花，在书海中遨游，在温情里享受。五年级的学生自主意识更强，在班主任老师的协助下，用双语故事、课本剧表演等自己编排的节目，向家长展示阅读的成果。同时，家长也通过亲子共读分享、经典好书推荐、读书习惯培养等交流，共同探索如何通过阅读，让孩子们在家校共育中，体味更多的欢喜、智慧、希望、勇气、热情和信心！

学校是孩子学习的地方，家庭是孩子栖息的港湾，两者都是培育孩子健康成长的重要阵地。老师们的精心策划与组织，家校协同合作，拥抱每一个学生的发展。我校“学会阅读”校本特色课程的质量定将不断提升。

五、互动研讨提升师德素养

在深入学习《中国学生发展核心素养》的同时，我们通过专题讨论、互动交流等研修方式，引领教师聚焦学生核心素养发展，探索新课改背景下班级管理的技能，让班级教育管理从学生实际出发，关注学生的差异性、独立性和自主性，使不同的学生得到适合的教育，学校分学科、分年级的“我的教育主张”研讨中，一次次互动、一次次碰撞、一次次分享，让教师们得以提升，也让不同的学生个体在原有基础上得到多方面的和谐发展。

六、部分教师教育主张分享

[教育主张 1]　借孩子的错误之花酿蜜(执笔：胡嘉琳)

从师范毕业到站在三尺讲台前教书，我在教师的岗位上已经工作九年了。在这九年中我接触过形形色色的孩子，有的聪明，有的活泼，有的调皮，有的安静。他们就如同一朵朵接受大自然雨露的小花，单纯、可爱、姿态万千。可无论是怎样的花朵，在它们的成长过程中都会遇到许多问题，我们的孩子也一样。在他们的发展过程中，大大小小的错误会与他们紧密相随，磨炼他们的意志，考验他们的能力。其实犯错并不可怕，它是孩子人生旅途中无法避免的环节。作为教师的我们要做的就是利用好孩子每一个犯错的机会，帮助、鼓励、引导他们，借他们的错误之花，酿出芬芳之蜜，让孩子在犯错中学习成长,在人生旅途中结出累累硕果。

(1) 理解孩子的情感,酿宽容关爱之蜜。

“老师,他‘偷’我东西。”“没有,我只是看看。”“我又没同意。”

“老师,他打我。”“没有,我只是不小心碰到了他。”

“老师,他老是来烦我,我不想跟他讲话。”

这样的对话现场,我想我们每位老师每天都会遇到不止一次。此时的我们是该严厉批评那个乱拿别人东西的孩子,还是应该斥责那个用“偷”字形容同学行为的孩子呢?其实,处在小学阶段的孩子,他们的心智还是未成熟的。他们还没有“同理心”这样的高级别能力。他们无法体会到“假如我这么做,别人会难受”的感觉。有时候我们成人觉得错误的行为,不过是他们以自己的方式在认识世界,这些都是他们对客观世界的一种体验、一种探索。因此,每当孩子无意识的错误之花开启的时候,我们教师就应该通过心平气和地及时提供理解和关爱,通过及时制止他们的错误行为,帮助他们发现自己给别人带来的不良感受。“如果别人没有经过你的同意也拿了你的东西,你会开心吗?”“如果别人重重地碰了你一下,很疼,你会觉得开心吗?”“如果你在专心做题,旁边一直有人打扰,你会开心吗?”让孩子真切地感受他人所感,产生共鸣,才能帮助他们发现问题,找到解决方法。

(2) 尊重孩子的人格,酿智慧清甜之蜜。

“小徐,这个是你家长签的字吗?”“是的,是我妈妈签的。”“真的是你妈妈签的吗?”“是的。”“我再问最后一遍,是不是?”无声中。这样的场景大家也一定非常熟悉。仿家长签名并不仅仅发生在学困生、特殊生身上,同样会发生在学习优异的孩子身上。可为什么当老师发现了错误,孩子还拒不认错呢?其实,趋利避害是人的本性。在遇到问题或是对自己不利的情况下,人总是会想方设法去化解、去转移。在孩子犯错之后,他们还会出现害怕和侥幸的心理。“只要我坚持,可能并不会被发现吧?”“如果我承认了,老师会不会认为我是个坏孩子,从此就不再喜欢我了?”孩子是独立的个体,需要与成人一样受到尊重。因此,每当孩子有意识的错误之花开启的时候，我们应该在第一时间用智慧把自己心底对孩子的宽容与关爱传递给他们，把清甜的甘露洒向他们。告诉他们犯错并不可怕，我们并不会仅仅因为犯错而不喜欢他们，鼓励他们坦然面对自己的错误，从而形成良好的沟通与合作氛围。这样，孩子不仅不会变得敏感、缺乏自信、喜欢逃避，反而会有勇气表达自我，承担责任。

(3) 关注孩子的人生，酿信任助力之蜜。

没有人喜欢被改变，但都喜欢被引导。孩子们做事的心境不同，想法不同，行为就会产生巨大的不同，影响力也会不同。当我们通过言语的鼓励和行动的榜样引导孩子，让他们冷静客观地面对自己所犯下的错误时，他们就能在体验中形成良好的习惯，在实践中形成正确的行为。长此以往，他们优秀的思维品质和道德素养就会慢慢形成，并逐渐趋于稳定。在人的一生中，孩子早期成长时所犯的错误具有很大的意义和价值。通过犯错产生的发现自我、认识自我和完善自我的行为，必定对他们后期的成长产生正向效应；犯错后大人对孩子的信任与助力，也会对孩子和他人的相处模式与关系建立产生积极作用，而这正是我们教师最希望看到的。

让我们共同用理解和尊重来关注孩子的人生，用宽容关爱之蜜结友善之果，用智慧清甜之蜜结诚信之果，用信任助力之蜜结阳光之果，让孩子在人生长途中不断实现新跨越，更加健康快乐地茁壮成长。

[教育主张 2]　爱的方式需要个性化定制——为特殊生的转变助力(执笔：王晴川)

热爱学生并不是一件容易的事，苏霍姆林斯基说过：明智地爱孩子，乃是我们教育素养、思想和情感的顶峰。我们做教师的，不仅应该爱学生，而且应该善于爱学生。孔子说，因材施教，我想说，因材施爱，我们爱的方式需要个性化的定制。

作为一名教师，我们无权选择学生，所能做的就是尽心尽力帮助每个学生获得充分的发展，这不仅包括学习优异的学生，更包括那些后进生、特殊生。小张，班中的一名特殊生，十分冲动任性。刚来时，孩子目中无人，我行我素，身上存在着许多不良行为，同学经常告他的状,老师见了他头疼。对于小张的教育,我本着耐心、学习、研究的原则,付出自己的真心、真情、真爱。我觉得像小张这样的特殊生,他们的转变更需要我们助力。

(1) 以老师之助,用激励唤起信心。

对于小张来说,批评对他已是习以为常,只会让他无动于衷,相反他爱听表扬,喜欢被关注。我常常利用课间、外出活动时与他聊天,让他感到温暖、关心和被尊重。针对他尚能接受老师暗示的特点,在课上有意识地利用目光暗示、点头暗示等手段,及时提醒他遵守课堂纪律。批作业时,我会毫不吝啬地表扬他的长处,哪怕有时他在课上提前写。当他行为偏激时,我不与他正面冲突,放一放、晾一晾,作冷处理,等他静下心来后再教育。平时,我注重生活中的细枝末节,如吃饭时不能跷二郎腿,轻轻走路等,严格要求和训练他的日常行为规范。还细心观察他,只要有一点进步,就借机用"升温"的办法造势,做出"拔高"评价,充分满足他受表扬的心理需要,让他享受成就感,树立上进的信心。

(2) 以同伴之助,用友情感化心灵。

在学校,我还积极倡导学生群体的互帮互助行为。特殊生生活在集体中,朝夕相处的同学之间的言行举止很容易引发他们的情感波动。同学间的冷淡、轻视、讥讽,会给他们带来更重的心理负担;而同学间的友善、热情、鼓励,却能给特殊生燃起友爱的火花。我安排小干部与小张同桌,当他有题目不会做时,除了老师,还有同学帮;当他有学习用品堆放不整齐时,有同学会上前提醒;在小组展开"进取棋"竞赛时,同学们请他专门负责进棋;队长做好PPT,让他上台讲解;召开中队主题会时,让他当小主持……同学们相互关心、相互帮助的行为,让他感受到集体的温暖,享受到同学相处的快乐。同时,也逐渐改变了他在同学们眼中的印象,让他更好地融入班集体中。我觉得同学们用友情的力量来感化他,有时胜过老师的力量。

(3) 以家长之助,用责任促进发展。

要教育好孩子,还有一个重要途径,就是从指导家长入手,采取有效的家庭教育方法，促进孩子个性健康发展。因此，我主动取得家长的配合，每天把作业拍给家长，每周反馈孩子在校的情况，经常通过小本子留言、电话、微信等途径与家长沟通教育方法，推荐育儿文章，我也将书中的理论、自己做家长的经验与之交流，让他们改进不足，科学地教育孩子，密切配合老师，家校合作，让孩子真正受益。

现在的小张任性的事少了，点滴进步多了。看着他的转变，我由衷感到欣慰。只要给予特殊生更多的唤醒、引导、赏识、激励，耐心地等待他们发展时机的到来，相信他们的成长都有更多的精彩。

我想，师爱是一种高度个性化的表达方式，唯有让学生感受师爱、接受师爱、感恩师爱，才能彰显出师爱的真正魅力。让我们用心去学习，用心去发现，用心去研究，用心去实践，为孩子们定制个性化的爱的方式，牵着他们的手，走向成功。

[教育主张 3]　唤醒每一个人心中的潜能(执笔：马洁如)

每个孩子内心深处都有一种审美潜能，只是它取决于是否能够被唤醒，又是否能够被综合塑造为更高层次的美的意境、生命的境界。通过艺术教育，在孩子心中播下美好的种子，可以形成足够丰富的感受、感知以及沟通能力。那么，怎么来唤醒每一个孩子心中的潜能呢？我觉得，首先要从“有趣＋有效”入手。

有趣，就是能够吸引学生，让学生在课堂上兴趣盎然，心情愉悦，如沐春风，感觉时间过得很快，下课后盼着第二天再听这位老师的课。有效，就是教师完成了教学任务，而学生们有成果——无论知识的、能力的、情感的、思想的，总之有收获。

如何能达到有趣？方式有很多：语言诙谐风趣可让课堂妙趣横生；或将知识和学生的生活相联系。现在有个全民游戏——吃鸡，深受青少年的喜爱，包括我在闲暇之余也会玩个几局，我觉得这是我和平时对美术不怎么感兴趣的男生拉近距离的一个话题。先可以问问他们最近的战绩如何，交流一下游戏的操作技术，其实这都是抛砖引玉，因为我个人认为游戏受众人喜爱的原因是两点：一是游戏本身的系统魅力，二是画面色彩与质感。第二点就和我美术学科紧紧相连，学生总有种定向思维，觉得天空就应该是蓝色的，太阳就应该是圆的红的高高挂着，但是事实上从我们身边的游戏画面就可以看到，天空也可以是夕阳晚霞，也可以是暖色渐变，甚至可以加点一些梦幻的颜色渲染氛围；太阳不是一定要出现在每张画面中，可以若隐若现，可以夕阳西下，也可以缓缓日出。与其拿大师的作品让学生临摹，不如选择与学生更没有距离感的、他们喜欢的东西为切入点。同样是日常绘画和泥塑课中培养学生的造型能力与抓住特征的能力，我会象征性地选择一些学生喜欢的并且好上手的卡通角色作为参照对象，比如神奇宝贝、小黄人、linefriends 系列等。

如何让美术课“有效”？我经常在设计课程时思考如何将作业变成作品，寻找契合点，让“00 后”和“10 后”学生的作品更具有时代性和当代性呢？要从传统的作业形式上有所创新。同样是花一节课的时间，也许只要动手剪一剪、用彩纸衬一衬或用新式的绘画角度，就可以让一张批好成绩即丢弃的作业变成一幅让自己珍惜的作品。“美丽的鱼缸”是我在“美丽的鱼”这节课的基础上自编的一节绘画加剪贴的综合型作业。当时我是觉得单靠绘画的方式来表现鱼缸稍显呆板。我研究了好几种立体鱼缸的做法，三角形的效果最便于学生接受与操作。通过老师带领小组合作，每个小组都能做出一个可站立的立体鱼缸。并且在绘画剪贴组合的过程中能更直接地感受到排列组合的规律与美感：物体要有大小变化，前后重叠，富有层次感等。

线条是绘画造型的基本元素。在兴趣班中，我在引导学生发现生活中各种长短、强弱、虚实等线条的美感之外，更要提高他们的鉴赏能力，通过范画让学生更直观地对线条有理解与感悟。刚大学毕业做老师的时候，我习惯性地把范画画得复杂细致，这样的作品虽会让人眼前一亮，但是不利于在课堂中作示范，我认为，范画更应该从学生和教学目的出发，而不能作为教师的专业技能展示，其精细程度要更贴合学生，学生才能更好地消化与理解。例如这些用线作画的课程中，同样是画植物、花卉、水果，我会选取更具有表现特色且特征明显的植物，如金边虎皮兰、菊花、杨梅等。掌握好基本功之后再在作业的形式上有所改变，唤起学生对美的事物的关注与表现，而不是形式大于内在。

人的一生漫长，可做的事情看似很多，但其实真正能做的，不过只有一件而已，这件事就是一个人来到世间的使命。艺术教育的价值就在于唤醒每一个人心中的潜能，帮助他们找到隐藏在体内的特殊使命和真正能做的一件事。罗丹说：世界上不缺少美，而是缺少发现美的眼睛。培养善于发现美的眼睛是我的教育追求，也是属于我的特殊使命。

大力践行社会主义核心价值观的今天，注重的是人的综合素质，强调的是健全的人格教育，把知、情、意统一协调起来，建立一种完善和健全的心理结构。同时，现在提倡的个性教育更多地着眼于个体独特的内心潜能和资质的呼唤、显发和弘扬。而这一切的形成都需要一个赖以实施的空间，“班级管理的技能”校本培训的开发与研究为教师提供了这一有效空间，让教师在学校这一片沃土上锤炼、锻造，以完善自我，张扬个性，凸显特色。

［学校发展案例 2］

携绿色同行，启生态之旅

执笔：陈玉洁

繁华都市，车水马龙；生态校园，别有洞天。坐落于城市中心地带的静安区西康路第三小学是一所拥有 90 多年历史的老校。走进学校，绿树掩映、盆景如画、鲜花点缀、环境优美，校园里处处散发着创建“绿色校园”的浓郁气息。2018 学年，学校成功申报了市级课题“基于学生核心素养发展‘快乐五会’校本课程体系构建与实施”，课题组建立了“快乐五会之‘学会环保’校本课程建设”分项目研究，通过生动活泼的课程活动对小学生进行环境教育。学校高度重视生态校园的创建,从文化着眼、从细微入手,科学规划、有序推进,携绿色同行、启生态之旅,迈出了绿色校园创建的坚实步伐。

一、播撒绿色理念,建构研究目标,整体推进实施

1. 前期发动

建题伊始,课题组立足校情、内引外联,播撒绿色理念,弘扬绿色文化,从而使全校师生认识到,现代工业文明造就了人类的辉煌和发达,但也带来了负面影响,协调人和自然的关系,保护地球生态,已是人类刻不容缓的任务。

2. 明确目标

在前期发动的基础上,子课题组明确了研究的目标:一是通过项目的实施,引导学生积极参与生态校园的建设过程,探索具有学校自己特色的环境教育实践之路,优化育人途径,努力把学校建设成绿色生态型学校。二是通过"生态校园"校本课程的开发和研究,进一步优化学校课程结构,培养学生的绿色生态意识和习惯,形成参与环保的责任感和积极态度,树立保护生态、美化环境的信念。

3. 推进实施

自立项以来,课题组成员和全校教工按计划深入开展研究,实现了从整体设计与探索、深化研究与实践到初步理性提炼与总结的逐步推进阶段,从而使分项目研究取得初步的研究成果。2018年学校保持静安区"文明单位"称号。《快乐五会之"学会环保"校本课程建设》一文发表于《教育观察》2020年第10卷第9期。

二、播种绿色行为,收获绿色习惯,建设生态校园

1. 推进了生态校园的环境建设,发挥了校园隐性环保课程的作用

(1) 倡导绿色文明,争做节约型学校。校园环境是充满生命力的隐性课程,它潜移默化地影响着学生的环境意识、环境行为方式。分项目研究过程中,学校倡导绿色文明,在办学过程及校园设施建设、运营管理中遵循科学发展观,充分体现节能、节水、节地、

节材、环保的教育理念、形成了良好的节约型校园文化。校园内，各年级尝试垃圾箱分类、部分学科教材循环使用，高年级学生探索了“变废为宝垃圾再利用”等环保小课题研究。

(2) 完善环境教育设施，打造环境优美校园。学校根据中心城区土地资源少、人均绿化面积小的实际情况，实施校园复式绿化，增加单位面积的绿化量，形成了绿化生态区。如：校园内墙、校园空间垂直绿化、合理使用屋顶花园、形成校园池塘生物链、启动绿化与保健相结合……

2. 开发了“生态校园”校本课程，形成了校本课程的教学特色

(1) 探索了“生态校园”校本课程教材建设的目标。小学低年段的学习目标为：亲近、欣赏和爱护自然（包括校园）生态；感知自身生活（包括校园）的生态环境，以及日常生活与生态环境的联系；重视活动和体验，掌握简单的环境保护行为规范。小学中年段的学习目标为：了解自然系统的基本知识和规律；感受生态环境（包括校园）变化与人类生活的联系；养成对环境友善的行为习惯。小学高年段学习目标为：了解周边（包括校园）的生态和主要环境问题；培养一定的解决环境问题的能力；重视实践和参与；形成较强的环境意识、环境道德品质和行为规范。

(2) 充实了“生态校园”校本课程的教材内容。通过前期准备和中期实施过程，在进行了大量理论和实践研究之后，由课题组组长组织，科研室牵头，课题组成员同自然学科备课组成立“生态校园”校本教材编写组，编写了具有现实意义、贴近生活，又符合中、高年段小学生年龄特点和接受能力的环境教育校本教材，并在实施的过程中逐步修改，使教材更具现实性、针对性和趣味性，进一步凸显本教材的特点。课程内容具体分“校园垃圾的分类与再利用”“校园节能减排”和“校园绿化”三个主题模块。

(3) 凸显了“生态校园”校本课程教材的教学特色。课题组带领教师根据不同阶段儿童心理发展的特点，遵循教育规律，分阶段因材施教。在教学过程中，突出正面教育，以生态环境的科学知识带动生态环境意识的建立。由于“生态校园”校本教材的实践性

强，所以教学中还突出了实践性及学生的参与，注重学生多方面环境素质的培养。同时，通过学生活动，带动更多的人保护生态，倡导“小手牵大手”。

3. 探索了学科教学有机渗透环保教育，拓宽了生态环境教育的渠道

学科渗透是进行环境教育的重要途径之一。我们尝试通过项目研究，挖掘、利用小学现有教材中的生态教育内容和课堂教学中的生成资源，对学生进行生动、丰富的环境教育。

(1) 把握、渗透学科教学。自然学科，以及语文、英语、美术、音乐等人文学科，环保素材俯拾皆是。课题组引导教师认真提炼教材，挖掘环保因素，寓生态环境教育于学科教学中，使生态环保意识像春风一样，扬起学生心中的环保风帆；像春雨一样，滋润学生的心田，从而达到了“随风潜入夜，润物细无声”的效果，提高学生生态环保意识。数学学科有其独特性。数字可精确反映生态环境问题。根据这一特点，数学教师精心挖掘教材内涵，在学科教学中有机渗透环境教育，形成学生对人与周围环境关系的科学认识。如教学统计表后，让学生利用家里的水、电、煤气费的数据制成统计表，从节约资源、能源等角度启发学生，从而收到良好的教育教学效果。

(2) 上好主题教育课。在主题教育队活动课中，教师对一些本身就是生态环境教育的素材，如资源问题、粮食问题、各种生态问题、城市化问题、人口问题等，通过引导学生联系实际、列举数据，借用网络资源、小组讨论等手段，让学生进入角色，认识保护生态的必要性。

(3) 开设校园知识讲座。每周四，科技辅导员在全校广播中定期举办“人类与生态环境”知识讲座，开展“环保知识读书活动”。如“厄尔尼诺现象”“二氧化碳的温室效应”“为了地球上的生命——拯救我们的海洋”“人类面临的十大环境问题及其对策”等讲座，使学生从不同角度了解环境保护工作的迫切性、重要性，增强了学生的环境意识。

4. 开展了丰富的主题实践活动，构建了生态教育在第二课堂渗透的研究框架

走进大自然、参加社会实践活动是生态教育生命力之所在，其内涵就是引导学生走进社会大课堂，亲自参与环保实践，并在实践中学会保护环境，培养环境责任感。学校积极创设活动载体，广泛开展丰富多彩的活动，为学生提供参加环保实践的机会。

(1) 做好“绿色实践陶冶人”的文章。学校将所有的绿化区域划给各班，分别管理，并引进竞争机制，定期对各班学生养护的花草树木现状进行评估和通报。各班包块认养花草树木，挂牌设岗，精心养护。少先队员们也都发出了“我们和小树苗一起成长”的口号。

(2) 做好“环保卫士修养人”的文章。“争当环保小卫士”活动也是少先队组织的一项环保教育活动，全校师生积极投入活动中。少先队员设立文明岗，针对水龙头滴水、不随手关灯、垃圾不分类等现象进行劝导，用实际行动美化环境，净化心灵。

(3) 做好“节日教育熏陶人”的文章。在纪念日利用“爱鸟周”“植树节”“地球日”“世界水日”“世界环境日”“无烟日”“湿地日”等环保节日开展主题生态环境教育和环保实践活动。

(4) 做好“阵地宣传引导人”的文章。课题组引导师生利用红领巾广播台、环境教育宣传栏、绿色专题网站等经常化地开展生态环境教育，引导学生明理、践行。

(5) 做好“社区实践塑造人”的文章。课题组针对学生的兴趣需要，开发丰富的综合实践活动课程内容，让学生参与调查、采访、服务等实践活动，在实践的情境中发现问题，增强环保意识。

(6) 做好“变废为宝影响人”的文章。变废为宝体现的是一种低碳生活、循环经济的绿色理念，培养的是学生动手实践、勤于探索的精神。课题组组织开展了废物利用大赛，各年级开展了个性化钟面制作、废物利用艺术品、纸装秀大赛等活动。

(7) 做好“家校互动锻炼人”的文章。课题组校内校外齐头并进，多渠道开展环境教育活动。学生是未成年人，他们的许多行为

都受到家庭、社会的影响。学生又是家庭的宝贝，他们的热情和行动会感染家长。提高绿色文明，仅靠学校教育远远不够，应该“走出校门，走进社区，带动家庭，辐射社区”，“小手牵大手，大手拉小手，大家一起来环保”。让学生学环保、讲环保、做环保，并将这些做法和理念带入家庭、社区，影响学生身边的人。这体现了“人人参与、人人分享、人人受教育、人人拥有健康”的环保宗旨。

在推进创新实践项目的一年多时间内，课题组引领全校师生群策群力、共享智慧，播种理念、规范行为，明理践行、收获习惯。当然，建设生态校园，环境保护教育是学校一项长期的工作。“革命尚未成功，同志还须努力。”西三小学的全体师生将会携起手来，创建绿色校园，追求绿色梦想，传承绿色文化，共享绿色人生。

四、问题思考：核心素养视域课程探索任重道远

第一，在倡导优质资源共建、共享的背景下，如何充分利用校外优质教育资源，联合开发创新课程，使课程与社会的联系更加紧密、课程更丰富生动，真正做到家庭、学校、社会三位一体共促学生发展，这值得思考。

第二，学校对校本课程的评价还缺乏系统的运作机制，还未形成学校课程的评价量表和教师个体的评价量表，这有待进一步探索。

第三，在班级授课制背景下，如何创新校本课程实施的教学组织形态，让课程朝着有利于发展学生个性，充分满足学生多元需求的目标发展，需要学校大刀阔斧，探索实践。

第二章

缤纷的课程

自课题运行以来，西三小学围绕“健康快乐每一天，每天进步多一点”的办学理念和“五个学会”的育人目标，致力于构建“快乐五会”校本课程体系。课题组整合学校内外优质资源和人力、物力，集中各方积极因素推动校本课程建设，满足学生多元化发展的需要，提高学生核心素养，促进学生个性发展，构建学校新文化。西三“快乐五会”校本课程，如春天般绚丽多彩，缤纷绽放。

第一节 特色校本课程

核心素养着眼于学生的全面发展。在校本课程开发过程中，西三教师打破认知局限，不断挑战自我，探索核心素养背景下特色校本开发的策略。教师从多方面获取课程资源，有效重组优质资源，不断丰富课程内容，为学生的文化提升、自主发展、社会参与等方面奠定基础。学校逐步形成独具亮点的特色课程。

［校本课程研究案例1］

培养阅读兴趣　提升学生的语文核心素养

——"学会阅读"校本课程的实践探索

执笔：朱　红

一、课程背景

《语文课程标准》指出："阅读是运用语言文字获取信息、认识世界、发展思维、获得审美体验的重要途径。阅读教学是学生、教师、教科书编者、文本之间对话的过程。"阅读教学使学生学会读书，学会理解，培养学生搜集处理信息、认识世界、发展思维、获得审美体验的能力，提高学生感受、理解、欣赏的能力，使学生具备终身学习的能力。因此，阅读不仅可以拓展语文教学方式，还可以提高学生的语文素养。广泛的阅读、有效的积累是学习语文的首要任务。

在培养核心素养的背景下，学校建立了"学会阅读"校本课程。课程实施的途径非常广泛，多年的"学会阅读"实践，即课外阅读、主题活动、亲子广场、闯关等活动，带给学生不少的阅读快乐和兴趣。学校在"学会阅读，勇闯N关"大型阅读活动中，各年级紧紧围绕"参与读书实践活动，感受阅读的快乐"，养成"好读书、读好书"的良好习惯；建立"好词我来说""古诗我来吟""名言我来诵""经典人物我来寻""成语世界我来游"等关卡，形成了浓浓的阅读氛围，极大地激发了学生的阅读兴趣，取得了较好的活动效果。根据学生校本实情分析，我们对"学会阅读"校本课程建设的提升进行了再思考，再改进。我们以学校教育为中心，同时辐射家庭教育，在学校、家庭的和谐互动中提高阅读的意识。

二、课程目标

基于学生核心素养的发展，我们着力探索"快乐五会"校本课程之“学会阅读，做一个知书达理的人”的完善与实施。我们以学校“阅读节”活动为契机，持续推进“学会阅读”校本课程建设和学校课程体系建设，旨在关注学生的阅读情绪，引导学生感受语言文字的魅力，激发学生的阅读热情，提高学生的延伸学习、理解、表达和运用能力，逐渐形成终身学习与阅读的良好习惯。

三、课程实施

1. 掌握一套正确的方法

阅读不一定能改变人生的长度，但可以改变人生的宽度和厚度。没有阅读就难有个体心灵的成长，难有精神的发育。一个人的精神发育如果离开了自主阅读，离开了真正经典的阅读，就难走得很远。

方法是解决问题的门路和程序。古人云：授人以鱼，不如授人以渔。教给学生课内外阅读的方法是很有必要的。当然，阅读的方法很多，对于小学生而言，更重要的是可操作性要强，便于学生执行，便于家长督促和指导，于是，阅读摘抄便成为学生养成静心阅读的一条途径。

(1) 师生共读，课堂指导。

观察孩子的阅读，我们不难发现，他们往往比较注重故事情节而忽略语言文字，那是阅读不够深入，忽视了品味，缺少了深刻的思考和体验。因此，加强阅读的指导显得十分必要。语文教学是师生与文本的对话。共读经典、强化指导是课堂的主要任务，即使是课外阅读，也可以师生共读，集体讨论，关注更多的阅读点，在分享中发现更多的乐趣。

阅读的方法无外乎精读和泛读。精读，字斟句酌，反复体味，是学生独立阅读能力提高的重要标志。在精读指导时，可以从“读书做记号”的学习习惯入手，告诉学生要留下读书思考的痕迹，不动笔墨不读书。可以统一一套圈画记号，让学生养成批注的意识，读、划、思、写，而后延伸到课外阅读过程中去。

(2) 自主阅读，独立摘抄。

只单纯阅读也是不够的，俗话说“好记性不如烂笔头”，读书要做到眼到、心到、手到。因此，阅读时做好摘抄，写点读书笔记，方能增强读书的效果。由于阅读兴趣的不同，个人需要的差异，读书的内容自主化，更能调动阅读的积极性。但是，摘抄的内容，关注的要点应该是一致的，读书摘抄的格式可以统一化。例如——标题：书名、作者；好词：不认识的字（查字典）、成语、四字词语等；佳句：比喻句、拟人句、心理描写、环境描写等；感受：针对当天阅读的某一个点，有感而发，有话则长，无话则短。

养成写读书笔记的习惯，久而久之，可以达到提高学生的认识能力、表达自己见解的能力和及时抒发自己感情的能力。

（3）交流分享，及时反馈。

一个人的思考是有限的，集体的交流、相互的碰撞才能生成更多的观点，发现更多的亮点。因此，可以在每天的阅读课上抽出10分钟的时间，安排两名学生讲述自己读书的收获，其余同学评议。如此一来，不但能矫正学生课内外阅读中的不足，还能借助同学之口，拓宽其他学生的知识面，同时也锻炼学生的口语表达能力。学会好的方法，养成好的习惯，需恒心，靠勤奋。榜样的力量是无穷的，教师可以将优秀的摘抄展示给大家，让学生有个目标，学习借鉴，不断提高。切实做好学法指导工作，帮助学生努力实现语文知识、语文能力及其他各种因素的内化，才能提高学生的语文素养。

2. 提供一个适当的平台

（1）校内平台。

小学生的自控能力相对较低，加上贪玩的天性，绝大部分学生需要老师、家长的监督指导，课外阅读应有时间做保障，才能达到实效。校内平台把课外阅读与语文综合实践活动结合起来，经常把学生领入阅览室、图书室，让学生在浩瀚的书海之中自由泛舟。

（2）校外平台。

随着网络交流的日益便捷，班级管理中家长的介入日趋增多，阅读活动的交流也可以纳入网络系统中，可以利用视频、文字、图片的形式丰富展示的内容，也可以采用论坛讨论的形式，让家长一起参与亲子阅读或点评互动，真正地营造一种热爱阅读的良好氛围，促进课外阅读的长效性。

3. 落实一项家庭教育指导的工作

家庭教育的影响对孩子起着举足轻重的作用。学生每一项管理举措，都需要有家长的支持才能落到实处。所以，老师带的不是一个班，而是两个：一个是“学生班”，一个是“家长班”。如今的家庭教育指导形式多样，有家庭教育指导课、家庭教育微讲座，约见面谈、电话、QQ、微信等，都很方便。

家庭教育重要的是注重长效管理，鼓励有效关注。要告诉家长，坚持一件事情，并不是因为这样做了会有效果，而是坚信，这样做是好的。其次，要让家长明确：所做的这一切，不为成绩，不为名利，而是为了孩子的未来发展。教育是细水长流，不会立竿见影，所以反对家长“我都试过了，没有效果”的说法，鼓励家长和孩子一起坚持。

实例：家长谈如何培养孩子阅读兴趣

书是人类进步的阶梯。读书的好处很多，可以丰富知识，开阔视野，引导明理，带来快乐等。培养孩子阅读的兴趣和习惯，让她从小体会到阅读带来的快乐，其实是对孩子终身学习和终身发展能力的培养，让孩子一生受益。因此如何培养孩子的阅读兴趣和能力，是我们所有家长都在思考的问题。以下就简单介绍自己的一些做法。

其一是从小我们就有意识地培养孩子对阅读的兴趣。幼儿期教她读儿歌、读古诗、看绘本，坚持讲睡前故事，书也买了不少。有空时就给她听点读机里的童话故事，她喜欢跟着模仿。外出时看到路名、广告牌、店铺名都会教她认字，不知不觉她上幼儿园小班时已经识字不少了。中班的暑假她学会了拼音，大班开学时她基本能自己读注音的简单儿童书籍了！这样她就能突破大人的限制，阅读量得到了很大的提升。我们就鼓励她把点读机里听过的、书上读过的好故事讲给大人听。她也很乐意，大班时她参加幼儿园的“故事大王”比赛还得了二等奖。她自己也很受鼓舞，对阅读和讲故事积极性更高了。后来我开始让她自己读玩具说明书，大概二年级暑假她迷恋上玩魔方，自带的说明不够清楚，她在我的帮助下找到了网上魔方小站里的教程，自己跟着教程学会了三阶魔方。兴趣真的是最好的老师！

其二是尊重孩子，尊重孩子的阅读兴趣。特别在年龄小的阶段，孩子读什么不读什么由她自主决定，只要内容健康就行。在这一点上，我走过弯路。入小学后，我希望她多读名著多汲取营养，给她买了青少年版的名著、国外获奖的优秀儿童文学作品系列等，可是她不爱看，几经鼓励也收效不大，最后勉强读完了一本两本后再也不愿意碰了。而她最爱看的是从同学处借来的校园流行的《马小跳》《米小圈》《脑筋急转弯》等，我拿过来看了一下，内容虽然幼稚了些，但还是健康向上的书籍，而她特别偏爱这类诙谐幽默的校园生活书籍。我想不能因为我的想法而扼杀了她整个对阅读的兴趣。于是我默许了她的阅读偏好，竟然发现她对这些书的喜爱程度可达到废寝忘食的程度。随着时间发展，孩子的阅读兴趣也会不断拓展，之后有段时间她又迷恋上侦探类小说。我庆幸我没有强迫她，否则她不可能这般无拘无束地享受到阅读的乐趣。名著当然还是要读的，也许等孩子大一点再慢慢引导她看吧！

其三是家长要以身作则给孩子创造热爱阅读的氛围，潜移默化地影响孩子。父母是典范，言传身教是最好的方法，因为孩子模仿能力是最强的，所以要求孩子做到的大人首先要做到。因此父母应严格自律、努力成为孩子可以仿效的榜样。我们家爸爸比较喜欢看书，孩子也受到了一点影响。如果作业完成，通常晚饭后就会是一个家庭阅读时间。以前不是这样的。有一次，吃完晚饭，我在看手机，看了一会我抬起头，我发现爸爸也在看手机，女儿竟也拿着 iPad 在玩游戏。之后我就订了份报纸，她写作业或者看书时，我也能顺手拿起报纸翻一番。让孩子感觉到，这是我们一家人共同的家庭活动。

另外周末、节假日时，我们也经常带她去图书馆看书、借书。让她感受另一种读书的氛围。图书馆里的读书氛围是特有的，大家都在埋头阅读。人置身于书的海洋中，特别容易受到感染，静下心来专心投入阅读中。

其四是“跟着课本、美文去旅行”。这是个无心插柳的事。记得二年级的清明节，带孩子去南京玩。当我们一家三口走到玄武湖公园的“杉林氧吧”时，正好下起了蒙蒙细雨。雨中的玄武湖公园，人不多，走在林间小道上，丛林、大地都染上了无比清新的绿意，别有一番景致。这时，我突然想起女儿喜欢背课文的习惯，随口问了一句：你们学过关于春雨的课文吗？女儿立马背起了一年级下册课文《春雨沙沙》：

春雨沙沙，春雨沙沙……

沙沙的春雨，像千万条丝线飘下……

穿梭的燕子衔着雨丝，织出一幅美丽的春天图画：绿的，是柳叶；红的，是桃花。还织出一条清凌凌的小河，河里的鱼儿欢快地摇动着尾巴。河的对岸有一座小山。山坡下，有播种的农民；山坡上，有植树的娃娃。

啊，多么迷人的图画！

在女儿的朗诵声中，一家三口在实景中感受着课文中的春雨之美。在玄武湖的杉树林中，我们似乎与作者达成了某种心意相通。这真是一次意外的美好经历。我当时想，以后外出旅游做规划时，可以让孩子参与进来，去她读到的课文中提到的她认为美的地方，既是拓展她的知识面和视野，也能引导她积极地去接触、感受大自然之美、人文之美，从而更加体会汉字之美、爱上阅读。

其五是鼓励孩子积极参加校内外的各类阅读相关活动锻炼自己。比如本校阅读节活动、广播台活动等，女儿积极性都特别高。喜欢阅读节活动是因为她曾经获得过学校阅读节读书小报“优胜奖”，这让她很引以为傲。学校举办这些活动的理念也很好：重在参与，重在培养兴趣，所以获奖面其实是很大的。而这小小的一面奖状却对荣誉感强的孩子有着大大的魔力，激发着孩子在阅读方面的兴趣。另外参加学校广播台社团对她帮助也很大。孩子喜欢主持，学校每周的广播台主持给了她一个小小展示自己的舞台。目前她担任“小福尔摩斯”“安全小卫士”两个栏目的小主持人。每周写一篇新闻稿、播一篇栏目稿，播音前一天晚上会主动反复练习读稿直到满意为止。播音的稿件由老师布置主题后由学生自主查找资料编辑完成，从阅读能力向文字能力、表达能力发展、延伸，这对孩子是很好的一个锻炼。她积极性很高，基本不用提醒都能自己主动去完成稿子的撰写、编辑，并邀请我帮她一起修改。这样的历练更让她学会了观察社会和生活，学会了对自己的事负责，阅读、写作的能力也得到了提高。

四、课程收获

家庭教育需要和学校教育步调一致，家长和老师是合作伙伴、同盟军。对待学生学习、生活中的各种状况，应该统一认识，有序梳理，做到三“不”：不吝啬表扬，不忽略缺点，不隐瞒建议。三“时”：时时关注，适时鼓励，及时表扬。成绩只是老师能给孩子的一个很小的礼物，在成绩背后我们更要为孩子谋求更长远的发展。我想让孩子爱上阅读，心灵丰盈了，素养提高了，目标就更远大了。我们有理由相信，他们未来的人生道路必定会越走越宽。

在学校阅读节的基础上，我们充分利用亲子阅读广场的硬件设施，为学生提供了阅读的新平台。通过开展闯关活动，激发亲子的阅读兴趣，把亲子阅读培养成生活中的良好习惯，让亲子阅读成为构建和谐家庭的一部分。

我们不仅利用各学科潜移默化地培养学生的阅读兴趣，加大孩子的阅读量，提高孩子的阅读能力，发挥学校阅读节效益，充分利用学校地下阅读长廊的作用，还积极与校外共建单位南西街道图书馆等，为学生提供行走中阅读的机会，保证学生的阅读量，最大化地营造充满芬芳与活力的读书氛围。

[校本课程研究案例 2]

在体育锻炼中培养学生运动素养

——二年级体育活动课程的实施

执笔：史玉清

一、课程背景

在学校各学科教学中，体育教学是极其重要的组成部分，尤其在当下学生重知识性课程学习，忽视体育锻炼的情况下。“学会锻炼”校本课程为学生积极参加体育锻炼创造了条件，使学生形成自觉进行体育锻炼的意识，这有助于促进他们的全面发展。“学会锻炼”校本课程着重于学生运动技巧和能力的提高、身体素质的增强以及体育素养的培养。

二、课程目标

“学会锻炼”校本课程面向全体学生，为学生的全面发展创造条件。以学校四年发展对体育的要求为导向，内容全面覆盖基本技能和技巧。活动有目的、有计划，注意知识和技能的统一性、连续性，促使学生身体的各种素质和基本活动能力都得到发展。

三、课程内容

基于我们二年级学生的年龄特点，结合“学会锻炼”校本课程的争章要求和二年级下的阳光体育汇报展演活动，制定二年级学生分阶段进行体育专项运动训练计划。由体育老师指导牵头，班主任老师配合督促，利用体育课、体锻课、课间大活动等，进行定目标、有指导、分步骤的训练。激励所有的二年级学生积极参与体育运动，力争第一学期夺“跳跃章”，第二学期夺“球类章”，二章都得到且飞镖运动成绩优秀的同学期末还可以获得“运动达人章”。

四、实施原则

1. 全面性原则

项目面向全体学生，活动定目标、有指导，分步骤落实，注意知识和技能的统一性、连续性，为学生的全面发展创造条件。

2. 适量性原则

遵循学生的一般认知规律，运动量大小适量安排，合理负荷。既不使运动量过大，产生过度疲劳，有损健康，又避免运动量过小，达不到锻炼身体的目的。

3. 差异性原则

项目及运动量的安排体现个性化差异，有底线但是不封顶。

五、实践过程

注重平时训练：在体育课、体锻课、课间大活动进行广播操、韵律操、立定跳远、飞镖、跳绳、三毛球等各项体育运动、游戏等；

结合展示活动：五月，家长开放日活动，进行阳光体育汇报展演；

落实争章考评：学期结束，对每一个学生完成“学会锻炼”校本课程争章考评。

六、评价标准

二年级学生“学会锻炼”校本课程争章要求：

争章标志	争章项目	争章要求
跳跃章	立定跳远	110 厘米
	跳　操	动作正确到位、有节奏
	跳　绳	80 次/分钟
球类章	三毛球	发球正确，能接发球 2 个来回
达人章	飞　镖	1.5 米距离，累加三次总分 120

七、实践效果

学生的核心素养是通过学科课程学习所形成的最基本、最重要的素养，包括知识与技能、过程与方法、情感态度与价值观等方面的表现。2018 年第一学期开学初，围绕校“学会诚信、学会锻炼、学会阅读、学会提问、学会环保”的五个校本课程，结合我们二年级的阳光体育展示活动，所有的师生都积极投入到“学会锻炼”校本课程活动的筹备运转中，在活动中，学生收获很多：

1."学会锻炼"校本课程有助于学生自主锻炼意识的培养

课程以健康锻炼为宗旨,坚持"以人为本,健康第一"的指导思想,围绕我校"健康快乐每一天,每天进步多一点"的办学口号,在体育运动中,培养学生对体育运动的兴趣、爱好,掌握一定的体育基本技能和知识,养成坚持锻炼身体的良好习惯,从而增强体质,培养学生成为身心健康的好少年。

在家长开放日的展示活动中,我们结合男孩子的个性特点,特意安排了拳操表演。孩子们争先恐后地积极举手参加。他们个个摩拳擦掌,在领操同学的带领下,兴趣高昂地自发利用课余时间,在教室、在走廊、在操场进行学习、练习,随着"1——2——3——"一声声响亮的口号声,孩子们挥舞着有力的小拳头,迈着稳健的步伐,自主积极练习。在拳操训练中,孩子们不仅身体得以锻炼,还激发了他们的集体荣誉感和团结互助的精神,他们都想在展示活动中一展英姿,为班集体争光。同样,女孩子的啦啦操,也毫不示弱,她们每天早早地就到学校,在音乐舞蹈室,踏着欢快的音乐,舞动手中的鲜花,一遍又一遍地排练。她们自己不断修改动作,不断改变队形,跳累了,跳渴了,也不愿休息一会儿——这时候的孩子,完全把运动当作一件高兴的、有荣耀的事在认真对待,再也不排斥,不叫苦叫累。运动培养了学生对体育的兴趣、爱好,也增强了学生的体质。

2."学会锻炼"校本课程有助于学生体育知识和运动技能的培养

体育知识主要有人体的生理卫生常识、体育的人文知识以及体育锻炼的基本知识。运动技能则包括体育运动的技能、技巧以及体育评价的技能等。

说说活动中的"跳绳达人赛"吧。跳绳看似是一项简单、轻巧的运动,但是要想成为各班的达人,可不是一件容易的事。为了能比出优异的成绩,甚至通过挑战成为达人,同学们站在操场上专注地听体育老师讲解要领:"一定要采取正确的跳绳方法,才能跳得快又连续不失手。绳子长度应该是单脚踩跳绳,两端拉到胸口的位置；两手上臂要贴近身体，手腕用力；脚尖和前脚掌起跳落地，起跳高度不能太高，以刚能过绳子最好，落地时膝盖微屈做缓冲。”老师还提醒大家：“为了不失误，速度不宜过快，当熟练掌握后加快速度。”在体育老师仔细的要领讲解和动作示范下，孩子们掌握了基本的跳绳知识技能，之后个个积极投入到练习中。二(1)班的大胖小子肖同学，平时最怕运动，因为他一动就气喘吁吁，有时还会尿失禁。但看到大家练得那么认真，在老师手把手的动作指导和鼓励下，想到自己也不应该在活动中露怯，也积极投入到练习中。原本他一分钟只能跳五六个，经过坚持不懈的努力，他终于能连跳了，一分钟能跳二三十个了，这真是一个巨大的飞跃啊。

“学会锻炼”校本课程是一个平台，它让每个学生在运动中充分认识到体育对强身健体的作用，对集体荣誉感、自信心的激发，它对人生各方面都具有积极的作用。学生通过对体育知识的学习、技能的掌握和运用，学会了主动参与体育活动；并且融体育运动于表演中、于比赛活动中，激发了学生主动参与的乐趣，体验到了成功的快乐，满足了他们主动参与体育活动、不断增强体质的需要。在健身知识技能的学习过程中她们获得自尊、自信，进而能愉快地投入到学习生活中。

[校本课程研究案例3]

“走遍中国”课程的校本化实施

执笔：王　芳

一、背景及意义

基于核心素养的发展，我校构建了“快乐五会”校本课程体系。探究型课程是学校校本课程体系的重要组成部分，对于改变学生单一的学习方式，培养创新精神和实践能力，发展学生的多元智能，形成健全的人格，促进学生整体和谐的发展具有独特的作用。

通过实践，教师们能根据教育教学活动的实际情况，采用多种教学形式、教学方法和教学手段，使教学过程变成学生自主合作、探究体验的过程，变成教师指导学生收集和利用学习资源的过程；变成教师针对学生的学习内容，选择不同的学习方式的过程；同时也使教师善于运用多元的评价方式，促进学生学习方式的完善。

"走遍中国"探究型课程就是以探究学习的方式对祖国悠久的历史、自然风光、众多民族、社会发展，以及典型省市的历史进行了解。课程围绕学生感兴趣的问题开展学习，帮助学生提出解决问题的方案，进行信息收集、分析和判断，进而探究；养成乐于探究的好习惯和能力；体会同伴合作的必要性，体验合作的乐趣。

二、特色课程设计的特点

1. 课程理念

本课程的理念是以学生发展为本，符合提高全体学生全面素质的基础特点，符合学生年龄特点与生活经验，符合学生自身发展的需求。

本课程的主要特征是注重学生在课堂教学过程中的主动参与、自主发展和师生之间的协同合作。通过实践性的体验活动，让学生在学习中感悟，在实践中体验，从而获得成功的喜悦。

2. 课程目标

本课程的总目标是培养学生创新精神，形成探究态度，学会初步的探究方法。根据学生不同年龄，以及发展的生理、心理特征，本探究型课程目标分为两个阶段，了解伟大祖国，培养民族精神和爱国热情，充分调动学习的积极性、主动性和创造性，引导其自主学习、自我教育、主动发展。

第一阶段：初步了解中国概况；初步培养观察、质疑、探究能力，掌握基本的收集信息、分析和利用信息的方法；获得参与探究的体验，提高参与活动的热情，培育爱国热情。第二阶段：感受祖国悠久的历史、自然风光、社会发展等，了解典型省市的发展史；初步培养综合运用知识、思考问题的能力，以及基本的人际交往能力、合作能力和自我表现能力；培养具有初步设计活动的能力、社会调查的能力；初步培养主动探索、勇于实践、不断创新的进取精神，养成科学的态度和人格，使学生关心历史、关心时事，初步形成社会的责任心和使命感。通过情感体验和探究实践，使学生充满好奇心，养成乐于探究的学习态度；提高发现问题、提出问题，以及运用已有的知识和经验多方寻求答案，解决问题的能力。

3. “走遍中国”校本课程谱

“走遍中国”是在“十二五”期间开发的课程。我们在原有的基础上，补充“素养目标分解”和“质量评测标准”，进一步完善课程评价。

表 2-1 一年级“走遍中国”课程谱

年级	素养目标分解	课程内容具化	质量评测标准
一年级	善于发现问题，有探究兴趣； 对日常生活中的事物和现象有好奇心，充满探究欲望	“我们的学校” “我们的校史” “上海童谣” “弄堂游戏活动” “传统节日：春节” “传统节日：元宵节” “传统节日：清明节” “传统节日：端午节”	（1）学生在日常生活中对新奇事物和现象有探究兴趣，有解决问题的意愿； （2）学生能被探究主题吸引，愿意主动探究
……	……	……	……

三、“走遍中国”课程实施成果

1. 探索了课程实施的原则

（1）整体性原则：“走遍中国”课程所实施的教育应纳入学校的整体教育教学工作中，相互联系，相互渗透，着眼于学生的全面发展，注重能力的培养、素质的提高、创造思维的发展。

（2）实践性原则：“走遍中国”课程的实施，要开展大量的调查、搜集、整理等实践活动，使学生自我体验，有所感悟，并在实践中培养能力。

（3）主体性原则：尊重学生的主体地位，激发和调动学生自我提高自我发展的积极性和创造性，满足学生的自我需求。

（4）理论联系实际原则：在实施过程中，要善于运用教育理论知识来指导，但更重要的是要尝试运用所获知识去解决实际问题，在实践中深化对知识的理解。

(5) 发展性原则：充分尊重和满足学生个性差异，以学生素质发展，个性和人格得到更充分、自由发展和健全为目的，以师生发展、需求为本。

2. 制定了课堂教学过程框架

“走遍中国”课程教学以学生为学习主体，重视培养学生信息检索能力、自主探究能力、小组合作能力。

表 2-2　“走遍中国”课堂教学框架

<table>
<tr><td>学习目标</td><td colspan="4">(1) 完成哪些任务？
(2) 需要哪些方面的信息？
(3) 自己完成的任务是什么？</td></tr>
<tr><td>研究计划</td><td colspan="4">(1) 准备分几步完成？
(2) 由谁完成？
(3) 完成时间？</td></tr>
<tr><td rowspan="2">选择方法</td><td colspan="2">收集信息方法</td><td colspan="2">记录信息方法</td></tr>
<tr><td colspan="2">请教　□
查阅　□
上网　□
其他　________</td><td colspan="2">笔记　□
剪贴　□
文件　□
其他　________</td></tr>
<tr><td>信息来源</td><td colspan="2">具体内容</td><td colspan="2">来源(网站地址或书籍名称)</td></tr>
<tr><td rowspan="6">评价总结</td><td>完成时间</td><td colspan="3">提前□　按时□　延期□</td></tr>
<tr><td>完成情况</td><td colspan="3">未完成□　完成□　有新内容增加□</td></tr>
<tr><td>研究结论</td><td colspan="3"></td></tr>
<tr><td>成果形式</td><td colspan="3"></td></tr>
<tr><td rowspan="2">评价结果</td><td colspan="2">对小组评价</td><td>对个人评价</td></tr>
<tr><td colspan="2">目标和计划
自主和合作
过程和结果
经验和教训</td><td>自己的努力
技术的应用
取得的收获
前进的方向</td></tr>
</table>

3. 确定了学生的课程学习细则

我们强调，课堂中一切必须以学生为中心，以学生发展为本，充分发挥学生的主体作用，主要采取自主、合作、探究的教学模式，鼓励学生积极参与、勇于实践，促使学生思维飞扬、激情高涨。

表 2-3 "走遍中国"课堂教学模式

阶段	学生的活动情况	教师的活动要求
确定主题	明确具体的学习要求；选择学习的组织形式；制定学习计划	阐明主题学习的目的、意义
自学探究	搜寻、探究、分析、理解、判断等	可作适当示范、指导
讨论启发	交流知识和观点，对信息和资料进行加工和整理；学会分享与倾听	师生共同讨论，互相启发
实践创新	学会讨论、协作，完成团队作业	可提出改进性办法或思路
总结评价	综合利用各种学习手段，展示成果	帮助学生一起对学习过程进行回顾、小结、归纳

4. 制定了学生探究学习记录表

"走遍中国"校本课程的探究学习记录表在收集评价资料的途径上主要分为观察、交流、记录、案例等。

表 2-4 "走遍中国"学生探究学习记录表

内容	学习记录	完成时间
学习主题		
资料搜集		
自学思考		
材料选择		
自我体验		
存在问题(反思)		

5. 统一了探究学习评价标准

(1) 过程评价：主要通过观察、沟通随时记载学生在参与实践活动中的体验、成功或失败，有的作定量评定，有的采用等级评定，有的则用不同标记将评价结果记下，如突出的记“☆”、比较好“√”等，甚至可以通过学生搜集的资料质量，体验文章的书写等。

(2) 发展评价：主要是不断对学生的表现进行纵向比较，或与一定的评价标准相比较，用文字表述的方法记载学生投入活动的兴趣、发展、创新，及时将这些资料反馈给学生，使学生明确努力的方向并提出具体的改进建议，使学生了解自己的成长与发展。

(3) 多元评价：主要以评价学生的某次学习活动为例，评价方式包括学生自评、互评、教师评。

表 2-5 “走遍中国”课学生评价表

评价探究主题	很好	较好	一般	较差
完成探究学习的内容				
完成时间				
自主搜集				
同伴合作完成作业				
态度(全员、全程)				
创新价值				
成果展示				

6. 多角度培养学生核心素养

“走遍中国”用祖国悠久的历史文化作为载体，以探究学习方式为手段，围绕自己感兴趣的问题开展学习，学会选择、学会发现、学会提问、学会思考；培养学生乐于探究的好习惯。

(1) 激发了爱国主义强烈情感。

在当今中国经济高速发展的同时，精神文明、道德文明的建设同样成为刻不容缓的课题。小学更应该注重学生珍惜生命，讲文明、有礼貌、讲诚信，爱祖国等优秀品德的培养。因此，作为学校德育教育阵地之一的探究型课程也肩负着义不容辞的责任。例如《走进北京》是校本探究课程系列丛书中五年级的探究校本教材。《北京皇家气派》一课作为第三单元“北京政治文化”中的第一课，教学内容是知道三大殿名称及太和殿、中和殿、保和殿的主要用途；教学重点是故宫主要宫殿介绍；教学难点是故宫主要建筑深远的历史意义。教学方法是以学生为主体的自主探究学习，互相协作，从而培养学生自主学习的能力、团体协作精神与人际交往能力。在这种宽松、自然、平等、融洽的氛围中，学生的情感很容易受到感染，对中国传统的体验也更加深刻，民族荣誉感和民族自尊心增强。这样就会使学生认识到祖国传统文化的存在价值，努力地宣传祖国传统文明的精粹，从而增强民族自豪感和自尊心，渗透爱国主义教育。

(2) 关注了学习情感、学习兴趣。

为了让学生感受学习的快乐和意义，促进儿童身心健康发展，探究课程加强学生从幼儿园到小学的衔接，帮助学生在心理、情感、思想、行为上平稳过渡，使一年级新生尽快适应小学生活。我校一年级第一学期探究型课程遵循儿童身心发展规律，依托学校自主开发的校本课程组织开展“入学新生探究活动”，旨在激发学生学习动力，认真落实《上海市小学一、二年级课程调整方案》《上海市小学学习准备期教学指导意见》，围绕“学习兴趣培养”“学习习惯和行为习惯养成”“师生情感交流”三个要素进行课程设计。《走进校园》是校本探究课程系列丛书中一年级的探究校本教材。“校园探秘”一课是第一单元“我们的学校”中的第一课。一年级刚入学的小学生对校园的环境并不熟悉，因此有必要通过多媒体课件里的“校园系列探秘活动”使低龄小学生从感官上初步了解学校环境，为他们今后能够深入了解学校生活打下基础。从一年级新生考虑，对学校的了解可以增进他们对学校的喜爱之情，增进师生之情，增进安全意识，对其今后适应小学的学习生活有很大的帮助。通过本课的学习，学生不仅了解了学校的基本设施，同时还学会自己去发现问题、解决问题。学生利用“探密小组”的形式，进行校园的参观活动。它的优点是让每位同学都成为这个集体活动的成员，增强活动的神秘感，从而激发低龄学生的学习兴趣，更好地使全体学生对校园环境及设施进行认真观察。而且本课利用动手设计“未来的学校”教学环节，让学生充分展现自己的绘画才华，发挥创造力和想象力，同时也激发学生学习的兴趣，并在最后通过学习任务单对学生探秘活动的成果交流汇总，了解学生的探究情况，分析学生掌握知识的效果。从结果看出，大部分学生对这样的课程安排感到兴趣十足，同时他们都通过这堂课全面了解了学校的基础设施，基本懂得规范他们在学校的日常活动。本课程的实施结合学校在新生过渡研究方面的经验，逐渐具备校本特色，并从真正意义上关注了学生的成长需要。

[校本课程研究案例 4]

“心心知我心”心理健康教育特色课程

执笔：孙　敏

在学校基于学生核心素养建构“快乐五会”校本课程体系的背景下，继我校顺利通过上海市心理健康达标校复评工作后，为进一步深入推进《上海市中小学生生命教育指导纲要》和《健康中国行动——儿童青少年心理健康行动方案(2019—2022)》的实施，我校在学校全学段，利用拓展课时间，开设每月一次的“心心知我心”心理健康教育校本特色课程。

一、特色课程设计特点

随着我们国家经济社会快速发展，当代学生是新世纪的一代，小学生正处于身心发展的重要时期，随着生理、心理的发育和发展，社会阅历的扩展及思维方式的变化，在学习、生活、人际交往和自我意识方面可能会遇到或产生各种心理问题，有些问题如果不及时解决，将会对学生的健康成长产生不良影响，严重的会使学生出现行为障碍或人格缺陷。

良好的心理素质是人的全面素质中的重要组成部分，是学生发展核心素养，适应终身发展和社会发展的必备品格和关键能力；是学生知识、技能、情感、态度、价值观等多方面发展的基础；是每一名学生获得幸福、适应个人终生发展和社会发展的保障。通过心理健康教育，可以提高小学生的心理素质，形成良好的心理品质，更好地促进学生全面发展。

我校的心理健康课程以学生发展为本，根据学生心理发展的特点，秉承学校"健康快乐每一天，每天进步多一点"的办学理念。学校专职心理老师采用团体心理辅导的活动形式，运用有关心理教育的方法和手段。为了让学生更好地了解来自同年龄学生的心声，高年级学生采用限定选修的形式，同年级学生，在同一时间内，打破班级限制，在学校心理活动室开展心理活动。

二、课程内容有序推进

本课程旨在师生、生生心与心交流的过程中，促进学生团结合作意识的形成，拥有乐观、积极的心态面对生活和学习中的挫折；在游戏活动过程中，促使学生感知自己的优势，激发创新意识，培养创新能力；在课堂实践体验中，逐步形成自尊、自爱、自信、自立、自律的意识；增强生活适应能力和社会交往能力，初步形成生涯意识。力求通过心理健康教育的课程，提高全校学生的心理素质，增强承受挫折、适应环境的能力，促进学生身心和谐发展。

表 2-6 "心心知我心"课程目标与内容

年级	核心素养渗透点	课程教学目标	课程教学内容
一	培养学生具备"独立"的心理品质	（1）适应新环境，新的学习生活，认识新朋友； （2）认识"我"，乐于与他人交往，喜欢新"家"	（1）我是小学生了 （2）你好，新同学 （3）可爱的我 （4）我的座位 （5）我们的学校 （6）校园大探秘 （7）老师，你好 （8）不做"小皇帝"

续表

年级	核心素养渗透点	课程教学目标	课程教学内容
二	培养学生具备“合群”的心理品质	（1）感受集体活动与学习知识的快乐，在交往中体验友情； （2）提高对校园生活的适应能力，培养开朗合群、乐学、守纪的健康人格	（1）你是我的好朋友 （2）交往有讲究 （3）1加1等于几 （4）我们的本领大 （5）快乐的小蚂蚁（一只小蚂蚁、蚂蚁小伙伴、共筑蚁巢、快乐的小蚂蚁）
三	培养学生具备“自律”的心理品质	（1）在学习中体验认真听课，按时完成作业的快乐；培养表现自我的欲望和能力； （2）认识人的情绪表现，通过引导正确看待自己的情绪； （3）在学习中自己解决难题，养成良好的考试习惯； （4）善于与同学交往，懂得同情、关心和力所能及地帮助别人	（1）快开学了…… （2）上课这回事 （3）我是一只“快乐鸟” （4）我也想参加 （5）交往有讲究 （6）我能自己做 （7）分享快乐 （8）我来帮助你
四	培养学生具备“负责”的心理品质	（1）培养集体意识，善于与更多同学交往，逐步形成合群、自立的健康人格； （2）能正确对待自己的学习成绩，勤于思考，不甘落后； （3）培养自主自动参与活动的能力	（1）敞开心扉 （2）齐心协力 （3）赏心悦目 （4）心无旁骛 （5）心明眼亮 （6）别出心裁 （7）称心如意 （8）明心见性
五	培养学生具备“自主”的心理品质	（1）养成良好生活和学习习惯，树立时间观念； （2）培养能干、负责的哥哥、姐姐意识； （3）克服考试紧张情绪，体验学习成功的乐趣； （4）培养面临毕业升学的进取态度	（1）闪亮的星 （2）我与时间有个约会 （3）他不听我的 （4）要尊重他人 （5）做个受欢迎的人 （6）情绪彩虹桥 （7）风雨七色花 （8）学习的苦与乐

三、特色课程实施效果

1. 创建和谐氛围，乐于述说心声

虽然，碍于选课的形式，第一次来到心理活动室上课的同学难免会因为陌生的环境和不全部熟悉的同学有点拘束和紧张。心理老师创设轻松、愉快的教学氛围，并且主张心理课上没有正确答案，无论学生的个人想法是什么，其余同学都先尊重，如有不同想法可以举手，经老师允许后，表达自己的观点。

来自同年级不同班级的学生在经历第一次团体关系的确立后，在老师精心设计的教学内容、小组讨论、心理游戏活动的过程中，逐步形成相互信任、互相谦让、互相配合、合理分工的意识。

课程实施以来，老师和学生一致认为在温馨的心理活动室，能听到很多其他班级的同学跟自己有类似的想法，学生们更愿意在心理课上袒露自己的心声。经常是下课铃声打断了热烈讨论，大家觉得课堂时间太短，还未表达完自己的观点。有不少同学还在下课后留在心理活动室继续告诉老师自己的想法和困惑。也正因为心理课轻松愉快的氛围，学生在实践中逐步领悟到教师预设的教学目标。

2. 开展丰富活动，激发学习兴趣

课程开展以来，绝大多数的同学表示喜欢课堂的各种活动，虽然有时涉及他们并不擅长的绘画或表演，但在心理课上他们尝试参与，受到老师和同学的鼓励，他们的自信心得到了提升。很多同学经常会在课的最后说：“这么个小游戏原来有那么多心理知识啊？”

3. 团队辅导形式，拉近人心距离

随着课程的有序开展，“心心知我心”心理活动课比原来更受同学们的喜爱与欢迎。同学们普遍不再认为，心理活动室是只有心理有问题的同学才去的地方。还有一些上一轮参加完心理课的同学，会向班里这一轮选择心理课的同学打听上课讨论的主题和游戏。

课程在一定程度上促进了学生形成健康的心理素质，提高了他们心理健康水平，对今后学生们人格全面和谐发展起了些许作用。同时，还有助于心理老师对全校学生进行初步心理健康的筛查。

四、特色课程实例：闪亮的星

一般班级中的学生自然被分成两大类，受高度关注的和受关注度较低的。其中，受关注度较高的大都是班中的“好学生”“学困生”和“顽皮生”。那些所谓的“好学生”往往因为成绩优秀、行为习惯好而经常受老师表扬，在不断正强化的过程中，他们好像头顶天使光环，形象越发“高大”起来。而班中调皮的学生则经常因为影响班级纪律被老师批评，同学们对他们的印象自然也是正面的较少。那些一般同学，因为长时间被忽视，受关注程度较低，久而久之对自己的优点与长处也不能清楚地认识了。经过长期积累，到了小学中高年级，班中的大部分学生都显得对自己不够自信，自我认同感较低，这对学生之后的成长是很不利的。因此，让学生了解自己的优点，增强自信，对学生的发展起着重要的作用。

1. 创设情境，引发思考

教师利用《小星星》的故事，创设情境，让学生通过理解故事、小组讨论等活动形式，感知到善于利用自己的优点和长处非常重要，同时认识到在人际交往中发现他人身上优点，真心欣赏和赞美他人，能更好地促进良好人际关系的形成。

2. 互找优点，获得认可

自由组合开展“一闪一闪亮晶晶”的活动。鼓励学生在班内寻找一个或几个小伙伴，形成小组，在星星卡上尽可能多地写出组内小伙伴的优点，在组内大声读出这位小伙伴的优点，并把星星卡送给这位小伙伴。

由于同学彼此较为熟悉，又是自由组合。在这个游戏活动中，学生很快自由组合，写了好多，让学生了解到别人眼中的自己，完善学生的自我认知，这对大多数学生的自信心提高有很好的促进作用。

图 2-1 夸夸同学的优点

3. 我说你猜，增强体验

“满天都是小星星”的活动，增加了趣味性。先通过说优点，猜同学的游戏和赠星星卡的形式，让学生进一步体验获得他人认可的快乐与幸福感。再进行闪亮自测，在自然小组内，让刚才没有机会交流自己长处的同学，说说自己的优点，同时请组内同学补充，让没有机会发言的同学也能够经历被认可的过程。

图 2-2 互赠星星卡

4. 同一主题，贯穿始终

本节课用一个主题活动贯穿始终，让学生通过游戏在他人评价与自我评价中更好地认识了自己的优点与长处。教师本打算将星星卡展示在教室中，但学生皆表示想把获赠的星星卡带回家，收藏起来。

在整堂活动中，每位学生都能积极参与进来，尤其能帮助平时不受关注的学生和负面评价较多的学生更全面地认识自己。在活动中，学生经历从他人评价到自我认同，学生的自信心有所提升。经历本次活动，班内学生的人际关系有了进一步提升，班级氛围也更温馨和谐。

［校本课程研究案例 5］

小学纸艺校本课程的实践研究

执笔：马洁如

一、背景及意义

美术学科学生素养综合表现为人文底蕴、科学精神、学会学习、健康生活、责任担当和实践创新六大素养。在学习纸艺制作中学会艺术创作，能让学生最大限度地、自由地体验创作的情趣，在没有心理压力的情况下，让小学生获得对美的敏感性，感受艺术活动的乐趣，激发出创新的火花，给小学生带来美感和喜悦，从而有效促进学生核心素养的发展。

在我校日常美术学科中，我们发现学生非常喜爱手工课。纸艺能活跃孩子们的生活，还能训练孩子们的眼和手，并且刺激孩子们的大脑和神经的发育，丰富孩子们的知识，开启孩子们的想象力，提高孩子们的智慧和能力。因此，为了充分实现纸艺活动的作用，培养小学生的创新能力以及审美能力，也本着我校“健康快乐每一天，每天进步多一点”的办学理念，结合我校“五个学会”校本课程，我们开设“纸艺”校本课程，丰富个性化课程并深层次地探索剪纸特色艺术教育。

二、课程设计的特点

我们的课程以纸艺为载体，跳出传统的学科为中心的束缚，着眼于学生的主体地位，定位于学生综合实践活动，强调以学生自主性、探究性为基础，设计创新的校本课程，具有综合性和开放性的特征。学生学习的地点、学习的内容、研究的方法是开放的。创新的纸艺校本课程可以培养学生热爱生活，用双手和大脑去创造美的能力，陶冶学生的情操。

1. 形成分阶段分年级的纸艺校本课程体系

总目标：通过一至五年级中设置不同纸艺学习活动内容，运用纸艺相关的操作方法和技能，指导学生了解并完成纸艺作品。同时与其他学科知识进行跨学科融合，培养学生的审美、动手、探究和想象等能力，帮助学生善于发现生活中的美，能用双手和大脑去创造美，陶冶学生的情操，提升学生的综合素养，让他们更加热爱生活。

认知技能：对学生进行折纸、剪纸、贴纸、纸编、衍纸、纸蕾丝、纸科技等各种纸的工艺活动介绍，让学生通过剪、刻、撕、拼、叠、揉、编织、压印等手段制作出或平面或立体的纸艺作品，激发他们用“纸”去创造的兴趣。

过程方法：通过教师介绍、学生自主研究等形式开展学习活动，运用纸艺的一系列操作手法如剪纸、刀刻、折叠、造型、定型、粘贴操作工序，发挥个人与团队的力量完成纸艺的作品。学生在动手、动口、动脑的过程中，锻炼了学习能力和学习品质。

情感领域：通过学生纸艺实践活动，培养学生发现美的能力，运用自己的巧手去创造美，陶冶情操，热爱生活，促进他们综合素养的提升。

2. “纸的艺术”课程内容

“纸的艺术”课程由易到难，为各年级设置了不同的课程内容，逐步培养学生动手能力和创造能力。

表 2-7 “纸的艺术”课程内容

年级	第一学期教学内容	第二学期教学内容
一	纸的初体验——撕纸	趣味压印
二	折纸初体验——纸偶剧场零部件	纸偶剧场整体制作
三	纸编的艺术	创意生活折纸
四	立体剪纸	衍纸
五	纸蕾丝	纸的科学实验

三、纸艺课程的实施

1. 课程的教学指导策略

(1) 保护想象萌芽策略。

允许学生问“我能不能这样做?”“我可不可以……”“我想……”等问题。尤其是低年级小学生喜欢幻想,教师要鼓励学生不怕问,让他们大胆想象、敞开思路,从而感到积极思维的乐趣。

如:在低年级撕纸课程中,学生总会问“为什么要撕纸呀?”“我能不能用剪刀呀,我感觉我撕的轮廓不够好”等,教师要告诉学生撕纸是由传统的民间剪纸逐渐演变而成的纸艺新类型。其方法是利用不同类型的纸,采用手撕的方法去创作造型。以手代剪刀自然会受到很大的局限,不适合去表现精雕细琢的效果,但我们不追求精确,可以追求形似,显示出它独特的艺术个性,它有一种随意性,一种自然天成的韵味。

(2) 实践操作性策略。

发挥学生的个性和想象、思考、判断的能力,让学生接触各种工具、材料、操作方式和表现形式,获取丰富而独特的体验。要注重学生的独立精神的培养。

如:在折纸的授课中,当折到较复杂的步骤时,例如小猫的脸,教师就启发性引导学生,能根据自己的判断达到折纸步骤图的效果。并且根据自己的喜好来装饰小猫的衣裳。而不是一味地跟着老师按部就班。

(3) 讨论表述策略。

学生的思维内容需要一定的外部语言给予支持,让学生将自己的想法及设计意图用简练的语言表述出来,可以达到相互借鉴、相互启发、相互激励的作用。

如:在压印的课程中,老师提供的是雪花的压印机,在制作之前,先进行提问交流:“根据老师提供的压印图案你们可以怎么设计画面呢?”学生会联想到很多和雪花有关的事物:冬天、雪人等,甚至也可以发挥想象脱离现状,富于创新。

(4) 启发诱导策略。

在教师的指导下,让学生积极思考,根据材料的特性创造性地重组部件,从而设计出富有创意的造型。学生在学习的过程中,教师因势利导,把学生的思维引入轨道。

如:在纸蕾丝课程中,需要用到的纸张并非平时多见的彩纸,而是薄薄透透的糯米纸,因为其材料新颖,所以更讨学生喜欢。这份作业的呈现形式是开放性的,学生开动脑筋,根据自己的喜好,有的制作书签,有的制作装饰画等。

2. 课程营造了育人环境

(1) 在学校走廊区域展示纸艺创设环境。

实践过程中,我们在五楼的走廊设有纸艺风采栏,把孩子不同形式的纸艺作品摆上去,有剪贴画、撕贴画、衍纸、蕾丝纸作品等,楼梯两侧也挂满了,让全校师生及家长欣赏和品评,从中获得美的感受。

(2) 在班级区域活动中创设相关区域。

校园“纸艺角”让学生尽情地剪、折、贴,为学生提供了自由表现自己的空间、展示自我个性的舞台。许多生活创新作品都在其中,丰富了学生的创作思路,更加体现出纸工艺的实用性,激发学生学习投入度,让他们能够静下心来学习、研究、制作,并享受这一过程。

(3) 结合学校活动让学生在活动中用纸艺。

结合三年级十岁生日的大活动,我们在纸艺课程中纳入制作三角串旗(纸编)、剪窗花等具有装饰性的纸艺创作课程,学以致用。我们用纸作为编织材料,从平面出发利用穿和编的工艺逐步向立体发展。纸编艺术品不仅仅是漂亮的装饰,而且有丰富的意义,它们可以作为礼物表达对家人、朋友的爱。

结合学校节庆教育活动,在劳动节折送祝福鹤、在儿童节折送祝福花、在母亲节和父亲节折送感恩贺卡……充分发挥纸艺教育潜移默化的作用,让传统文化元素自然浸润学生心田,引导学生感恩思源、立德树人,传承弘扬中华民族文化。

3. 课程与多学科相融合

多学科知识的融合，拓宽和丰富“纸的艺术”。

与美术、劳技课程的关系：纸的艺术也可以说是美术、劳技活动的一种，主要用纸完成相应的手工作品，离不开与美术学科、劳技学科的相关内容；学生在制作过程中，需要动用美术、劳技学科折、叠、翻、拉、剪、粘等一系列技能；在作品呈现过程中，要注重作品的构图、色彩的搭配、工具的使用，这一切直接成为美术与劳技学科教学的补充与拓展。但是我们设计以纸为媒介的艺术创作中，还增加了多学科知识的融入，让纸艺学习内容更加丰富和厚实，更能体现现代课程的要求和需求。

与语文学科的关系：低中年级的撕纸、折纸除了要求用手撕及压印出来的图案图形进行拼贴、物体造型，或者用纸折出各种人物、动物、物品造型以外，我们将这部分内容与语文学科加以整合，除了要求学生会读懂制作说明和步骤外，还要求学生能够用简单的语言表达作品的内容、故事情节和创作灵感。低年级学生从一开始就训练了用文字和语言来表达自己的想法的能力。

如下图所示，学生根据自己制作的立体小鸡，编一则小故事。

例子中，一(3)班小朋友叙述小鸡一家的故事：“那天，小鸡家族又迎来新成员了，原来是鸡妈妈孵出了一只小鸡，大家对新成员的到来都感到非常高兴。”

图 2-3　半立体纸工制作学生作品

与数学学科的关系：在平常，学生进行折纸活动时，往往没有老师、同伴的指导，需要自己去看折纸的图解或者图示；看懂每一幅图所表达的含义或者每一个图示记号是相当重要的；通过解读折纸符号等内容，理解对折、对称、等分等与数学相关的知识点，并会运用这些知识。

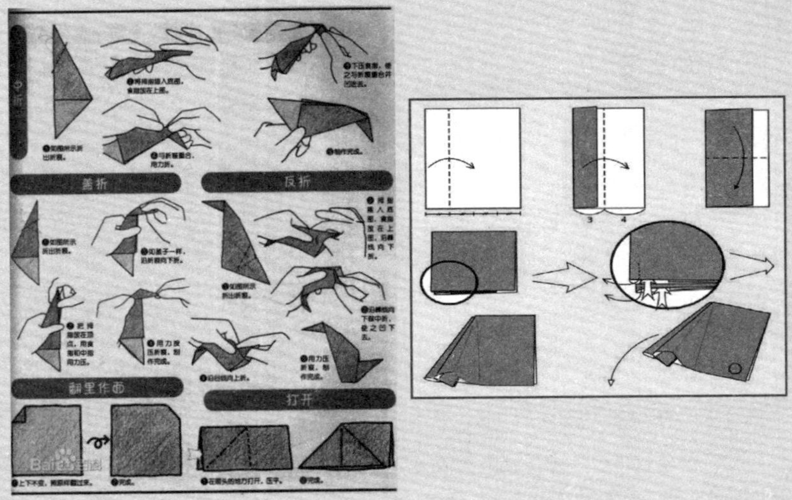

图 2-4　折纸示意图(图片来源:http://www.nibaku.com/redian/tu_jfvjf.html)

例如，在二年级制作纸偶零部件的学习过程中，学生掌握了折纸符号所代表的含义并予以操作，锻炼了其空间思维能力，制作出的纸偶零部件(狐狸的脑袋、狐狸的身体、猫咪的脑袋、猫咪的身体等)都栩栩如生，学生乐在其中。

与生物学科的关系：纸艺低年级课程中有许多内容涉及制作小动物造型，我们会介绍动物的特征、基本分类、生活习性等一些基本知识，引导学生根据动物的特征制作作品，引导学生关爱动物，善待生命。尤其要保护那些濒临灭绝的野生动物，维持生态平衡，使万物能够繁衍不息。动物是人类的朋友，正是它们与人类一起构成了一个多姿多彩的世界。

再如，三四年级“立体纸花”课程设计中，我们将花卉形态特征、种类、生活习性、地理分布和主要价值与学生分享，让学生初步了解这些植物，涉足植物有关知识，激发学生学习的欲望。通过这样的内容设计将简单的纸艺制作与生物学的一点知识有机结合起来，分别介绍了所做花种的属性。

图 2-5　立体剪纸学生作品

在四年级立体剪纸课程中，学生制作了蒲公英和睡莲，知道了蒲公英属多年生草本植物。根圆锥状，表面棕褐色，皱缩；叶边缘有时具波状齿或羽状深裂，基部渐狭成叶柄，叶柄及主脉常带红紫色；长冠毛白色，花果期 4—10 月。睡莲，多年生水生草本，根状茎肥厚，叶柄圆柱形，细长，叶椭圆形，浮生于水面，全缘，叶基心形，叶表面浓绿，背面暗紫。花大形、美丽，浮在或高出水面，白天开花夜间闭合。

与历史学科的关系：课程内容设计中会向学生呈现不同种类的纸的工艺，每一种工艺都有它们各自的形成历史和演变过程。有些工艺历史悠久，传播广泛，值得学生进一步去了解和探知。而纸本身就有着悠久的历史背景，是中国古代四大发明之一。纸的发明和改进，推动中国文字的传承，推动社会的进步和文明的发展。

图 2-6 纸艺课板书图——纸的发明

因此可通过教师提出问题、学生讨论的形式了解中国的四大发明，并着重获得科普知识——蔡伦的造纸术，了解到纸和纸艺的历史。

与科学学科的关系：五年级课程“纸的科学实验”这一部分内容，我们将纸艺与科学学科紧密结合。提供给学生一些与纸相关的科学实验，以了解纸的特性和使用价值，引导学生探求科学知识。在全世界日益提倡环保的今天，要让学生了解造纸会产生大

图 2-7 用纸造“桥”的问题思考

量污染，造纸行业分布广、废水量大，是中国污染最为严重的行业之一。学生了解到应保护环境，节约资源，减少污染，推进循环经济，并且学习了解到制作、使用再生纸成为一种时尚的环保行为。这也成为学习学校“学会环保”课程中一个内容。

又如，在五年级的纸的科学小实验中，在老师的协助下，学生通过不断的尝试与实验知道了虽然纸又轻又薄，但是只要掌握了方法，找到其受力点，就能用纸制造出一座可受力的纸桥。

四、课程发展了学生的核心素养

纸艺简单易行，变化多样，纸材料价廉易得，纸本身的可塑性相当高。这项创造性的劳动丰富了孩子们的生活，训练了孩子们的眼和手，刺激了孩子们的大脑和神经的发育，启迪他们的智慧，培养了他们的多重能力，促进了他们综合素养的提升。

图 2-8　纸艺课程与学生能力发展

折纸制作须一步一步地进行，在这个过程中，孩子还可以养成按步骤、有顺序认真和耐心的良好习惯，发展他们的观察能力和注意能力：观察作品的特征、操作步骤、制作程序等；锻炼他们的表现能力：对作品的整体构图与思考、对于色彩的选用与搭配、对于材料特点的发挥等;折纸的可塑性极强,可以说是千变万化,经过一段时间的制作和练习,通过同类、不同类作品的比对,可以提升学生的审美能力和创造能力。

将平面的纸通过手的操作转变为生活中的物品,在这个过程中,一点点耐心和创意就能变出美轮美奂的作品,孩子的空间想象能力也会得到提高。本课程的多学科融合也加强了对学生其他能力的养成。如低年级让学生表述自己作品的构思和想法,从几句话开始到一段话,他们的语言组织能力和表达能力逐步提高。在中高年级纸艺课上,有许多内容需要学生合作完成,如立体纸花和科学实验,以小组为整体,任务驱动,有个体和群体活动,培养学生的沟通与协作能力。尤其在纸的实验这一块,我们初步拟定“吹不动的纸”“纸桥”“不怕火的纸”,让学生主动探究实验,获取最直接的体验,从而补充科学精神、实践创新这一块内容。

纸艺课程提升了小学生对美的事物的感受能力,充分享受艺术活动的乐趣,激发学生的创造能力。当学生掌握了一定的知识、技能,会折许多不同的纸艺作品时,开始对自己充满信心,宝贵的自信心有时是自己努力获得的,有时是在同伴交流中体会的。小伙伴在相互探讨、学习过程中相互协作,培养了他们的合作精神,也促进了合作双方的共同成长,在这个过程中学生也得到了核心素养的发展。

第二节 校本课程课例

西三以校本课程的课例研究为突破,提升教师的课程整合能力、课程意识。通过“上课→说课→评课→反思→重新设计课例→整合形成新的课例”等过程,充分发挥教师团队优势,引导教师分享教学策略、共享教学资源,不断提高教师课程执行力,为学生的核心素养发展提供人才保障。

［校本课程研究课例1］

在闻香识墨中培养学生的语文核心素养

执笔：虞　吉

［年级学科］　一二年级书法社团
［教学课题］　书法
［教学时间］　每周四14:40—15:30
［课例描述］

一、课例背景

我校的“快乐30分”设置了许多创新的社团活动，比如“闻香识墨”这个小社团，目的在于培养学生的语文核心素养，包括文化的理解和审美的鉴赏。文化的理解包括对本土文化的传承、对生活文化的回归和对自然文化的关爱。审美的鉴赏包括感受美、鉴赏美、创造美和对美的人格的追求。书法教育不单单是教学生临摹好帖、写好字，更是一个系统工程。它不仅仅是一种基本知识的传授过程，更应当起着美育的功能。那么，提到美育，人们或许会问，在当下的教育环境中书法教育的美育功能究竟是什么？

在科技日新月异、信息大爆炸的时代，日常书写逐步淡出了人们的学习、工作和生活，再加之社会分工的细化，每个人所担负的社会责任也都不一样，而传统书法文化的弘扬似乎并不是每个人都需要担负起的历史使命。那么，在这样一种时代潮流中，现代书法教育的目的是每个学生都写一手规范漂亮的好字，是让各行各业的人士都能读懂书法作品的审美意蕴。语文学科核心素养由语言的建构、文化的理解、思维的发展和美的鉴赏组成。语文学科核心素养具有基础性、发展性和延伸性。

二、教学片断

对低年级的学生来说，掌握正确的执笔姿势非常重要。所以要让他们养成正确的坐姿。首先要把写字作为锤炼品质的过程。写字是一种学与习合一的活动。通过学写、练习，促进学生左右脑的协调发展，养成良好的书写习惯，培养学生认真细致的学习态度及良好的意志品格。同时，要写一手好字，就要学习敏锐地观察、缜密地分析、果敢地判断，静心、沉稳地反复练习。这一过程是学生个性品质的磨炼过程。

如在教“捺”这个笔画时，老师可以这样教学：

师：“我们今天就一起来学‘捺’，它非常美。捺的书写是落笔轻而快，慢慢加重，然后向右下方行笔，由细到粗，再由粗到细，过渡自然，一气呵成。注意力度：轻—重—轻，细—粗—细，有提按，有轻重，有粗细，有节奏。”

学生把写字作为体验审美的过程。书法教育对培养学生的书写能力、审美能力和文化品质具有重要作用。可以这么说，书写有度的人，人生就有法。这是笔迹与心迹的表里统一，也是核心素养在写字教育上的成效显现。

三、教学感悟

写字是一项技能，也是一门艺术，而艺术教育是美育的中心内容，同时也是德育的重要内容。艺术教育作为人文教育的重要内容，得到世界发达国家的特殊重视，这也代表着世界教育的一种趋势。写字是美的创造。中国的每一个汉字都是一幅画、一支舞、一首歌，每个不同的字都有其独特的形，要想把字写美观，就要引导学生用眼感受美、用心领悟美、用手创造美，这个过程，就是审美水平的提高过程。

孔子说：“知之者，不如好知者。”在书法教学活动中，要让学生去感知书法之美，感受中国的传统文化。首先要使学生能认知书法艺术的美、感悟到书法艺术的魅力，才能使学生在学习书法的过程中感受书法的审美情趣，从而提高学生对书法的审美能力，用心感受书法的魅力、感悟书法的境界。

我在日常的书法教学活动中通过在课堂上讲述书法故事中的优秀人物，讲解一些历史上著名书法家的生动故事，使学生在心中树立优秀的榜样，帮助学生树立文化自信。

小学书法教学活动在很大程度亦是一个美育的过程，许多书法家在其学习书法的经历和成长过程中，都曾在自然万物中感受到书法艺术美的启迪；历史上留下的诸多经典书法作品，往往都融入了音乐、绘画、舞蹈等艺术美的因素；我们在欣赏书法艺术时，往往能透过书法本身，发现书法家对美的理解与追求，对自然的感悟与亲近。这一切无不体现着美，无不体现着人格的魅力。书法是中华民族传统文化的精髓，是一种美的艺术。我们在书法教学中，还要不断去创新书法的课堂教学模式，通过教学生学会欣赏书法来激发他们的审美感受。教师在教学活动中示范引导审美鉴赏，学生通过书写练习培养审美意识。

四、教学反思

中国传统文化是中华民族五千年来智慧的结晶，学生是祖国的未来，他们更有义务去保护和传承中国传统文化。年轻一代是祖国的未来，是文化传承的主力军，今天的一些年轻人容易淡忘传统，逐渐被西方同化。老师们通过课程也能探讨如何为中国传统文化的弘扬和传承提供依据和建议，研究小学生接受传统文化的教育策略。

1. 开展书法社团活动，传承弘扬传统文化

发展中国学生核心素养，要关注中华优秀传统文化的传承与发展，把核心素养研究植根于中华民族的文化历史土壤，系统落实社会主义核心价值观的基本要求，突出强调社会责任和国家认同，充分体现民族特点，确保立足中国国情、具有中国特色。基于小学生核心素养的发展，学校开展330书法社团活动，有利于宣传传统文化，探索该校本课程实施的多项建设及评价方式，将为小学生个性化的成长提供坚实的平台，促进他们的综合素质全面发展。

2. 重视文化寻根，培养学生的文化自信

针对不同的传统节日，以传统文化教育为核心，我们可以开展330社团活动和主题班会活动，增加民俗文化鉴赏活动。春

节写春联，展示书法之美，给爱好书法的孩子一个展示风采的舞台。

在经济全球化的今天，文化建设的战略意义是显而易见的。民族文化是一个国家、一个民族的全部智慧与文明的结晶，是维系一个民族的精神纽带。传统文化能否得到发展，发展得如何，关系到国家兴衰。为了弘扬传统文化，我们应该采取各种措施，引导学生正确认识境外节日文化，取其精华，去其糟粕，加强民族文化认同。

“快乐 30 分·闻香识墨”的书法课程，能够陶冶学生的情操，增强学生的审美情趣，加深学生对书法艺术的审美能力。在书法课堂教学中，不同风格的书法会给学生带来不同感受，培养学生的审美情趣，深入了解博大精深的中华文化，将提高学生感知美、理解美的能力，提升生活品位，树立中国学生的文化自信，激发民族自豪感，提升他们的核心素养，提高他们的传统文化鉴赏能力，进而发展中国的民族特色文化。

[校本课程研究课例 2]

笔墨修身

执笔：王晴川

[年级学科] 三年级书法拓展课

[教学课题] 用心练字

[教学时间] 2018 年 6 月 5 日

[课例描述]

一、学材分析

汉字和以汉字为载体的中国书法是中华民族的文化瑰宝，是人类文明的宝贵财富。书法教育对培养学生的书写能力、审美能力和文化品质具有重要作用。规范、端正、整洁地书写汉字是学生应掌握的一项基本功。目前硬笔书法课无教材，教师自己制定内容，设计教案，指导学生学习和掌握硬笔书写汉字的基本技能，提高书写能力，养成良好的书写习惯；感受汉字和书法的魅力，陶冶性情，提高审美能力和文化品位；激发他们热爱汉字、学习书法的热情，珍视中华优秀传统文化，增强文化自信和爱国热情。

这节课的教学目标是：(1)培养学生良好的书写习惯，写好"信心、静心、耐心、恒心"，做到书写规范、端正、整洁。(2)培养学生细致敏锐的观察力，增强学生分析、比较的能力。(3)培养学生写字兴趣和审美情趣，发展学生"文化认同"核心素养。

这节课的教学重点是掌握"心"字及左右结构字的书写要领，难点是领悟"心"字及左右结构字的特点和规律。

二、学情分析

三年级大部分孩子经过几年的汉字学习，已经养成了良好的写字习惯，能熟练掌握基本笔画的书写，对写好字的重要性有认识，对硬笔书法有兴趣。本学期，学生刚接触钢笔字，兴致很高。一部分孩子书写能做到规范、端正、整洁；一部分孩子在书写时忽视了笔画起笔、运笔、收笔的过程，间架结构的摆放还存有问题；还有一小部分孩子自控能力差，做得不够好。"拿起笔来就是练字"的习惯都需要好好培养。

三、教学准备

板书内容的相关卡片、PPT、投影仪和练习纸。

四、教学过程

1. 视频导入，明确要求

(1) 播放视频《怀素写字》，聊一聊："看了后你有什么想说的吗？"

老师想说：我们要像怀素那样：勤于动眼，学会观察；勤于动脑，学会思考；勤于动手，学会书写。一手漂亮潇洒的字来自勤思苦练。

(2) 还记得老师在给大家上第一堂写字课时教给你们写好字

的秘诀吗——

四颗心:信心,静心,耐心,恒心。

两姿势:写字姿势,执笔姿势。

(3) 这节课,我们来个“明星PK赛”吧! 在写字中能保持坐姿端正、握笔正确,你将得到“姿势星”;仔细观察、积极动脑的可得“观察星”;认真书写、规范整洁的可得“书写星”。比一比,看谁得到的星星最多,谁就是这节课的“写字明星”。

表2-8 写字课学生评价表

比一比,看谁星星多			
姿势星(坐姿端正、握笔正确)	观察星(仔细观察、积极动脑)	书写星(认真书写、规范整洁)	写字明星

(4) 你们做好准备了吗? 两姿势准备,边做边念儿歌:写字姿势要端正:头正身直脚放平,一尺一寸一拳头。动笔就不苟,逢写必规范,写好中国字,做好中国人。握笔姿势要正确:拇指食指压住笔,中指从下来托起,最后两指垫在下,笔靠虎口齐用力。

2. 指导写字,掌握技巧

(1) 练习“心”字。

① 今天我们练习写的第一个字就从“心”入手,请每个小朋友写一个“心”字。

② 我们来做个游戏——比比谁是“火眼金睛”。出示小朋友写的“心”字,找找哪个“心”字最好看。

③ 写心字到底应注意什么? 第一点为左点,卧钩的起笔与左点齐平,卧钩应向左下出钩,就像人要身材苗条就要收腰,这样字才紧凑。第二点在卧钩的中心,第三点在钩的外侧,稍高。每一笔都要有起笔、运笔、收笔,哪怕一个小小的点,也要认真写好它,落笔轻轻收笔重。

④ 能用眼睛观察出来了,还要用笔把它美美地表现出

来，眼到手到都很重要。接下来再做个游戏——比比谁“拷贝不走样”，我们试着来写一写，再写4个。

⑤ 先自评，再同桌互评。

(2) **练习左右结构的字。**

① 接着我们就来写写“信、静、耐、恒”。写字之前先要一一观察，再来比比谁是“火眼金睛”，看看这些字的结构有什么特点？

左右结构的字：

宽窄相等：静、耐(右部稍长)。

左窄右宽：信、恒(左边占三分之一，右边占三分之二)。

② 写这些字的时候要注意什么？重点指导“静”，先看演示再书空：左右结构的字左右部分相碰的地方笔画要注意穿插、谦让，这样整个字结构才好看。就同做人一样，我们在平时的生活中也要懂得互相谦让，这样才能和谐相处。跟着书空，心中要有田字格。

③ 读儿歌：前后有呼应，宽窄相顾盼，笔画穿插不分家，左右谦让才美观。

④ 再来比比谁“拷贝不走样”，每个字练习2遍。

⑤ 先自评，再同桌互评，集体讲评。

3. 创作练习，巩固兴趣

(1) 练习写“信心、静心、耐心、恒心”。

(2) 我们在练字时，还需要哪几颗“心”？把它写下来(如爱心、安心、定心、决心、潜心、留心、虚心、细心、走心、用心、尽心……)。

(3) 欣赏、交流：取长补短，互相学习、互相欣赏。

4. 多元评价，体验成功

(1) 请同学、老师为自己评价，也可以自评，完成评价表。

(2) 获得“写字明星”的作品将得到展示，开个小小书法展，课后请大家参观。

(3) 俗话说“字如其人”，写字——端端正正，做人——堂堂正正。我们时时刻刻可以练习写字，记住“提起笔来——就是练字”。

只要我们持之以恒地刻苦练，一定能写一手正确、规范、美观的字，说不定在我们班也能出现像怀素一样了不起的书法家。

五、实践与感悟

核心素养是指学生应该具备的适应终身发展和社会发展需要的必备品格和关键能力，我校的硬笔书法课程就是紧紧围绕培育学生核心素养这一目标开设和实施的。本课所制定的教学目标也正体现了对学生核心素养的培养。

上课伊始，让学生观看书法家的故事，提出写好字要做到“三勤”，拥有“四颗心”，旨在让孩子潜移默化地受到书法家高尚品质的影响，培养自己严谨的学习态度，积极进取的坚强意志，持之以恒的决心。写字前做好两姿势的准备，并在课中反复强调，帮助纠正，这不但能让孩子端正写字态度，养成良好的写字习惯，还能促进他们的发育和成长，培养良好的气质。相信这些对孩子学习以及将来的工作等都会起到深远的影响。

接着指导“心”字和左右结构的字，通过做“火眼金睛”和“拷贝不走样”的游戏，念念儿歌，运用形象、切实的示范指导等教学环节，让看似枯燥无味的写字课变得轻松愉悦，趣味盎然，带领孩子们进行技法训练。让孩子们看笔迹，悟其运笔过程；看结构，悟其组合规律；培养他们观察、思考的能力。其实汉字书写，落笔的轻重，结构的疏密，运行的缓急，气势的强弱，均有章法可循，训练学生遵守汉字书写规律，也是引导他们守纪律、有规矩。

课中，及时反馈孩子们的练习效果，引导他们从笔画、结构入手来评议作品，教给他们评价方法。采用自评、他评、互评等多种评价方式，培养他们的自我反思意识，提升自信心，学会交往，学会欣赏，学以致用，同时也培养他们虚心、诚恳的品德。

人们常说“字如其人，人如其字”，其实就是一种人文内涵的外在显现。工工整整写字，对应的就是堂堂正正做人。硬笔书法课上，让学生能够静下心来不浮躁，以字启智、以字养德，感受几千年来中国传统文化之美，能培养他们高雅的审美情趣，增强他们对祖国语言文字的热爱和文化的理解能力，提高他们的文化品位，从而促进其性格、态度、气质、情怀等内在品质的提高。

平时写字课每周只有1节，因此，在课上，我努力去营造氛围，让孩子们喜欢练字，主动快乐地去练字，希望通过硬笔书法的教学来提高今天的学生、明天的国民的素质。

1. 感受魅力，由“心动”变“行动”

每节课，我都会让孩子们聆听书法家的故事，希望通过这些故事，来激发孩子们练字的兴趣，感受一些传统文化；让故事中书法家高尚的人格潜移默化地去影响孩子们学习一些做人的道理、为人的品质。我还会让孩子们欣赏书法作品：如优秀作品、同班同学及同年级组其他班级同学的作品，去发现美、感受美、享受美，陶冶性情，培养审美能力。在感受魅力中，孩子们产生学习书法的热情、激情，愿意去练字，喜欢去练字。

2. 关注体验，由“被动”变“主动”

在课上，指导孩子掌握书写的基本规范和基本要求时，关注他们的体验、感悟和个性化表现。如让孩子们自主选择喜欢的字、喜欢的诗来写，通过试写、评写、再创作等几个练习的环节，循序渐进，逐步掌握、巩固所学知识。在教孩子们练习时，注意个别差异，因材施教，有的要指导间架结构，有的要手把手教其运笔；完成作业速度快的要给予拓宽知识面的练字，有的后进生，则是先追求质量，再求数量，更多地进行个别指导。只要有一点进步，就及时表扬鼓励。在评价时，我让孩子自我推荐作业，师生共同进行评述，肯定成绩，指出不足；也让孩子们同桌或小组交流练习纸，人人动脑，互相评议，互帮互学，形成比、学、赶、超的学习氛围，激励更多孩子主动练字，用心练字。

“学然后知不足，教然后知困。”我还需用心练好自身基本功，用心研究写字教学，用心教好写字。我愿每天能与学生一起凝神静气，浸润于字趣书韵之中，用书写让汉字的魅力在笔尖流转，师生一同立德树人，修身养性，提升素养。

[校本课程研究课例3]

学会诚信,做一个有责任心的人

执笔:陆　伟

[年级学科]　五年级中队主题会
[教学课题]　诚信是德
[教学时间]　2018年11月16日
[课例描述]

一、时代背景

中国学生发展核心素养应植根于中华优秀传统文化土壤中,主动、积极回应中国现代化建设的伟大召唤,从基础教育课程改革的经验总结和深度反思中,吸取丰富的营养,获得重要启示,紧贴中国学生发展的实际,从中国学生发展的特点和需求出发。我们国家将核心素养界定为“必备品格和关键能力”,即不但重视能力,还重视品格,品格与能力同时成为核心素养的内涵。

“学会诚信,做一个有责任心的人”活动在我们五年级组如火如荼地开展起来了。活动中,五年级的学生进一步明白诚信是金,诚信是真,诚信是美,诚信是德。一个人如果经常说话不算数,就有可能成为一个不受大家欢迎的人。因此,我们从小就要养成诚实守信、说了就努力做到的好习惯,做一个有责任心的人。

二、活动全景

1. 活动准备

在活动开展之前,我们动员学生先搜集整理了诚实守信的名人名言,了解古今中外的诚信小故事。并让学生留意生活中人与人交往中的点点滴滴,感受来自生活实际的真实的诚信事例。同学们还分别撰写文章,准备交流,提出自己对诚信的看法与问题。

2. 活动目的

(1) 了解诚实守信的名人名言和古今中外的诚信小故事,增强诚信意识。

(2) 在实践活动中感悟诚实守信始终是我们做人的根本,拥有诚信,世界才会更精彩。

3. 活动过程

(1) 活动阶段。

① 收集诚信名人名言。

② 交流古今中外诚信小故事。

③ 撰写发生在身边的诚信事例。

(2) 提问阶段。

① 针对诚信故事及诚信事例提出心中的问题。

② 小组交流,提出有价值的问题。

③ 设计提问卡,布置提问墙。

(3) 答疑阶段。

① 小组讨论:如何做一个讲诚信、有责任心的人。

② 大组交流:达成共识。

(4) 总结阶段。

① 布置诚信橱窗。

② 开展诚信辩论赛。

③ 召开“学会诚信”中队主题会。

④ 学生写感受。

4. 活动效果

(1) 收集活动群情激昂。

学生在收集诚实守信的名人名言和古今中外的诚信小故事中,大家的感情一再地被感染。《曾子杀猪》的故事让我们明白,自己做不到的事,就不要答应人家。曾子言而有信,虽然一头猪对于他们家来说很重要,但为了实现对儿子的诺言,曾子还是把猪杀了。他的言行为儿子做出了榜样。而《宋庆龄遵守诺言》的故事更是我们少年儿童的骄傲。莎士比亚说得好:“如果要别人诚信,首先自己要诚信。”海涅也曾说:“生命不可能从谎言中开出灿烂的鲜花。”同学们收集了一条又一条富有哲理的格言,它指引着我们做一个真诚的人、诚信的人，因为诚实守信始终是我们做人的根本。

(2) 感受诚信令人深思。

虽然榜样的力量是鼓舞人心的，但在生活实际中，我们的学生难免会遇到真正的诚信考验。我们在收集活动中适时地引导学生：“你遇到过诚信考验吗？”学生们百感交集，写下了一件件真实感人又令人深思的鲜活事例。《作业本上的诚信》让我们感受到一位优秀的学生面对诚信也有困惑；有的学生在书写中谈道：“相信每个人都有朋友，每个人都信任自己的朋友。可是有时候朋友也会令你失望。‘诚信’二字说起来简单做起来难。有句名言说得好：‘言不信者，行不果。’这是墨子说的一句话。我认为这句话说得好。不讲诚信的人，后果是不会好的。”也有学生从故事中获得感触：“同学们，我们都要讲诚信，无论事大事小，都要把讲诚信放在首位。我们都要学会做人的第一课——诚信。诚信，一辈子的感动，一辈子的甜蜜，一辈子的微笑。”

来自学生生活中的诚信事例是最动人的。我们五年级组的老师们组织学生交流了这些感人肺腑的诚信事例后，学生深思起来，他们在提问墙上贴上了一个又一个令人深思的问题：“讲了诚信自己吃亏了怎么办？”“诚信的价值在于何处？”“当诚信与集体利益发生冲突时，我们该怎么办？”“诚信与尊严有什么关系？”“无论发生什么事，都要讲诚信吗？”瞧！我们学生的思想仿佛一夜之间成熟了。是呀！诚信活动让学生发现了生活中我们面临的道德难题，让我们在生活中去思考、去考验，这样的诚信活动让我们多了一份惊叹，多了一份感悟。

(3) 主题会上真情流露。

在我们的活动接近尾声之时，我们五年级各个中队都开展了“诚信在我们心中”的主题队会。五(1)中队和五(3)中队更是在全校师生面前展示了他们活动的收获。那一堂堂别开生面的主题队会上，所有的学生都展示了自己的才华，大家把参加活动的感动和收获娓娓道来。辩论赛上，正方反方的学生是一位位慷慨陈词的辩手，坦然地陈述着对诚信的认识。一时间，同学心中的诚信问题似乎有了答案，但他们懂得诚信是人生旅途中美丽花草的种子，只要辛勤耕耘，就能绽放出美丽的花朵；诚信，是一股清泉，滋润着我们的心田。拥有诚信，我们的世界才会更精彩。我们只有心中时刻装着它——诚信，人生才会变得灿烂多姿。

5. 活动结果

（1）在“学会诚信，做一个有责任心的人”德育主题活动中，我们五年级的学生在思想上对诚信的重要性及其意义有所认识，在行动上有所落实。

（2）围绕“学会诚信，做一个有责任心的人”，各班开展的系列活动促使五年级全员参与，让每一个学生都在活动中有所收获，每一个学生都得到了写作、提问、表演等方面的锻炼，学生们的综合能力得到提高。

三、感悟反思

1. 适时播撒，处处花开

在学生的身边，每天都发生着无数的事例，有些事情极为平淡地过去了，而有些事却深深地触动着学生的心灵。在瞬息万变的时代、纷繁复杂的社会中，他们对生活、对诚信会有一定的较为浅显的认识和理解，对一些现象表现出特殊的兴致。作为教师，善于捕捉他们心灵的敏感点，就更能把握学生思想最深之处，开展活动就容易达到动人的效果，从而真正影响学生的成长。当学生看到一个个生动的故事，感受到一个个鲜活的事例之时，我们适时地播撒种子，落地就能生根，此时学生提出的问题就显出了价值。我们教师面对的是活生生的学生，他们具有主观能动性，有活跃的思想、复杂的心理，只有时刻把握学生的思想脉搏，我们的主题活动才能通往学生的内心世界，在最适合的时候播撒种子，处处花开。

2. 悉心裁剪，繁花似锦

这次学会诚信的德育主题活动给学生们搭建了一个展示自我的舞台，他们在活动中学习、成长，从收集材料、撰写事例、采访人物、编成小报、制作提问卡到中队主题会的表演……学生们都亲力亲为，全程参与，班主任老师只是一个活动的引导者，帮助策划活动的流程，适时点拨。学生们在自主参与的过程中，社交能力、语言表达能力、写作能力、应变能力、团结协作能力,甚至拍照技巧、电脑制作能力,都相应地得到提高。综合素质的提升是学生们活动中的实质性收获。

3. 浇灌幼苗,花开满园

在学生诚信事例的交流和对诚信问题的反思中,学生领悟了诚信的重要,唤醒了诚信的意识,感受、体会到诚信是做人的根本。虽然学生们的生活充满了快乐,但也充满了许多不如人意之处。在活动中他们明辨是非,懂得不该做什么,该做什么,该怎样做,努力实践着诚实守信。我们引导学生充分挖掘和利用中华民族传统美德中有关诚信的先进人物及典型格言等,结合现实生活中有关诚信的案例,通过故事会、提问墙、主题队会等多种学生乐于接受的活动方式,调动他们自主学习的积极性,在寓教于乐的活动中使学生感受并体会到诚信是做人的根本。这次我们五年级组的学会诚信主题活动与学校"五个学会"的教育活动营造的学会提问的氛围紧密结合起来,提高了学生诚信意识,并有利于学生开展自我教育,做到言行一致、表里如一。

[校本课程研究课例 4]

绿色,我们永恒的追求

——"绿色家园,绿色生活"班会课案例

执笔:周文兰

[年级学科] 一年级中队主题会

[教学课题] 绿色家园,绿色生活

[教学时间] 2018 年 11 月 6 日

[课例描述]

一、课例背景

开展"绿色家园,绿色生活"班会课的目的,是让学生了解更广

泛意义上的环境保护，了解到自己举手投足都可以是环保的。将环保与生活紧密地联系在一起，让学生知道，环保对自己、对家人、对社会乃至对整个地球的意义。意识到那种无节制消耗资源和污染环境的生活方式是造成环境恶化的根源。

环境问题已成为现代社会普遍关心的问题，人们越来越深刻地认识到：保护环境，教育为本。对学生从小就抓好环境教育，其意义十分深远：一是面向未来，在解决当代环境问题时，避免下一代出现新的环境问题；二是通过对儿童的教育，去影响和教育家长以至全社会；三是环境教育可以作为爱国主义教育、国情教育的重要内容，培养他们爱祖国、热爱大自然的良好品质。

小学环境教育不仅要向学生传授环境科学的基础知识，而且要结合进行思想品德教育，提高学生的环保觉悟。学校的"学会环保"教育旨在通过环境教育，使学生的认识、情感和意志发生潜移默化的变化，逐步树立起热爱大自然、保护环境的思想。

班会课既要结合课堂教学活动向学生传授环境科学的理论知识；又要努力创造机会和条件，尽可能让学生在活动中培养认识、评价和改造环境的技能和兴趣。

二、学情分析

在校园中经常会看到这样的场景：厕所的水池前无人使用的水龙头在滴水，教室里的纸篓旁散落着垃圾，走廊上纸巾静静地躺着……种种迹象表明学生的环保意识薄弱。为此我选择了以"绿色家园，绿色生活"为主题的班会课，目的在于通过学习活动进行环境教育，使学生能深刻了解生态环境的一些问题，从而产生持久的环保意识和社会责任感，同时学习并懂得一些基本的保护环境的常识，能主动参与到力所能及的环境保护活动中来。做一个保护环境的小卫士，爱护身边的绿色家园。

三、教学目标

结合"核心素养实践行"的教育活动，教育学生爱护花草树木和动物，培养学生初步的环保意识。

认识破坏环境行为的严重性和危害性，能从身边小事做起，主动地去保护环境，做一个文明的小学生。

四、教学重难点

学会从自己做起，从身边做起，持久地采取适当措施保护环境。

五、教学过程

1. 引言篇

主持人：同学们，你们知道我们周围有什么是绿色的吗？今天我从绿色王国请来了几位好朋友来参加我们的主题班会，大家欢迎。（小草、小树、小青蛙、大博士、小记者上台）

2. 小草篇

小草：今天我要给大家说说心里话。

主持人：好！我们一起听听她要说些什么。

（诗朗诵《小小草》）

小记者：听了小草的心里话，你又想对小草说些什么？（采访同学）

主持人：小草是我们绿色家园的一员，大家可要记住，路边的小草是我们的好朋友，千万别去踩坏它哟！

3. 小树篇

主持人：咦？这两棵小树怎么愁眉苦脸的？

大博士：有几个小朋友不懂得爱护他们，让他们受到了伤害，我们去看看。（小品《受伤的小树》）

小记者：你们认为他们做得对吗？为什么？（采访同学）

小树：现在有越来越多的小朋友能爱护我们了，给我们浇水，为我们松土，不摘我们的枝叶，不在我们的身上乱刻乱画，我真高兴啊！为了感谢你们，我的松树伙伴带来了一个精彩的节目，请大家欣赏。（舞蹈《小松树》）

4. 青蛙篇

（传来青蛙的哭声）主持人：是什么声音？我们快去看看。

大博士：蛙妹妹，你怎么了？（诵读一封信《小青蛙的哭诉》）

小青蛙：今天我还带来了几位动物朋友，同学们你们认识吗？（金丝猴、大熊猫、华南虎、藏羚羊进行自我介绍）

动物们：人类捕杀了我们的许多兄弟姐妹，让我们变得好孤独，我们想找回快乐，谁愿意保护我们，做我们的好朋友？（表演唱《找朋友》）

5. 家园篇

主持人：同学们，你们想不想让这些绿色王国的朋友留在我们身边呀？对啊，美好的环境，绿色的家园要我们共同来创造。请听三句半《说环保》。

主持人：小伙伴们，让我们一起担负起保护我们的绿色家园的责任吧。下面请大博士带领我们开展一次环保智力竞赛，大家欢迎。

大博士：小朋友们，你们可真棒！我大博士要奖励你们，一起来做个游戏。先请观看一段视频。（视频：垃圾分类宣传片）

大博士：下面我们将开展垃圾分类七巧板竞赛，这项活动就请你们的周老师来主持。

游戏竞赛：垃圾分类七巧板。

周老师：同学们，虽然地球病了，但是“亡羊补牢，为时未晚”，让我们行动起来，从我做起，从现在做起，从小事做起，让天更蓝，让水更清，将我们的地球变成绿色的家园。

老师希望你们在今后的生活中、节约用水、节约用电、少使用塑料制品、不使用一次性物品、拒绝使用含汞的干电池、保护校园内的花草树木、节约粮食。（齐诵《环保拍手歌》）

主持人：墨绿、浅绿、嫩绿、翠绿、粉绿……到处是绿，跳动着无限的生机与活力。让我们和绿色王国的朋友一起唱起来，跳起来吧！（合唱《我是环保小小兵》）

主持人、小草、小树、小青蛙、大博士：“绿色家园”主题班会到此结束。

六、教学设计说明

环境保护是中国的基本国策，对学生进行绿色环保教育是推进学校“五个学会”素质教育的重要组成部分，小学阶段的环保教育主要是向学生进行切实可行的环保意识教育、环保知识教育、环保行为教育。班会活动课上，组织学生在自排自演的活动中进行自我教育，激发他们的环保情感，传递“热爱自然”“保护自然”等一些朴素的生态环保理念，引导学生关注自然、关注环境，从而促使他们在日常的生活中能从节水、节电等一些细节做起，不断增强自身的生态环保意识，从而明确健康生活离不开好的环境，树立爱护环境、保护大自然的情感意识。

那么，如何进行绿色环保教育，用绿色的环境培养学生环保的素养呢？在这次的班会课上我们尝试设计了如下环节：

第一环节的引言部分：介绍了绿色对象——小草、小树、小青蛙和绿色环保大博士。

第二环节是通过小草、小树、小青蛙和绿色环保大博士的互动交流，采用舞蹈、小品、朗诵等多种形式说出了小草、小树和小青蛙的苦恼和心愿。

第三环节是通过智力竞赛、游戏表演和七巧板的拓展活动，加深保护环境的意愿；同时，通过老师的点拨、指导，让学生更多了解保护环境的诀窍和小常识。尤其是垃圾分类七巧板活动体现了苏联著名教育家苏霍姆林斯基的名言：“促进自我教育的教育才是真正的教育。”

七、教学反思

围绕学校“五个学会”育人体系，结合学生的年龄特点，选择环境保护这一主题，是因为我觉得这比较贴近一年级孩子的生活，学生会感兴趣，也易于发散拓展。班会活动开展前期，做到先计划后行动，有安排有部署，充分利用班级黑板报阵地，宣传低碳生活的知识，学生知道了在自己身边能做哪些有关环保的事情，为学生的实际行动提供了一个指导。其次在午会课、班会课上组织学生观看《你好，地球》《学会垃圾分类》等环保宣传小视频，让学生感受到：虽然地球妈妈生病了，但亡羊补牢，为时未晚，在日常生活中可以从自我做起，从一点一滴做起，为创建绿色家园出一份力。

1. 活动的层次性

根据一年级小朋友的年龄特点，把知识性的内容放在前面。

如听听小草、小树、小青蛙的心声，说感受；进行环保智力竞答，学知识；最后再辅以现场的实践活动，认识垃圾分类的重要性和方法，明确方向，落实行动。由点带面，尽可能地让孩子都能参与活动。从诗歌朗诵到小品表演，再到知识抢答和现场进行垃圾分类以及说说拍拍《环保拍手歌》，唱唱看看《环保小卫士》，全员参与。达到班会活动的目的。

2. 活动的趣味性

在班会上，我采用各种表演形式，吸引孩子的注意力，从诗歌朗诵到小品表演，再到知识抢答和现场进行垃圾分类以及读读诵诵《环保拍手歌》，唱唱看看《环保小卫士》，全员参与。同时也选购了有趣且多样化的道具、头饰，这些会给学生带去仪式感，让学生产生现场感受。特别是最后的现场实践垃圾分类活动，让他们切身体会到活动的快乐，增加了本课课后继续能发挥教育作用的可能性。

3. 活动的教育性

通过此次班会，学生们了解到许多环保知识，也认识了环境保护的重要性，对于"环保"有了较为深刻的理解。学生们都意识到平时没注意到的一些生活小细节，却与环保有着密切的联系：弯一弯腰，伸一伸手，随手捡起一片垃圾，随手拧紧水龙头，随手关上电灯等，就在为环保出力，为我们的地球家园创造美丽。环保并不遥远，每个人都可以从身边的小事做起，只有共同创设一个良好的绿色环境，才能更好地学习和生活。

当然，由于学生年龄小，对一些环保知识的理解、掌握较为欠缺，在组织学生开展智力竞赛这一活动环节，学生的错误还是蛮多的，今后在开展此类活动前，要辅导好小主持人，对答错的题需讲清楚错在哪里，为什么会选错，正确的答案是什么。这样才能更好地将环保知识落实到位，学生们也不会懵懵懂懂，学习的积极性也会更加高涨。其次，由于条件有限，在垃圾分类环节中七巧拼板准备得不是非常全面，课后想想还可以组织学生课前与家长一同动手制作一些七巧板，贴上各类垃圾，这样在课上活动时，参与面就会更广，更有效地落实教学目标。

八、活动感悟

环保教育是一项综合性很强的教育，应当多渠道、全方位进行教学。教学活动中要根据本年级学生年龄特点、认知规律以及掌握环保知识的现状入手，根据环保教育的目标、理念和教育内容，选择适合本年级的环保教育主题，并要注重寓环境教育于学生的实践活动之中，让他们在愉快的心情中自然地接受环境教育，这样既丰富了环保教育内容，又达到了提高孩子参与能力的目的。在平时的教育教学活动中，让学生营造校园的环保氛围，普及环保知识，提高环保意识。当然良好的生存环境给人以美好性格的塑造和心灵的陶冶，与自然和谐相处是现代人应有的素质。因此，平日里要注意在自己的班里、校园里创设优美环境，引导学生爱护环境、保护环境的意识。

人类只有一个地球，校园是地球大环境中与我们关系最密切的小环境。要爱护地球就要从我们身边做起，让我们的教室、校园美丽起来。总之，在课堂教学活动中学生的快乐和提高才是课堂教学是否成功的标准，只有让学生在学习中得到提高，感到学习是快乐的，那么，我们的教育才算是成功的。

[校本课程研究课例 5]

关注身边的垃圾

执笔：李　旭

[年级学科]　四年级拓展课
[教学课题]　关注身边的垃圾
[教学时间]　2019 年 11 月 25 日
[课例描述]

一、课例背景

随着垃圾分类在全国各大城市的宣传和推行，垃圾分类工作已经成为我们生活中一种新时尚。中国是一个生产垃圾的大国，越来越多的生活垃圾不仅对环境产生了巨大的冲击和压力，对我们自身健康的威胁也越来越大，而解决这些垃圾带来的问题需要我们每一个人从关注身边的垃圾出发，从自身做起。同学们作为21世纪的小主人，更应该积极行动起来，自觉清除身边的垃圾，为创造一个干净而美好的生存环境贡献出自己的一份力量。

"关注身边的垃圾"是上海市静安区西康路第三小学四年级主题式综合活动课程中"学会环保"主题的一个活动。通过"垃圾桶里有什么""变废为宝我能做"等开放性的小游戏和活动任务，运用图片、视频、音频、实践等多种形式，让学生说一说、看一看、分一分、做一做，激发他们强烈的好奇心和求知欲。本课旨在通过活动，让学生勤于动手、勇于实践，重新认识到垃圾的巨大价值，并养成自觉减少垃圾产生，合理利用资源的好习惯。

基于学生的需求、兴趣和生活经验，主题下设计了"垃圾也能变成宝""垃圾分类大作战""变废为宝我们能做"三个活动，目标和内容互有联系、不断递进。

二、课例实践

1. 看一看，垃圾也能变成宝

"垃圾桶里有什么"的热身游戏从贴近学生的生活实际出发，激发了学生对关注身边垃圾的兴趣。通过对比、观察垃圾遍地、污染严重的真实生活场景和由回收垃圾制造成的红毯、跑鞋和奥运奖牌的图片，学生的视觉和心理受到了巨大冲击。强烈的反差与一个个活生生的、具有典型意义的环境案例引发了孩子们深入的思考，让他们重新意识到，原来垃圾不是完全无用的废弃物，而是一种放错位置的资源。

2. 分一分，垃圾分类大作战

垃圾分类是垃圾回收再利用的第一步。随着国家垃圾分类政策的推行和实施，人们的环保意识也日益提高，垃圾分类逐渐成为我们生活中的一种新时尚。宠物小狗也学习了垃圾分类的新闻视频，成功调动起了同学们对垃圾分类的兴趣和积极性，在"垃圾分类大作战”活动中，大家纷纷表达了自己的生活经验和观点，对于每一种生活垃圾应该分属哪一个类别展开了热烈的讨论。在老师的帮助下，同学们对于垃圾分类知识有了更深入的了解，垃圾分类能力也得到了很大的提升。

图 2-9 垃圾分类知识竞答

3. 做一做，变废为宝我能行

在看了许多垃圾变废为宝的小制作之后，学生都兴趣盎然、跃跃欲试，迫不及待地想要自己动手改造废旧生活垃圾。在老师的指导下，孩子们经过小组讨论制定了“变废为宝”的方案。从作品名称到功能，从改造工具和材料的选择，到作品草图的绘制，孩子们有条不紊、群策群力，纷纷为将生活垃圾变废为宝献计献策。最后，同学们成功地将一件件废旧的生活垃圾改造成为实用又美观的“宝贝”，并自信地向老师和同学们展示自己团队的作品，介绍自己的成长和收获。

这次主题活动过程中，同学们的学习兴趣非常浓厚，他们一起用眼睛去观察，用心去思考，用手去创造。在“变废为宝”环保小制作的实践中，孩子们不仅切身感受到了垃圾重新再利用的重要意义，更提高了对于关注环境问题的积极性和主动性，养成了自觉减少垃圾产生，合理利用资源的习惯和意识。

饮水机

兔子

储蓄罐

花盆

图 2-10　“变废为宝”学生作品展示

三、分析与思考

良好的环境是人类生存和发展的最基本条件。目前，环境问题已经成为制约经济发展的世界性问题，保护环境、保护我们赖以生存的地球家园已经刻不容缓。小学生作为未来世界的主人、祖国发展的希望，正处于价值观念形成的关键时期，在这一时期开展环境教育，意义重大而深远。2003年，教育部正式印发了《中小学环境教育专题教育大纲》和《中小学环境教育实施指南》，决定从2003年春季起，在中小学开设环境教育专题教育课，将环境教育作为跨学科主题纳入中小学综合实践活动课，并将教育内容渗透到各个学科中。作为教师，对学生进行环保教育是我们不可推卸的责任和义务，将环保教育整合到学科教学中，切实提高小学生的环保意识，我们责无旁贷、任重道远。

1. 提高教师环保意识，寓环保教育于课堂教学

加强环保教育，教师是关键。只有教师在思想上高度重视环保教育，努力提高自身的环保意识，加强学习环保相关知识与法律法规，才能在教学中深入浅出、游刃有余地向学生渗透环保教育理念。学校是学生接受教育的主阵地，而教师是学生效仿的主要榜样。作为教师，我们必须在日常的生活中规范自己的言行，不乱扔垃圾，不随地吐痰，以身作则，为学生做好榜样，让学生在潜移默化中受到熏陶和感染，从而提高自身的环境保护意识。

“环境教育要从娃娃抓起”，关爱自然、保护环境作为21世纪教育的一种重要教育理念，是新课程不可缺少的组成部分。但是，如何在学校开展环境教育是新世纪每一位教师面临的难题和挑战。目前，环境教育的随意性很强。部分学校对于环境教育重要性的认识不够，环境教育的教育目标、教育方式和深入程度等方面也没有明确的目标指向性。因此，在当前的教育体系中，将环境教育整合到学科教学中是最快捷、最行之有效的方法。日常的课堂教学已经表明，小学教科书中涵盖着丰富多彩、鲜活实用的环保素材，只要教师善于挖掘教材中与环境教育相关的“关键点”，适当地拓展加深，就能够在教授基础学科的同时将环境教育“渗于其内、寓于其中”，让学生在掌握基础学科知识的同时能够不断强化环保意识，培养环境责任感。例如，在数学教学中，教师可以在教会学生电表如何读数、计算用电量和电费的同时教育学生节约用电；语文老师可以在每年的植树节、爱鸟周等节日中，向学生科普植树造林、保护鸟类的重要意义；在指导学生对花草树木、山川河流这些

美景进行描绘时，美术老师可以引导学生体会大自然与人的关系，让他们热爱自然、拥抱自然……

2. 理论与实践结合，开展灵活多样的教育方式

陶行知说过："知的教育不是灌输儿童死的知识，而是同时引起儿童的社会兴趣与行动的意志。"环境教育的目的也并不仅仅是让学生掌握一些知识，更重要的是要培养学生环保的意识和观念，并将其转化为自身的环保行为，养成热爱自然、对环境友善的行为习惯。所以在通过课堂讲授理论知识的同时，还要因地制宜开展灵活多样的专题活动，让学生通过实践亲身体验各种环境问题，感受到环境保护的重要性和迫切性，从而提高环保责任感。譬如，举办环保知识竞赛或讲座，以激发学生对环保知识的兴趣；引导学生在校园开展"关于垃圾分类情况的调查研究"等环保实践活动，锻炼学生解决实际环境问题的能力；鼓励学生收集废旧材料进行设计和改造，用孩子们充满创造力的"变废为宝"作品来装饰教室等。这些丰富多彩的环保实践活动不仅能够充分调动学生参与环保的积极性，强化学生对环保知识的应用能力，还能通过一系列的调查、交流、制作、探究等活动，使学生的观察能力、动手能力和创新能力得到很大提升，让孩子们养成乐于探索、乐于创造的好习惯。

总之，环境教育不应该仅仅是纸上谈兵，要让学生走出课堂，充分利用各种资源开展灵活多样的教学，让学生对环境保护的认识不再停留在"保护环境，人人有责"的口号上。

3. 贴近生活实际，关注现实环境问题

环境问题是全球性的课题，是全人类共同面临的威胁和挑战。面对这样的世界性难题，对于小学生而言，更需要关注的是生活中自己身边的现实环境问题。"千里之行始于足下"，只有从生活中一点一滴的小事做起，从身边一个个活生生的环境现象入手，才能真正为改善全球环境做出贡献。因此，我们的环境教育应该从学生熟悉的事物出发，尽可能地贴近生活。以身边的实际例子为切入点，引导学生运用所学的知识去解决现实的环境问题。例如，生活垃圾如何正确分类，在学校和家中节约用水的方法，怎样减少塑

料袋的使用,什么植物能够净化空气等。这些我们生活中真实的、习以为常的小事对环境的影响也是巨大的。我们要引导学生从生活的点滴中发现问题、提出问题,并通过深入思考和自主探究等方式解决问题,在探索解决方法和途径的过程中提高学生的自信心,增强参与改善环境行动的能力和意识。

环境保护不是一朝一夕的事情,而是一项长期的工作,需要我们以高度的责任心做出持续的努力。作为孩子的启蒙老师,我们不仅要教授学生基础知识,还要将环境教育融入自己的教学中,在孩子的心中播下一颗"绿色"的种子。只有全世界的人们共同努力保护环境、呵护我们赖以生存的家园,地球才会变得天更蓝、水更绿、生活更美好。

第三章

实践感悟篇

自课题实施研究以来，西三立足核心素养，落实立德树人；立足学校历史，传承学校文化；立足学生需求，发展学生个性；立足校本资源，体现地方特色。基于学生核心素养发展建构“快乐五会”校本课程体系实践过程中，西三教师学习着、实践着、收获着。孩子们的进步，给每一个参与课程实践的老师带来了巨大的喜悦。校本课程的研发大大增强了教师的课程意识和课程开发能力。教师的教学方式发生了巨大的变化，他们更加关注学生兴趣和个性发展，更加注重引领价值观和启迪智慧。教师沐浴着新课程的阳光，实践着自己的教育理想。

［教学论文 1］

建设校园文化，发展学生核心素养

执笔：石　蓉

校园文化建设直接影响人的核心素养的形成与发展。多年来，我们努力打造“人文、生态、活力”的校园气息，将中华传统文化与学生核心素养的培育相融合，充分利用学科活动、节日活动和实践活动等途径，将核心素养的培育落实到行动之中。

一、学科活动丰富校园文化建设

学校将传统文化与学科相结合，组织开展各类学科活动，如“阅读节”“数学节”和“体育节”等，加深了对传统文化的了解和认识。

2018年第五届数学节以“创意数学、智慧无限”为主题，展开丰富多彩的活动。全校性活动包括：数学小问号在行动；一、二、三年级口算达人比赛；四、五年级“24点大赛”。分项活动包括：一年级“我的一天”手绘小报；二年级“七巧板创意拼图”；三、四年级“数学历史专题小报”；五年级“数学思维导图”。数学节期间，数学组展开了“学习联盟活动”，探讨了“左右”“三角形按角分类”等数学课。大家以激活学生生活经验，激发学生探索兴趣为主题，开展听课、评课活动。在此基础上，数学组的四位教师在“家校开放日”向家长进行了教学展示，成功地完成了家校互动的实践活动。数学节让学生在活动中学会思考、学会合作，激发了他们学习数学的兴趣，提高了他们运用数学的能力，让他们感受到了数学的魅力。

二、节日活动丰富校园文化建设

学校利用春节、元宵节、清明节、中秋节、重阳节等民族传统节日，多种渠道开展丰富多彩的教育活动，充分发挥传统节日的思想熏陶和文化教育作用。

2018年新学期的开学典礼在春意融融中开始。我们回顾寒假，由校大队部牵头开展了“春节嘉年华”系列主题活动：一年级的“食文化”，听小朋友们绘声绘色地描述春节美食的诱人；二年级的“知文化”，看孩子们头头是道地讲起春节的习俗故事；三至五年级的“十二生肖大比拼”活动，让我们看到了西三学子无限的创意和灵巧的双手。同学们在活动中感受传统文化的魅力，进一步了解中国文化的博大精深。学校为每个班级的同学都准备了一份红红火火、吉祥如意的礼物——可爱的小狗布偶，正如本学期我们的行动口号：“火红生机，活力校园，文明行规，阳光少年”一样，我们的校园到处洋溢着勃勃生机。“鸡岁已登千仞塔，犬年更上一层楼”，师生们在新的学期中，大手牵小手，共同努力，脚踏实地，奋力前行，一起谱写西三最动人的生命乐章！

三、实践活动丰富校园文化建设

2019年的“火红生机　活力校园　梦回古代　开创未来”艺术科技节，学生们坐上“西三号”时空飞船，遨游中国古今，探索中华经典诗词文化、民族艺术殿堂，开启科技达人的头脑风暴。

第一站便是来自21世纪的《彩云之南》。一年级弟弟妹妹们正踏着轻快的步伐，为我们带来舞蹈《彩云之南》，“玉龙雪山，闪耀着银光，蝴蝶泉边，歌声在流淌”。美丽动人的云南，真是不虚此名呀！

第二站是唐朝。四年级的队员为我们带来配乐诗朗诵《将进酒》。全诗情感饱满，既表现出诗人豪迈洒脱的情怀，又使诗作本身显得酣畅、抒情。

第三站是宋朝。二年级的弟弟妹妹们手持毛笔奋力挥洒，伴随着笛声，在四年级三位小仙女姐姐的伴舞下，抬头见明月，下笔即书《水调歌头》。

第四站是明代。五年级的同学们“和诗以歌”，将传统诗词经典与现代流行相融合，带大家一睹钱鹤滩《明日歌》的风采，劝告迷失的世人珍惜每一天活在当下，知足常乐！五(3)中队的妈妈和队员们为我们呈现亲子舞蹈表演《半壶纱》。

闭幕式上，我们回顾了科技艺术节中开展的一系列活动，“中华经典古诗词”主题活动出黑板报评选，“快乐畅想”广播台之“点播台”栏目向大家征集诗词歌曲，“科技让生活更美好”活动开展科幻画创作比赛、家长科技微课程、评选第一届“科技小达人”等活动……在学生们的全员参与下，开展得如火如荼。在各项比赛中获得优胜的同学和班级得到了学校的嘉奖。特别是根据考查学生课内外多方面的科技活动情况、得奖情况和科技作品等情况下，评出了第一届“科技小达人”。而“绿色校园植物辨认决赛”则是将整场活动推向高潮，四位决赛小选手凭借自己渊博的知识，在比赛中发挥出色，他们在玩中学，在学中乐，了解了身边的植物，更拓宽了发现美的眼界。

闭幕式后，我们中华经典古诗词游园会向各班的同学们敞开大门,"诗歌我来唱""诗歌我来连""诗歌我来诵""诗歌我来学""诗歌我来赛"等活动项目,让参与其中的孩子们玩得不亦乐乎!快乐的时光虽然短暂,但是学生们继续大力弘扬中华经典诗词文化和传承传统文化之心将永久流传。

学校将学生核心素养的培育融入校园文化建设之中,让学生在活动中感悟、体验,避免了枯燥的说教。这些活动得多方助力,充分彰显了个性;让人人得以践行"健康快乐每一天,每天进步多一点"。

[教学论文 2]

书香浸润人生　阅读领航成长　提升核心素养

执笔:胡嘉琳

阅读是个永恒的话题,它决定着一个人的修养和境界,关系着一个民族的前途与希望。中国学生发展六大核心素养中,人文底蕴首当其冲。可见,一个人的文化基础是非常重要的。而提高知识储备,提升文化素养,最基本且最有效的方法就是阅读。"学会阅读"是我校"五个学会"课程体系中的重要一环。学校非常重视对学生阅读素养的培养。希望通过每年的阅读节活动,促进和提高学生的理解、表达、运用与合作能力,帮助学生逐渐形成终身学习与阅读的良好习惯,以适应未来发展的需要。

学校以阅读节活动为载体,鼓励和引导青少年诵读中华经典,感受中、英文语言文字的魅力,提高阅读热情,改进阅读技巧,促进亲子阅读,形成阅读习惯,提升阅读素养。同时丰富校园文化生活,努力营造积极向上、健康文明的校园文化氛围,进一步加强书香校园建设,提高学校"学会阅读"校本特色课程的品质。

学校在开展多年的系列化阅读节活动后,形成了一定的经验积累和策略方法,有效促进了学生阅读素养的提升和能力的提高。

策略一:寓教于乐增智慧——阅读活动策略

1. 快乐阅读,交流分享

每一年的阅读节里,快乐阅读分享会都是孩子们展现自我能力、分享阅读乐趣的舞台。学校总部高年级每个班级都会有学生代表在周三的午会课时走进广播室,拿起那令人向往的话筒,向全体师生进行好书推荐与美文介绍,分享阅读给他们带来的快乐与收获。在分部的弟弟妹妹们会在一周后的同一时间收听回放,效果极佳。孩子们介绍书籍的内容涉及面极广,有惊心动魄的侦探小说,有异想天开的科幻小说,有美轮美奂的作家散文,有妙趣横生的故事选段,更有中西合璧的双语诗词等。从孩子们优美动听的朗读声中,从他们脸上洋溢的笑容中,能感受到他们对阅读的热情与喜爱,以及对分享的自豪。

2. 开展竞赛,挑战达人

"故事大王"演讲比赛与课本剧表演比赛也是孩子们非常推崇的两项交流互动比赛。从班级选拔到年级选拔,再到校级竞赛,孩子们运用生动的讲述、丰富的动作、多样的道具、漂亮的服饰、传神的表情向现场的评委老师们展现了文学的魅力,文化的精髓。这两项竞赛不仅让学生们展示了自我,更让他们享受了阅读和形体表演的乐趣。

为了让孩子们更好地感受中华民族传统文化的源远流长,我校组织三至五年级学生积极参加上海市小学生"汉字小达人"比赛,每一位同学都尽情参与,感受语言文字的魅力。最终每个年级挑选出一等奖1名,二等奖2名,三等奖3名。虽然很多同学都没有获得名次,但大家都积极热情,并在这一过程中收获到了快乐,体会到了中华传统文化的博大精深。

3. 悦读书屋,营造氛围

为了进一步激发学生读书的热情,增长学生的知识,真正营造浓郁的"书香校园"氛围,将中华传统文化传播到校园的每一个角落,渗透到课堂的每一个环节。学校在阅读节期间,组织各班开展课前两分钟预备铃诵读活动。每周周一、周三、周五,诵读《中华优秀传统文化经典》,从《论语》到对联,从对联到古诗。每周周二、周四，朗读英语儿歌剧本，吟唱英语少儿歌曲，从 ABC 到哆唻咪。虽然课前诵读只有短短的两分钟，但琅琅上口的文字，旋律优美的曲调让学生们喜爱不已。

教室作为学生学习的主阵地，阅读氛围不能少。阅读节时，每个班级都建立了班级图书角，让教室成为悦读书屋。同学们用自己的读书笔记、随笔摘抄和书法字画把教室布置得焕然一新。有些同学自带书籍，与学校统一给各班购置的图书放在一起，在课后与同伴一起共享、借阅。同学们布置学习园地，在宣传委员的带领下收集资料，设计版面，积极出好以阅读为主题的黑板报。班级氛围是一种语言，是一种传递信息的独特的交往形式，蕴含着巨大的潜在的教育意义。

策略二：亲子阅读促成长——家校互动策略

1. 向家长开放，家校合力

在阅读节中，我们尝试通过“家长开放日”活动让家长走进校园，走近孩子，促进家校沟通，形成家校合力。

三年级开展双语表演、好书推荐、阅读习惯养成交流、文化经典诵读欣赏活动。孩子们在父母、老师的陪伴下体悟中、英文语言文字的魅力，形成阅读兴趣，养成阅读习惯，提升阅读素养，家长们看到了孩子们在校园中丰富的文化生活，感受到了积极向上、健康文明的校园文化氛围。

四年级以“共读，我们的亲子时光”为口号，邀请作家倪红霞老师以《每个孩子都是小小探索家——在阅读中探索，让孩子更爱学习》为题进行讲座，精彩的引领与分享，让孩子和家长都受益匪浅。学生、家长、老师欢聚一堂，与经典为友，师生、亲子携手碰出知识的火花，碰出亲情的火花，在书海中遨游，在温情里享受。

五年级的孩子们自主意识更强，在班主任老师的协助下，用双语讲故事、通过课本剧表演等自己编排的节目，向家长展示阅读的成果。同时，也通过亲子共读分享、经典好书推荐、读书习惯培养等方面的交流，共同探索如何通过阅读，让孩子在家校共育中体味更多的欢喜、智慧、希望、勇气、热情和信心！

2. 亲子视频，各显神通

亲子共读是最感人、最温馨的家庭图画，是亲子间最好的沟通桥梁。父母与孩子在阅读中共同学习，能拉近彼此间的距离，共同成长。在最新一届的阅读节活动中，我们增设了亲子诵读视频征集大赛，反响热烈。总部与分部的学生和家长参与度极高。有些原创剧本、视频拍摄极具创意；有些语言和内容非常优质；有些视频的后期剪辑令人赞叹不已。家长的支持和学生的喜爱感染了每位参与活动的老师，也让我们看到一次好的活动的巨大反响。

亲子视频活动，为家长和孩子提供了共读好书的机会。让孩子可以更好地汲取知识，享受家庭幸福，感受成长的快乐。亲子共读成为构建和谐家庭的快乐音符，也为孩子提升文化素养添砖加瓦。

3. 活动展示，分享收获

每年一次的阅读节展演活动总是令人印象深刻。我们组织家长一起参与亲子阅读活动展示环节，挑选优质有特色的家庭现场表演亲子视频。

一年级的三口之家互动自如，自信满满。二年级的父女绘本表演，声情并茂，栩栩如生。三年级的父子诗歌朗诵，中西合璧，颇有韵味。四年级的父子表演，弹唱动人，神采奕奕。五年级的家庭合作展示，铿锵有力，却又韵味十足。家长们在与孩子一起互动交流的过程中，能欣喜地看到读书给孩子带来的变化，也能从其他家庭的分享中感受到亲子阅读的重要性。家长们表示：花时间陪伴孩子多读书、读好书，日积月累，一定会厚积薄发。

策略三：系列活动升素养——活动设计策略

1. 横向辐射有广度

每届阅读节，都会有丰富多彩的活动呈现。妙趣横生的快乐阅读分享会、亲子阅读长廊、儿歌古诗的诵读、充满奇思妙想的学科长作业……将阅读日常化，让每个学生都浸润式地在快乐阅读的氛围中成长。竞争激烈的亲子视频、故事大王、课本剧、美丽汉字等竞赛类活动将阅读趣味化，让每个学生都能个性化地展现自己在说、写、读、演等各方面的不同才华。精彩的阅读节展演活动，将一个多月来的阅读成果搬上舞台，在生生互动、师生互动、亲子互动的过程中，强化阅读的感染力和魅力，将阅读生活化。学校的阅读节让每个孩子都能积极参与，爱上阅读，享受阅读，品味阅读。

2. 纵向提高有深度

学校阅读节活动已经开展多年，每次都会有特色活动加入。从充满奇思妙想的学科长作业到竞争激烈的英语演讲，从妙趣横生的快乐阅读分享会到极具创意的亲子诵读视频，孩子们从交流互动到展现自我，从思维碰撞到合作表演，不断地增长见识，开阔眼界，不断地养成良好的阅读习惯，不断地提升阅读素养。

在最近一次的阅读节活动中，我们将家庭引入到热爱图书、享受阅读、热爱母语、享受经典的行动中来，得到了家长的积极支持和配合。在下一次的视频诵读活动中，我们将让孩子自主选择合作对象，同学、老师、弟弟、妹妹都可以，为孩子的阅读活动提供更多可能性，激发他们的创意，形成超越时空的阅读活动。

3. 活动设计有温度

根据五个年级学生的特点，学校设置了不同难度的活动要求：一年级的孩子要与好书为友，不断提升阅读兴趣；二年级的孩子要与名家对话，努力养成良好习惯；三年级的孩子要与名著为伴，积极开拓广阔视野；四年级的孩子要与经典同行，持续塑造美好心灵；五年级的孩子要博览群书，致力打好人生底色。

学校还设计了不同形式与风格的活动，以满足学生的个性化需求。亲子阅读——让孩子们潜下心来读；书写比赛——让孩子们静下心来写；好书推荐——让孩子们绘声绘色地说；故事大王——让孩子们惟妙惟肖地演。学生可以自主选择参与多个活动，将自己最好的一面展现出来。

阅读节活动，让每一个孩子在自己的特有空间茁壮成长，让不同的孩子在阅读中探寻属于自己的广阔世界，筑就一个又一个美好的梦想。

阅读节活动为学生开启了知识的宝藏，助他们登上了智慧的殿堂。阅读节活动陪学生度过了许多的欢乐时光，也让他们收获了累累硕果。愿整个校园永远飘散着浓浓书香，愿阅读成为学生终身受用的习惯，愿每一位西三学子都能在书海中遨游，欣赏自然的绚丽色彩，谱写人生美妙的音符！

[教学论文3]

在行进乐队中培养学生的核心素养

执笔：唐文洁

2016年9月13日，教育部发布《中国学生发展核心素养》，主要分为文化基础、自主发展、社会参与三个方面，综合表现为人文底蕴、科学精神、学会学习、健康生活、责任担当、实践创新等六大素养，具体细化为国家认同等18个基本要点。各素养之间相互联系、相互补充、相互促进，在不同情境中整体发挥作用。

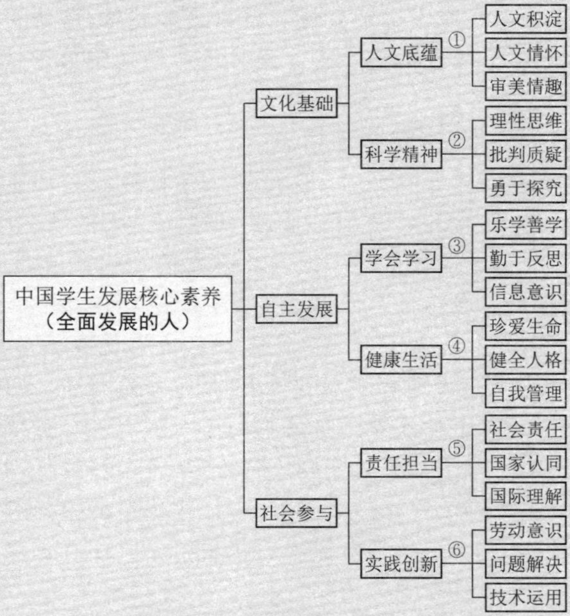

图3-1　“中国学生发展核心素养”思维导图

看着这些学生必须具备的核心素养，我脑海里浮现出的是我校从2012年开始开展的行进乐队项目。首先为大家简单地介绍一下，所谓的行进管乐(Marching Band)，是一种集管乐演奏与各种表演于一体，题材广泛、形式灵活，极富动感和视听冲击力的表演。乐队由铜管、木管、打击和视觉各表演组组成。2012年区教育局投资百万购买乐器，聘请美国，以及中国香港、台湾地区有丰富经验的老师执教，让每一个对音乐拥有梦想的孩子有了可以免费学习的机会，从此孩子们在各方面的素养都得到培养。

一、全面发展，提高审美情趣

首先，从最浅的层面来讲，我们通过行进乐队的项目培养学生"学会学习"的能力，使学生的学习行为从传统的"维持型学习"变为"反思型、创造型学习"。激发了学生学习的欲望，培养了学生学习音乐的兴趣和自觉性。一周三次的培训，使学生的眼、耳、口、手、足多种器官得到协调发展，同时也提高了学生识谱、视奏、视唱等能力。左右手指经常运动会使其反应更加灵敏，智力得到开发，观察力更加敏锐，想象力更丰富。同时该活动也陶冶了情操，审美情趣也得到了提升。

二、健全人格，练就坚强意志

从2012年行进乐队成立，我就担任学校该项目的负责人，六年四届行进乐队，我和孩子们一直在一起。我从很多孩子的身上看到了很多变化和成长。有一点我几乎在每一个孩子身上都能看到，那就是自信。在行进乐队里，不以成绩论英雄，每个孩子都是平等的。下面我就和大家一起分享一个真实的故事。

小A同学是一个很早就被医生贴上标签的孩子，智障。对于一个孩子来说，这个标签等于把他推到了人群以外。他没有朋友，他是一个孤独的孩子。当他申请加入行进乐队的时候，很多人都觉得不可思议。但是学校给予每个孩子学习音乐的权利，行进乐队打击组接纳了小A，我们希望他能快乐地享受学习的过程，但是同时说实话，并不敢寄予更高期待。然而，奇迹发生了。执教打击乐器的郭老师是个非常有爱心且有经验的老师，他给予他更多的关爱，鼓励他。他自己也非常努力。要他数拍，他就大声唱拍；要他利用时间把谱背好把音记起来，他就一直在那里努力地反复背。其他人在休息，而他一遍遍地在练习。功夫不负有心人，在学校第一次展演中，小 A 的打击乐获得大家的交口称赞，他收获了很多的掌声，收获了尊重。爸爸妈妈看到儿子巨大的变化，感动得流下了热泪。从此之后，小 A 脸上的笑容多了起来，慢慢愿意与人交流了，自信心也增强了。

小 A 同学可以说是一个比较特殊的例子，而我们更多的行进乐队的队员在两年的学习中获得的是一种勇于克服困难的精神和刚毅的性格。无论刮风下雨，还是酷暑严寒，行进乐队都要拿着乐器在操场进行训练，一练就是一两个小时，坚强的意志就这样慢慢地培养了起来。一个毕业的行进乐队队员这样说：两年的行进乐队学习，让他懂得了用勤奋的态度去面对学习，用积极的态度去面对生活。

三、团结合作，学会与人共处

因为这次演讲，我采访了几位毕业的行进乐队的队员，他们都不约而同地提到了这点，并且说这一经历对他们现在的学习和生活带来了积极的影响。同时，他们也都提到了一点，团队合作的重要性。

行进乐队是一个需要团队合作的集体，不需要突出个人英雄主义。一个演奏者不仅在演奏自己的声部，还要聆听别人演奏的声部，需要和他人配合默契，协调一致，齐心协力，才能演奏出美妙动听的音乐，走出最漂亮整齐的图形。曾经欣赏过来自 DCI 的表演，一百多个人演奏如同一个人在演奏，一百多个人在行走，整齐度如同我们的仪仗队。只要一个人不和谐，就会毁了整个表演。学生们在合作中，学会了关心他人，关心集体，正确处理个体与集体的关系，潜移默化地培养了良好的人际关系。

通过行进乐队的项目，学生们学会学习，自主发展，有了责任担当，学会与人合作，社会参与感也得到了增强。行进乐队的孩子们不仅在音乐学习上有了长进，在心智上也有了长进，全方面都得到了发展。以团队意识来成就更好的自己，以更好的自己来展现更好的团队。这就是我们培养学生核心素养的真正意义所在吧！

[教学论文 4]

跨学科融合,提升素养

执笔:傅虹蕾

一、英语与其他学科融合的目的

众所周知,英语是中国各类学校中一门重要的基础学科。与计算机一样,英语被列为培养 21 世纪人才必须掌握的基本技能,而小学英语作为英语教学的起步尤为重要。小学各学科教材丰富多彩,教育部也在新课程设计中强调学科与学科之间的整合。因为学生学习英语不仅可以满足人际交往的需要,而且通过学习英语可以获取其他学科的知识。在实践中,我在设计英语课堂教学时,以学科融合为指导思想,有机地渗透了相关学科的教学内容,使各学科内容之间相互贯通,对学生的全面发展起到了积极的促进作用。

二、英语与其他学科融合的原则

1. 趣味性原则

托尔斯泰说:“成功的教学所需要的不是强制,而是激发学生的学习兴趣,兴趣是好的老师。”爱因斯坦也强调教育应该使提供的东西作为一种宝贵的礼物来享受,而不是作为一种艰苦的任务来负担,英语与其他学科的融合是为了更加激发学生的学习兴趣和树立自信心,调动积极性,而不是为了加重学生的学习负担。

2. 实效性原则

在实践中,实现英语教学和其他学科知识融合,必须遵循实效性原则,老师要根据不同教学内容和方法,有所选择地进行与其他学科的融合,绝不能牵强附会,要做到操作简单而效果明显。

3. 主体性原则

小学生年龄虽小,但同样具有主观能动性,一个学生就是一个独立的世界,他们争强好胜且富有灵性,可塑性强。因此实现英语与其他学科的融合要遵循学生为主体，教师为主导的原则，教师只是组织者、领导者，我们应大胆放手，向学生提供参与机会，让他们发挥主体作用，成为真正的主人。

4. 发展性原则

在英语教学中，老师要把其他学科的知识融入英语教学活动中，使之服务于英语学习，使学生掌握一定的英语基础知识和听说读写技能，形成一定的综合语言运用能力，同时通过与其他学科的融合，培养他们观察、想象、审美、创新、合作等综合素质。

三、英语与其他学科融合的实施

1. 融合德育，激发学习情趣，提高学生素养

《英语课程标准》有关教材编写的第三条原则指出，英语教学应该渗透思想品德教育，应有利于学生形成正确的人生观和价值观。因此，在小学英语教学中，实现素质教育，提高学生的思想品格素质，对于培养适应中国经济建设和社会发展的合格人才有着重要意义。

现行小学英语教材为我们提供了爱国主义教育、传统美德教育和行为习惯教育等多方面的内容，因此，小学英语教学一方面既要加强语言技能的训练，另一方面也要注重情感的熏陶。在教学过程中，我们要深入挖掘教材中的德育因素，利用教材不失时机地进行思想教育。如常见的礼貌用语："Good Morning." "How are you?" "Nice to meet you." "Thank you." "Not at all." "Excuse me." ……教师要在平时教学中努力培养学生文明礼貌的习惯。

又如，关于"Keep off the grass." "No Parking." "Danger"等公共标志。通过学习，我们不但要教会学生掌握这些标志，而且要引导他们指导自己的日常行为，如平时不乱扔垃圾，不大声喧哗，不吸烟。教书是为了育人，育人是教书的根本目的，将德育渗透在课堂教学的各环节之中，能使学生既学英语，又学做人。

2. 融合智育，发展思维，培养能力

小学英语中有许多有关数学的知识，这种横向联系有利于发展学生的思维，培养他们的创新能力，4B 中有"What time is it?

It’s a quarter to eight”，3A 中有 a star、a triangle、a circle 等数学几何图形，并且让学生用英语数图形。学生在运用英语进行数学运算时，既巩固了英语数词、图形，发展了思维能力，又在画图中培养了他们的创新能力。

3. 融合体育，开发智能，活用知识

体育课是学生最喜欢的一门课程，如果英语教学与体育活动融合，那就能让学生在玩中学、学中玩。“Stand up，Sit down”这个体育游戏受到学生们的欢迎。“Head，shoulders，knees and toes”活动更是体现了英语与体育活动的融合，让学生在活动中说，活动中用，这既能提高他们的身体运动机能，又能让他们活用英语知识。在教学中师生互发口令，学生演示，学生学习兴趣浓厚，教学达成度非常高。

4. 融合音乐教学，激发兴趣，增强记忆

俗话说：“音乐是人生最大的快乐。”小学生的年龄决定了他们具有好奇、爱动、爱唱、爱跳等特点，所以歌曲是学生喜闻乐见的教学形式，不管会唱的歌曲还是不会唱的歌曲，他们都乐意唱。有时，他们还会自发地配上优美的动作。英语教学要与音乐结合起来，可以对一些英文歌曲进行歌词替换，可以把 Nancy 换成 Helen、Mike 或学生的名字。再如在学完 26 个字母后，让学生通过唱很容易就记住了 26 个字母的发音及顺序。通过听听、唱唱、学学，学生对课文较易理解、掌握。“念一念不如唱一唱”这就是歌曲教学的魅力，课前唱一唱起到了很好的热身作用，课中唱一唱能消除疲劳，课尾唱一唱可以复习、巩固所学知识，起到画龙点睛的作用。

5. 融合美育，加深印象，促进思维

教育学家苏霍姆林斯基说：“教师如果不想方设法使学生产生情绪高昂和智力振奋的内心状态，而只是不动感情地进行脑力劳动，就会带来疲倦。”为了激发孩子们的积极情绪，我常常根据教学需要，灵活安排学生在课内涂涂、写写、画画，如在课堂上教授 apple、peach、orange、mango 等这类水果单词时我一边教读单词，一边和学生一起画画，并让他们根据自己的喜好涂颜色。元旦前夕，学习“Happy New Year”一课，我让学生在课后自己制作贺年卡，并写上想说的祝福语，送给自己喜欢的人。同学们兴致高昂，不仅运用了书上的祝福语，而且还摘录了其他一些祝福语，通过画画、做做、说说、写写，记忆效果自然得到增强。

四、结束语

总之，英语与其他学科的融合还有很多，以上只是抛砖引玉。在新课程理念的指导下，我们应该认真把握学生的心理特征、思想情绪、学习习惯、兴趣爱好、掌握程度等，结合科学的理论依据，与各门学科融会贯通，使学生在学习中个性得以张扬，潜力得以发挥，创造力得以发展。

[教学论文 5]

巧借“长作业”提升学生数学综合素养

执笔：沈　琦

数学“长作业”指学生在一段时间(一周或更长)内完成的数学实践性作业。它的意义不仅在于作业完成时间上的延长，更在于学习方式上的转变：从个体独立完成到同伴合作互助完成。作为一种从课堂走向生活的跨越式作业，在设计时教师应科学合理地设计数学“长作业”，既使之不成为学生的学习负担，又能培养学生学习的积极性。

一、体现出实践性，提升学生的环保理念

实践性的作业注重学生的动手操作能力，作业主题一般与现实生活相关，需要学生将数学知识与现实结合起来，体验数学在现实生活中的价值。如长作业案例——

时间的初步认识

作业年级：一年级第二学期；完成时间：一个月。

作业目标：巩固已学的钟面知识，让学生在动手制作钟面的过程中，感受数学知识的奇妙之处，培养学生的动手操作能力，提高学习数学的兴趣。

作业情况：在“创意钟面DIY”的长作业过程中，孩子们带着激动、兴奋的心情，与父母一起动手精心选择了各式各样的材料，他们有的选择色彩鲜艳的卡纸，有的选择旧布，有的选择旧光盘……让它们“变废为宝”。接着他们凭借自己丰富的想象，用灵巧的双手制作出一件件充满童趣、别具创意的钟面，令人惊叹不已！孩子们在准备的材料上勾画出心中的造型，有可爱的猫头鹰、调皮的小蜗牛、活泼可爱的米老鼠，还有金灿灿的向日葵……创意十足、生动有趣。每一个时钟都凝聚着孩子们的创造和智慧，不仅让孩子们更加牢固地掌握了钟面的基本知识，而且充分锻炼了学生的动手能力，强化了废物利用的环保观念，培养了他们感受美、创造美、鉴赏美的能力；让学生们充分感受到生活中处处有数学；让学生们收获数学知识以外更多的精彩！这样的长作业丰富了校园数学文化，凸显数学元素，提高了他们学习数学的兴趣，增强了他们学好数学的信心，营造了浓厚的数学学习氛围。学生在这样的活动中得到了充分的锻炼，增强自信，感受到学习数学的快乐。这次活动也使学生进一步认识到废物利用、资源再造、减少浪费，是保护生态环境的重要方法，更提高了广大师生的节约意识、环保意识和废物回收利用意识。

二、体现出开放性，推动学生的社会实践

创新是社会进步的原动力，在数学作业中，我们要给学生更多开放的空间，要放手让学生自己去闯荡、去尝试、去经历，拓宽学生的数学视野。如长作业案例——

怎样围面积最大

作业年级：三年级第二学期；作业时间：两周。

作业目的：综合运用已学的周长和面积知识，让学生通过实践领悟知识，从多角度思考问题，并形成创新的思路。

作业情况：在“小棒大挑战”的长作业中，要求学生在电脑上尝试用自己学习过的知识，用16根小棒制作出长（正）方形，看看谁搭出的种类多，为在课堂上计算面积提供材料。学生在读题后的第一反应就是这个问题的答案一定不是唯一的。那么怎样将所有的可能都画出来？学生会进行一些尝试，比如可以先在纸上画图，或者利用小棒来模拟现实情景。经过一番努力，有的学生找出了其中的一些方案，当然有的学生想到的方法多一些，有的学生想到的方法少一些。带着这些探究过程来交流自己的思路，来展示自己的答案，学生会有更多的共同语言，能够从别人的做法中发现很多自己没有考虑到的问题，以后再遇到类似问题的时候，学生的经验就更丰富。他们希望自己的想法尽善尽美，希望自己能够是找到不同可能最多的那一个，这对于推动学生的实践创新有很大的帮助。

三、体现出包容性，增厚学生的人文底蕴

在以往的数学教学中，我们对于学生的人文底蕴的培养比重较少，而健康的终身学习必须建立在学生宽厚的文化基础以及较高的精神追求之上。为此，我们在作业中要体现出包容性。如长作业案例——

圆的认识

作业年级：四年级第一学期；作业时间：一个月。

作业目标：通过图案设计加深对圆的特征的认识，在画图的过程中提高画圆的技能，发展学生的观察能力，学会欣赏数学的美，激发他们热爱数学学习的情感。

作业情况：学生学习了“圆的认识”后，设计有创意的圆的图案，虽然完成作业花费的时间较长，但是这样的作业带给学生的收获就不止于数学领域。在交流作业的时候，学生还可以从不同角度出发来评论别人的设计。在这些作业中，学生受到了艺术熏陶，对美有了重新的认识，这是我们希望看到的场景。像这类数学与美术结合操作的实践作业能为学生提供活动、思考、探索的环境。可以调动学生的多种感官参与学习，使学生在深入理解知识的同时，各项能力得到和谐发展。

四、体现出创造性，培养学生的自主学习意识

学生的自主学习是创造学习的基础，培养学生的自主性的学

习品质至关重要。在平时的学习中，学生知识的获得，必须通过积极思考和实践活动，必须激发学生在学习过程中的积极性、主动性和独立性。如长作业案例——

利用思维导图从《简易方程》《小数的乘除法》《平行四边形、三角形和梯形的面积》中选择一个单元，整理有关的知识

作业年级：五年级第一学期；作业时间：两周

作业目的：通过思维导图制作，整理复习有关方程、小数乘除法、图形面积等数学知识，掌握知识结构，提高学生自主学习的能力，培养他们主动学习的兴趣。

作业情况：五年级第一学期在学习了简易方程、列方程解应用题、小数的乘除法和平行四边形、三角形和梯形的面积等单元后，让学生选择其中的一个单元运用思维导图的形式整理某个单元、某个知识内容的长作业，完成时间为两周。学生将其中一个单元的内容通过一幅图展现，由繁入简，提取关键的知识点。同时通过图像和色彩的运用加强记忆的梳理和知识点之间的关联，使知识形象化。通过知识结构和知识图谱，自主建立了知识体系，融会贯通地掌握了知识的来龙去脉，提高了学习的积极性。学生主动参与，体验成功的喜悦，并在学习和交流中自觉拨正思维偏差，完善认知结构。他们的学习成为一种有意义的学习和创造性的学习，为提升自身的数学素养开启了新的征程。

总之，数学“长作业”为学生开辟了与外界交流的新天地，教师要勇于探索“未知地带”，让学生有更广阔的发现、探索数学知识的思维空间。作业模式上更应优化创新，设计出符合学生口味的“长作业”，提升学生的数学综合素养。这样的改变也许会给学生带来更多的收获。数学“长作业”如一股清泉，将核心素养慢慢渗透于学生的思想、行动、品格中，摒弃围墙式的常规作业操练，给学生一个实践的空间，一次体验的机会，助他们在成长道路上，善于用数学的眼光观察，善于用数学的思维提问，善于用数学的方法解决问题。

[教学论文 6]

核心素养在美术社团活动中的彰显

执笔：王琳红

一、社团成立背景

美术社团活动与发展学生美术核心素养有什么关联？

中国学生发展核心素养，以科学性、时代性和民族性为基本原则，以培养“全面发展的人”为核心，分为文化基础、自主发展、社会参与三个方面。综合表现为人文底蕴、科学精神、学会学习、健康生活、责任担当、实践创新六大素养，具体细化为国家认同等 18 个基本要点。其中涉及美术学科的核心素养：图像识读、美术表现、审美判断、创意实践和文化理解。上述归纳出的五个方面告诉我们，美术教育的根本引导点在于培养学生正确的审美观，提高学生感受美、欣赏美、创造美的能力。新的美术教学大纲中也有提到“充分发挥美术教学陶冶情感的功能，努力培养学生健康的审美情趣，提高学生的审美能力的要求”。

美术社团活动是美术课堂教学的延伸，美术社团活动与美术课堂教学相比，学习形式更轻松，学习压力更小；与大班教学相比，15 人组的美术社团学习互动更充分。对于对美术绘画充满兴趣爱好的学生而言，在没有心理负担、心情愉悦的状态下投入美术活动，不仅能增加他们的课外知识、提高绘画技能、丰富课余文化生活，更可在活动中交流思想，切磋技艺，互相启迪感受美、理解美、鉴赏美、创造美的灵感。实践证明，学生喜欢这种活动方式，这种教育方法也取得了实效。

二、社团活动感悟

基于三年级学生的年龄和绘画基础都相对比较弱的特点，“畅想绘画”美术社团活动从简单的形的联想，点、线、面的组合构成，颜色搭配的基本原理（深浅、冷暖、对比色等）起步，让学生学会欣赏优秀作品，辅导他们进行人物绘画，指导他们想象创作，从各种绘画活动形式入手，提高他们的观察能力、想象能力和造型能力。教师以油画棒、水彩笔、彩色铅笔画为主训练他们，让他们感受绘画的各类表现技巧与方法。每次绘画创作活动中的讨论、思考，以及发表自己的见解，让学生获益匪浅。每次社团活动，都能让学生从单纯的技能、技巧学习的层面提高到美术文化学习的层面，更激发了学生的创新精神和实践能力。

1. 互动交流激发创新灵感

以合作学习为切入点，确立合作的学习目标。让小组内每个学生都明确个人所承担的任务。当小组讨论创作内容时，大家纷纷发表自己的想法，相互启迪，集思广益，碰撞出思维的火花，获得创作灵感。例如：“立体景观秀——地球村”一课中，我出示课题，问：“老师想制作一个地球村立体景观秀，你们说可以是怎样一个场景?”经过激烈的讨论，五个小组创设了多种很美的场景：有篝火晚会、仰望星空、趴在草地上看书、放风筝，还有扑蝴蝶……反映出地球村人们和谐的生活。每个小组都围绕同一个主题：地球村是一个充满和平、温馨的大家庭。通过讨论，学生在活动中各抒己见、发挥想象。

2. 差异互补中提高审美能力

学生与学生之间是存在个体差异的，有的绘画技能高但想象方面较弱；有的绘画表达能力弱，但想象力丰富；也有想象与技能都弱的。虽然存在差异，但兴趣小组活动与课堂教学相比更加具有灵活性和可塑性，学生的心理不存在等第观念，每一个孩子在绘画时精神是很放松的，没有思想包袱，只有尽情创作；相互间不断发现对方的长处；发现需要用欣赏的眼光感悟他人的美术作品，在科幻画创作时，时常会听到“你这个想法很好”“你这个造型很有创意!”“我怎么没想到呢”“你这里太空了，可以画些……”孩子的眼光是很犀利的，同时又是很有思想的。绘画创作过程中每个孩子不断取长补短，不断自我完善，我们不断看到富有个性和创意的美术作品。孩子们的想象力和创造力也得以充分发挥。

3. 尊重孩子的天性创造

对于同一事物，孩子的视角与成人的视角是不同的，不能用固定的知识和思维去要求和判断孩子的作品。艺术创作本身就是多样化的，是随性和自由的，欣赏艺术的眼光和角度也不是固定的、一成不变的。在每一次的命题创作时，我引导孩子展开想象，让他们最大限度地摆脱思维束缚，让每一个学生遨游在想象的空间里。

"畅想绘画"美术社团致力于让学生更轻松、更多元地感受美术之美，表达对美的理解，抒发对美的感受，并能进一步去创造美、传递美。我们都非常清楚美术核心素养的培养并非一朝一夕就有所成效，但只要我们通过各种渠道，如课堂教学、在美术社团活动、在学校开展的各类大活动中慢慢培养，哪怕每次活动只关注一个核心素养的培养，年复一年、日复一日，相信孩子们会朝着全面发展的人的目标前进，会在感悟美、追求美、创造美的情境中使自身的美术核心素养得到发展和升华。

[教学论文 7]

基于核心素养下的探究能力培养

执笔：施　君

新的《课程标准》明确指出，要"积极倡导让学生亲身经历以探究为主的学习活动，培养他们的好奇心和探究欲，发展他们对科学本质的理解，使他们学会探究解决问题的策略，为他们终身的学习和生活打好基础"。小学阶段是学生学习的初始阶段，在小学阶段着重培养学生的探索精神对学生今后的成长及其发展都有着十分重要的意义。互联网的出现为学生提供了一个具有开放性、互动性、科学性的学习平台，学生利用网络课程资源进行学习，优化了传统的教学方式与学习模式，充分落实了探究课对小学教学的要求。

列夫·托尔斯泰说过："如果学生在学校里的结果是使自己什么也不会创造，那他一生将永远是模仿抄袭。"面对21世纪，我们必须培养创造型人才，从培养科学探究品质、科学探究思维、科学探究精神和科学探究动机等基本素质开始。这才是培养未来发明者、科学家的启蒙教育。世界的发展与进步离不开科学探究和发明，我们不应该把人才视作现代化技术的附属品，而应该将其看成主宰。作为一名教师，要培养学生的科学探究能力并非轻而易举，当前最主要的是冲破"应试教育"，向素质教育转轨，培养学生创新的良好素质。

一、"走遍中国"探究课程设计特点

"走遍中国"特色课程，是学生在开放宽松的环境下，自主发现并选择对生活、自然、社会中感兴趣的问题，独立与合作地进行探索、追究或研究活动，并在探究活动过程中达到获得体验与知识，开发潜能与健全人格，培养创新精神与探究能力以及掌握一般探究方式等目的的一种课程。

特色课程必须以儿童喜闻乐见的社会、生活实践活动为基础，以激发学生对周围事物的好奇心为前提.从而启发学生探究的愿望。小学阶段各年级学生能力各异，因此，我校在制订课程目标、课程设置、课程评价等方面，能从实际出发，因地制宜，因人而异。

二、"走遍中国"探究课程实施效果

1. 鼓励学生积极探究，激发学生的学习兴趣

兴趣是学生最好的指导老师，在教学的过程中教师要注重引导学生的学习方向，提升在学习上的自主性，间接提高学生探究学习的能力。网络学习与其他文化课程差异性较大，它倾向于学生的实践操作能力，理论知识授课时长较少，所以，在探究课过程中需要教师激发学生的学习激情和求知欲望，只有这样，学生才有可能激发热情，动手上网去寻找自己感兴趣的内容，改变以往的灌输

式的教学，将课堂形式多样化，灵活运用教学技巧，激发学生的学习兴趣和热情。

例如：探究台湾，学生根据老师每次老师提供探究的内容，自己独立上网找资料，孩子们把网上找到的资料在班级里与同学分享。在介绍台湾特色文艺时，有的介绍布袋戏，有的介绍结绳艺术，有的介绍油纸伞……实践证明了可以让学生踏实学习的学习模式，设身处地的学习可以调动学生学习的积极性和主动性，让学生深刻地感受到信息技术在实际生活中的运用及其在日常生活中越来越重要的地位。

2. 引导学生去探索，鼓励学生在探究活动中寻找答案

用自己的眼睛去看、用自己的头脑去想、用自己的双手去做、用自己的嘴巴去说……十分珍惜孩子的好奇心，引导他们注意观察周围事物，鼓励孩子提出问题。问题提出来后，教师不是直接给出答案，而是设计好问题，让学生自己操作和相互讨论。

例如：在探究《只有一个地球》，课件出示宇航员在太空拍摄的地球图片，使学生初步感受地球的可爱。紧接着我让学生谈谈对地球的了解，教师再出示地球四季图片激发学生保护地球的情感。这样既培养了学生的自主探究能力，又培养了审美能力，更重要的是培养了学生热爱地球、保护地球的情感。

3. 教学形式多样化，培养学生探究的能力

(1) 观看视频，激发兴趣。

一个良好的课堂导入是本节课程学习的切入点，它是教学的开始。常见的课堂导入有情景导入、谈话导入、单刀直入等等，良好的开端可以带动整堂课程的教学节奏并提升教学效果。视频具有视听效果，它是进行信息技术学习的方式之一，它不仅刺激了学生的感官，还让学生感觉到学习的兴趣性、促进学生学习的趣味性，而且这种视频播放可以让学习自主性更强，学生可以随意暂停或者倒退视频播放点，解除在学习过程中的疑难问题，这种教学手段可以弥补教师授课不可逆性的讲解，这种将教学与视频相结合的模式可以提升教学的有效性和实效性。例如在介绍台湾的自然

风光时，老师播放视频让学生来观看，比老师的讲解效果要好。边讲边看边讨论，更加加深了学生的认识和记忆。

(2) 提供图片，助力审美。

信息技术是一门视觉效果的技术操作性学科，在信息技术教学中老师提供动态图片有利于小学生产生强烈的视觉冲击，这对教学效果有一定的促进作用。例如：探究课《只有一个地球》用现代信息技术适时地出示一些图片：人类怎样破坏自然资源以及由此造成的生态灾难。这使学生心灵上受到了震撼，看了这些图片后有什么想对地球妈妈或者自己说的话吗？孩子们你一言我一语，并结合自己的生活实际谈到了自己该怎样保护地球。将信息技术融进学习中可以创新老师的教学模式，创新教学手段，让学生在不知不觉的过程中接收到理论知识。

(3) 创设探究的氛围。

自由而安全的氛围对于探究能力的培养具有非常重要的作用，只有在这种环境下，学生才能够有更加广阔的思维空间，大胆想象，而安全主要体现在教师在教学的过程中要对学生给予更多的鼓励，让他们更加勇于表达自己的想法。因此，在教学过程中，教师要始终采用真诚、热情的态度对待学生，与学生建立亦师亦友的友好、平等、民主的良好关系，这样就可以有效拉近学生和教师的距离，消除学生对教师的敬畏感，更加自由地表达自己的思想，并且教师还要为学生创造更多的展示自己的机会，使他们养成积极主动学习，并勤于思考的良好学习习惯。

探究式教学是引导学生掌握知识、了解探究的方法、熟悉探究的过程以及养成探究的习惯的一种有效途径，通过这种方式的教学能够有效激发学生的学习兴趣和学习热情，使他们产生更强的好奇心和求知欲，进而能够进行自主探究，作为教师要把“学”的权力还给学生，把“想”的时间多给学生，把“做”的过程留给学生，引导学生主动探索，培养学生的自主探究能力。在课堂教学中积极实施探究性学习，让学生亲历自主探究的成功之旅，从中感受探究之美，体会探究之乐，获取成功之喜。

［教学论文 8］

走进“纸间物语”，提升核心素养

执笔：张 莉

韩愈说：“师者，所以传道、授业、解惑也。”传道、授业、解惑的能力，就是对教师应该具有的核心素养的高度凝练的概括。发展素质教育，推进教育公平，作为教师必须具备一定的核心素养，“核心素养”是教育发展的产物，也是中国为了适应国内外形势的变化而对教育理念的积极调整。教师的核心素养可以分为自身的素养和教育学生的素养，自身的素养强调教师的知识、技能、情感、态度、价值观素养，即职业道德素养，文化科学素养，业务能力素养，教育心理素养等等。当然，教师的学习能力、研究能力、创新能力、信息技术能力、阅读能力也是必不可缺的。而教师的核心素养，也理应成为广大教育工作者和社会各界的重要关切。

一、结合我校教师的短板，成立了“纸间物语”文学社

苏霍姆林斯基说：“教师要提高自己的教育素养，就是要读书，读书，再读书，要把读书当作第一精神需要，当做饥饿者的食物。要有读书的兴趣，要喜欢博览群书，要能在书本面前静坐下来，深入地思考。”我校教师阅读量不足、阅读力不高、阅读境界低下，不但妨碍自身专业素养的发展，更难以促进学生的精神发育和人格培养。在校长、书记的支持、指点下，在工会主席的厚爱中，三年前我校成立了“纸间物语”文学社。尽管网络时代使电子产品的阅读进入了更多人的生活，但我们更喜欢一卷在握的感觉。纸质书的触感更让人容易融入其间，“有读书的感觉”，对获取知识的最原始形态依然存有好感。正因为纸质书的“慢”，阅读体验会得到不小的提升，所以称之为“纸间物语”文学社。

二、结合校内社员的兴趣,积极开展文学社的活动

1. 开展回归纸媒化阅读活动

双周的周四下午3点,很荣幸校长和我们全体社员如期相约在"栖茜小筑",暂时与喧哗的环境挥手告别,沏一杯香茗,徜徉在纸间世界,洗涤着心灵,惬意之情难以名状。我们爱书不是为了那黄金屋,不是为了那颜如玉,只因这纸间世界在我们眼前铺开的那个广阔的天空,那个浩瀚的海洋,那个平凡的世界,使我们在不经意间深深地爱上了这纸间世界,感受阅读的意义。相较电子媒体,纸媒在效用上更胜一筹,而且纸媒能带给读者更多的仪式感。对于文字的敬仰、对于纸张的崇敬、对于书报的崇拜,是纸媒阅读才能带给读者的心理感受。可以说,在纸媒营造的心理环境与空间环境中才能完成精细的、深度的文本阅读。使教师阅读由被动走向自觉,由应付走向习惯。

这些年我们阅读的书籍:米兰昆德拉《不能承受的生命之轻》、余华《活着》、梭罗《瓦尔登湖》、蒋勋《孤独六讲》、茨威格《一个陌生女人的来信》、钱锺书《围城》、苏岑《世上没有人比你更重要》、肖复兴《北大荒断简》、卡勒德·胡赛尼《追风筝的人》以及《如何成为高效能教师》《落实减负精神,陪着孩子共享快乐》《积极心理学背景下的教师心理调试与幸福感培养》《快速改善学生课堂纪律的75个方法》《如何成为高效能教师》《教师成长与师德修养》《教育大计,教师为本》,等等。

2. 促进微阅读与微写作联动

将微阅读与微写作结合起来,加强两者的联动,让教师能够看到甚至享受到碎片化阅读带来的成果,是促进教师利用碎片化时间进行高境界阅读的有效方法。写一点,读写结合,不断深化,专业素养逐步提升,最终能初步形成自己的教育思想与教学风格。教师写的一系列读后感都录入了每位教师的个人研修手册。

3. 开展主题化阅读活动

主题化阅读可使教师在碎片化时间的阅读更具有针对性和目

标性，更容易将零碎的阅读感受聚焦到重要的话题上。在阅读内容上，分别安排教育心理通识阅读主题，学科知识与学科教学知识精读主题；在阅读主体上，青年教师教改创新主题阅读，中老年教师扬长补短主题阅读；在阅读途径上，分别安排沙龙式主题阅读、工作坊主题阅读、攻关式主题阅读……主题化阅读是必选动作，体现阅读的深度与精度；个性化阅读是自选动作，体现阅读的广度与速度。两种阅读各有效用，缺一不可。

4. 阅读的广义延续活动

阅读的意义是广义的，也可以是一次旅行，一部影片，一次展览，一场演出。

(1) 这些年我们参观的展览：《莫奈印象》《每当星辰变化时》。

(2) 这些年我们观赏的影片：《布拉格之恋》《我和我的祖国》《绿皮书》《海上钢琴师》《老师好》。

(3) 这些年我们吟诵的诗词：《山居秋暝》《文杏馆》《夜宿七盘岭》《梅圣俞寄银杏》《咏银杏》《锐鹧鸪双银杏》。

(4) 这些年我们旅行的足迹：同里、南翔古漪园。

三、“纸间物语”文学社的收获

1. 阅读量的提升，习惯的养成

阅读量的要求，读后感的交流，每一次读书的主题等等，这些看上去是对读书的一种限定，但实际上却更有助于提升我们的阅读品质。任何事情都是在相对的自由中进行的，阅读当然也不例外。所以，这些“约定”，就是我们阅读时的信号灯。之前的老师们，阅读习惯并不好，读完之后，基本不会写读后感，甚至连思考都是短暂和微量的，可想而知，阅读效果是多么的微乎其微啊。即便是看了好几本书，那也是囫囵吞枣。虽然我们并不能做到对每一本书都抽丝剥茧，但对那些有益的书籍，确实应该取其精华，纳为己用，做到有效阅读。文化底蕴，或学科底蕴，通俗地说就是你做教师的功底。

2. 阅读后的表达，思维的碰撞

每一个读书的人都有过这样的困扰：掩卷沉思，脑海中明明思绪万千，待到下笔之时却做不到行云流水。心中明明有千言万语却好似堵在喉咙口表达不出来。万千思绪不知从何说起，不得不说是一种煎熬。读书社团的交流会就成了解决这一困境的突破口。在交流会上，大家就自己的心得体会畅所欲言，不拘泥于形式。不管是旗帜鲜明的观点还是尚存疑虑的质疑，都能够成为大家热议的焦点。不管是谦虚的“抛砖引玉”还是认真的“观点剖析”，都能给人启发和灵感，对问题有更进一步的认识。不管是充分准备的“长篇大论”还是仔细思考的“简明扼要”，都接触了不一样的视角和体会，这是一个人阅读所无法收获到的。思维的撞击，碰出了智慧的火花，如堵塞的河流被疏通了一般，想法越来越多，感悟也越来越深刻。

3. 鉴赏力的提高，丰富的活动

每一次集中推广书籍和平时交流相结合，开展阅读、观影活动，通过阅读经典、参观画展等系列活动，引领老师们与古今中外经典文学作品零距离接触；一系列活动将为社员阅读提供展示的平台。我们依照制订好的计划，展开一系列的富有文学韵味的特色活动：公文讲座，读书心得交流，定期定时举行观影外出活动，切合学校工作热点，并提高社员的文学鉴赏能力等等，都展现“纸间物语”文学风采。

4. 互鉴书籍，共同成长

在社团里，成员们会相互推荐书籍，对作文教学有帮助的、对班级管理有指导意义的、有助于班主任成长的、能够指引教师往正确方向发展的等等，每个人都有自己欣赏的书。这样一来，就省去了不少筛选的时间，不用自己一本一本阅读，慢慢鉴别。最为重要的是，那些有教学经验的老师往往会推荐出非常适宜年轻教师阅读的书。让我们浮躁的心得以休憩，更好地体会到教育的本质和责任。

5. 提升了教师执行校本课程的能力

结合本校的传统和优势以及学生的兴趣和需要，老师开发和选用适合本校课程的教学活动，但是对于作为开发主体的教师方面来说，教育观念陈旧落后，开发能力欠缺，教师在执行过程中背离校本课程的宗旨。所以教师要解放思想，转变教学观念，提高校本课程开发的意识，加强自身修养，提高师资水平和开发能力，教师都加强了阅读的学习，开发有特色的小学课程，老师主动参与课程开发理论与技术的阅读培训，校本课程开发中教师间共同合作研究，积极开展相互观摩探讨活动是提高教师课程理论素养及课程开发能力的重要途径。校本课程开发与校本研究同样强调“基于学校、为了学校、在学校中”，就是要求立足学校的实际，以学校、学生和教师的发展为目标，依靠教师的力量开展校本课程开发。教师作为校本课程开发的主体，在共同的目标的引导下，就校本课程开发中面临的共同问题进行互相的探讨，互相学习、互相启发、互相借鉴，达到共同提高、共同进步的目的。如通过课题组、教研组、年级组的学习和研究活动，学习和借鉴他人成功的经验，对提高教师的课程开发能力具有积极的作用。另外学校间的互相学习观摩活动也有助于成功经验的推广，对教师提高校本课程开发能力同样可以起到积极的作用。

四、不忘初心，着眼未来，提升素养

具备良好核心素养的教师，才能在工作中展现自己的才华，以身作则，言传身教，培养具有核心素养的学生；才能记得来路，不忘初心，砥砺前行！习总书记已经为我们明确了前进的方向，努力做有理想信念、有道德情操、有扎实学识、有仁爱之心的好教师，做学生锤炼品格、学习知识、创新思维、奉献祖国的引路人。

在以后的工作实践中，我们将会不断地努力与探索，扬长避短，使文学社的各项工作在稳定中创新，在创新中稳步前进，逐步走向完善，使文学社在日益走向开放的校园中发挥基层教师的作用，为我校教育的跨越式发展作出应有的贡献。愿有更多的老师一起走进“纸间物语”，锻造我们豁达的胸怀，丰富我们纯真的情感，砥砺我们闪光的智慧，滋养我们丰富的内心，一起腹有诗书气自华。

后　记

本书全面总结了“基于学生核心素养发展‘快乐五会’校本课程体系构建与实施的实践研究”经验与成果。从校本课程建设、特色校本课程、校本课程课例、课程实践感悟等角度聚焦课程诞生与发展、教学探索与实践、课堂研究与经验，为大静安总课题研究提供样本，为实现国家“深化课程改革，落实立德树人”的教育目标添砖加瓦。

在课题研究的过程中，我们曾经得到区教育主管部门静安区教育学院科研室的关心、支持和指导，并请黄浦区教育学院原科研室主任谢光庭先生、浦东教育学院原科研室主任吴为民先生莅临指导，在此，课题组表示衷心感谢。

本书编写过程中凝聚了静安区西康路第三小学教师的智慧和心血。课题研究组感谢所有参加编写的教师们。因为全体教师的辛勤付出，才有了研究的丰硕成果。

上海社会科学院出版社的编辑对本书的出版给予了极大的支持，他们不辞辛苦，使本书以最快的速度与广大中小学教师见面，特此致谢。

“基于学生核心素养发展‘快乐五会’校本课程
体系构建与实施的实践研究”课题组
2020 年 10 月

图书在版编目(CIP)数据

快乐"五会" 快乐成长 ：基于学生核心素养发展"快乐五会"校本课程体系构建与实施的实践研究 / 毕宏玲，夏蔚主编 .— 上海 ：上海社会科学院出版社，2021

ISBN 978 - 7 - 5520 - 3547 - 6

Ⅰ. ①快… Ⅱ. ①毕… ②夏… Ⅲ. ①小学—课程建设—教学研究 Ⅳ. ①G622.3

中国版本图书馆 CIP 数据核字(2021)第 064260 号

快乐"五会" 快乐成长

——基于学生核心素养发展"快乐五会"校本课程体系构建与实施的实践研究

主　　编：毕宏玲　夏　蔚
副 主 编：陈玉洁
责任编辑：王　勤
封面设计：朱忠诚
出版发行：上海社会科学院出版社
上海顺昌路 622 号　邮编 200025
电话总机 021 - 63315947　销售热线 021 - 53063735
http://www.sassp.cn　E-mail:sassp@sassp.cn
照　　排：南京理工出版信息技术有限公司
印　　刷：上海龙腾印务有限公司
开　　本：890 毫米×1240 毫米　1/32
印　　张：8
字　　数：216 千字
版　　次：2021 年 5 月第 1 版　2021 年 5 月第 1 次印刷

ISBN 978 - 7 - 5520 - 3547 - 6/G・1081　　定价：69.80 元